司法警官职业教育系列教材

安全防范理论与实务教程

陈文静　著

对外经济贸易大学出版社
中国·北京

图书在版编目（CIP）数据

安全防范理论与实务教程/陈文静著. —北京：
对外经济贸易大学出版社，2012
司法警官职业教育系列教材
ISBN 978-7-5663-0488-9

Ⅰ.①安… Ⅱ.①陈… Ⅲ.①监狱－安全管理－中国－职业教育－教材 Ⅳ.①D926.7

中国版本图书馆 CIP 数据核字（2012）第 237719 号

安全防范理论与实务教程

陈文静 **著**

责任编辑：王文君

对 外 经 济 贸 易 大 学 出 版 社
北京市朝阳区惠新东街 10 号 邮政编码：100029
邮购电话：010－64492338 发行部电话：010－64492342
网址：http://www.uibep.com E-mail：uibep@126.com

北京山华苑印刷有限责任公司印装 新华书店北京发行所发行
成品尺寸：170mm×230mm 16 印张 296 千字
2012 年 11 月北京第 1 版 2012 年 11 月第 1 次印刷

ISBN 978-7-5663-0488-9
印数：0 001－2 000 册 定价：32.00 元

前　言

安全防范是指以维护社会公共安全为目的的防入侵、防盗窃、防抢劫、防破坏、防爆炸、防火和安全检查等措施，本质是损失预防和犯罪预防。安全防范系统是以维护社会公共安全为目的，运用安全防范产品和其他相关产品所构成的入侵报警系统、视频安防监控系统、出入口控制系统、防爆安全检查系统等或由这些系统为子系统组合或集成的电子系统或网络。

安全防范是社会公共安全的一部分，安全技术防范及其产业是社会公共安全科学技术及其产业的一个分支。我国正处于社会转型、经济转轨期间，经济持续高速发展，基本建设规模扩大，同时社会治安形势严峻，恐怖活动的威胁日益增加，这些促使安全需求强劲增长，安防市场呈现十分繁荣的景象。时代发展赋予了安防新的意义，建设城市视频监控系统、3111 工程等，表面上看直接诱因是伦敦爆炸案，实质上是公安工作对扩大社会掌控面的迫切需求。这个需求来自于公安业务的方方面面，不仅仅是传统的安防。因此，我们要给安防以新的定位。安防必须从局部的生命财产的保护逐步转变为全局性的公共安全管理；从微观静态的防范系统转变为宏观动态的监控体系，这就是新安防。

本教材由陈文静编著，于瑞华、罗万杰参与编写部分章节，教材比较系统、完整地讲述了涉及安全防范技术的几大系统：入侵报警系统、视频监控系统、出入口控制系统、电子巡更系统、消防火灾报警系统及安全技术防范管理与标准体系，适用于安全防范工程设计、施工、测试验收、运行管理、招投标、监理及安全防范相关行业的工程技术人员阅读；也可用作安全防范类相关专业的教材和教学参考书及安全防范技术培训班教材。

本教材在编写过程中参考了大量安全防范技术方面的资料，引用和参考了一些专家和学者的论著，并得到了许多领导、专家和同行的指导和帮助，在此深表衷心的感谢。但鉴于时间仓促，加之水平有限，难免有遗漏和不足之处，敬请广大读者批评指正。

陈文静

2012 年 10 月

目 录

第一章

安全技术防范概论

本章任务

◇ 了解安全、安全防范、安全防范技术、安全防范系统的含义；
◇ 了解安全防范的三种手段；
◇ 了解监狱安防系统的应用现状及建设目标；
◇ 了解安全防范系统在司法行业的应用原则和理念。

第一节　安全防范概述

“安全防范”是指以维护社会公共安全为目的而采取的各种防入侵、防盗窃、防破坏、防火灾、防爆炸和进行安全检查等措施与手段。这些措施与手段从大的方面分类，可分为“人防”（如巡逻人员、警卫人员、保卫人员及公安干警完成的安全保卫工作）、“物防”（如防盗门、围墙等）和“技防”。所谓“技防”，是指为了达到防入侵、防盗、防破坏等目的而采用以电子技术、传感器技术和计算机等技术为基础制造的安全防范使用的器材设备，并使用先进的技术将其构成一个系统，使其比传统的人防与物防更加先进、可靠和严密，成为一种全天候、全方位、全自动的安全防范体系。这样的一种防范方式与防范手段，国家有关部门将其定义为“安全技术防范”，简称为“技防”。而由此应运而生的安全防范技术正逐步发展成为一项专门的公安技术学科。

一、安全的定义

安全的基本定义是：没有危险，不受威胁，不出事故。

没有危险是安全的特有属性，也是本质属性。

安全是主体没有危险的客观状态。没有危险作为一种客观状态，不是一种实体性存在，而是一种属性，因而它必然依附一定的实体。

安全作为一种状态是客观的，它不是也不包括主观感觉，甚至可以说它没有任何主观成分，是不依人的主观愿望为转移的客观存在。

安全就是没有危险的客观状态，其中既包括外在的威胁的消除，也包括内在的疾患的消除。

二、两种安全理念

在英文中，安全有 Safety 和 Security 两种解释，Safety 的中文解释是：安全，平安，稳妥，保险，安全设备，保险装置等，Security 的中文解释是：安全，无危险，无忧虑，提供安全之物，使免除危险或忧虑之物，安全（警察），安全（部队）等。

在中文中所讲的安全，是一种广义的概念，包括两层涵义：一是指自然属性或准自然属性的安全，对应英文中的 Safety；其二是指社会人文性的安全，即有明显人为属性的安全，它与英文 Security 相对应。自然属性或准自然属性的安全被破坏，主要不是由于人的有目的的参与而造成的，如自然灾害事故和准自然灾害事故（产品设计缺陷、环境污染、卫生条件恶化等）所产生的对安全的破坏。而社会人文性安全的被破坏，主要是由于人的有目的的参与而造成的，如入侵盗窃、抢劫、破坏等刑事犯罪等所产生的对安全的破坏。

因此广义地讲，安全应该包括 Safety 和 Security 两层含义，而我们常说的安全防范主要是指狭义的安全 Security，在国外通常叫“保安”。

三、安全防范的概念

安全通常是指人的身心和财产免受外界因素影响的存在状态及其保障条件。防范就是防备和戒备，而防备是指做好准备以应付攻击或避免受害，戒备是指防备和保护。综合安全和防范两者的概念，安全防范的概念就是做好准备和保护，以应付攻击或避免受害，从而使被保护对象处于没有危险、不受侵害、不出事故的安全状态。

在西方，不用“安全防范”这个词，而用“损失预防和犯罪预防（Loss Prevention & Crime Prevention）”这个概念。损失预防通常是指社会保安业的工作重点，而犯罪预防则是警察执法部门的工作重点，两者的有机结合，保证了社会的安定和安全。从这个意义上说，损失预防和犯罪预防就是安全防范的本质内涵。

综上所述，安全防范既是一项公安业务（警察执行部门），又是一项社会公共事业和社会经济行业。它们的发展和进步，既依赖于科学技术的发展和进步，同时又为科学技术的进步和发展提供和创造良好的社会环境。

时代发展赋予安全防范新的目的，安全防范是公安工作对扩大社会掌控面的迫切需求，安全防范从局部的生命财产的保护逐步转变为全局性的公共安全管理，从微观静态的防范系统转变为宏观动态的监控体系，这就是新安防。

四、安全防范的三种基本手段

安全防范主要包括人力防范（简称：人防）、技术防范（简称：技防）和实体防范（简称：物防）三种基本手段，其中人力防范和实体防范是古已有之的传统防范手段，技术防范是现代科学技术应用于安全防范系统的产物，是人力防范手段和实体防范手段的功能延伸和加强，是一种全新的安全防范概念。

人防（人力防范：Personnel Protection）是指执行安全防范任务的相应素质人员或人员群体的一种有组织的防范行为（包括人、组织和管理等）。

人防（人力防范）是安全防范的基础。传统的“人防”是指在安全防范工作中人的自然能力的展现。即：利用人体感官进行探测并作出反应，通过人体体能的发挥推迟和制止风险事件发生。现代的“人防”是指执行安全防范任务的具有相应素质的人员和/或人员群体的一种有组织的防范行为，包括高素质人员的培养、先进自卫设备的配置、以及人员的组织与管理等。

物防（实体防范：Physical Protection）是指用于安全防范目的、能延迟风险事件发生的各种实体防护手段（包括建筑物、屏障、器具、设备、系统等）。

技防（技术防范：Technical Protection）是指利用各种电子信息设备、系统和网络提高探测、延迟、反应能力和防范功能的安全防范手段。

一个完善的安全防范系统就是指人防系统、物防系统、技防系统的有机结合。其中人力防范和实体防范是古已有之的传统防范手段，技术防范是现代科学技术应用于安全防范系统的产物，是人力防范手段和实体防范手段的功能延伸和加强，是一种全新的安全防范概念。

五、安全防范技术

安全防范技术是指专门应用于社会安全防范的，以预防、制止违法犯罪和重大治安事件为目的，多学科交叉和融合的综合性应用科学技术。在国外，安全防范技术通常分为三类：物理技术防范（Physical Protection）、电子防范技术（Electronic Protection）、生物统计学防范技术（Biometric Protection）。这里的物理防范技术主要指实体防范技术，是指利用各类建（构）筑物、实体屏障以及与其配套的各种实物设施、设备和产品（如门、窗、柜、锁具等）构成系统，以防范安全风险；这类防护技术与建筑科学技术、材料科学与制造工艺技术的发展关系极为密切。电子防范技术主要是指利用各种电子信息产品、有线/无线通信产品、计算机网络产品等组成系统或网络，以防范安全风险；这类防护技术与探测（传感）技术、监控技术、视频与多媒体技术、计算机网络技术、系统集成等科学技术的发展关系极为密切。如：入侵探测报警技术、视频监控技术、出入口控制技术、计算机网络技术以及其相关的各种软件、系统工程等。生物统计学防范技术，是法庭科学的物证鉴定技术与电子信息科学的模式识别技术相结合的产物，主要是指利用人体的生物学特征（如指纹、掌纹、虹膜、声纹、面相等）进行个体目标识别与控制，从而防范安全风险的一种综合性应用科学技术；这类防护技术与现代生物科学、生物工程技术、现代信息科学技术以及法庭科学技术的发展关系极为密切。

安全技术防范是以安全防范技术为先导，以人力防范为基础，以技术防范和实体防范为手段，所建立的一种具有探测、延迟、反应有序结合的安全防范服务保障体系。它是以预防损失和预防犯罪为目的的一项公安业务和社会公共事业。对于警察执法部门而言，安全技术防范就是利用安全防范技术开展安全防范工作的一项公安业务；而对于社会经济部门来说，安全技术防范就是利用安全防范技术为社会公众提供一种安全服务的产业。既然是一种产业，就要有产品的研制与开发，就要有系统的设计与工程的施工、服务和管理。

安全技术防范作为社会公共安全科学技术的一个分支，具有其相对独立的技术内容和专业体系。根据我国安全防范行业的技术现状和未来发展，可以将安全防范技术按照学科专业、产品属性和应用领域的不同进行如下分类：

（1）入侵探测与防盗报警技术；

（2）视频监控技术；

（3）出入口目标识别与控制技术；

（4）报警信息传输技术；

（5）移动目标反劫、防盗报警技术；

（6）社区安防与社会救助应急报警技术；

（7）实体防护技术；

（8）防爆安检技术；

（9）安全防范网络与系统集成技术；

（10）安全防范工程设计与施工技术。

六、安全防范系统

安全防范系统（简称 SPS，security & protection system）是指以维护社会公共安全为目的，运用安全防范产品和其他相关产品所构成的入侵报警系统、视频安防监控系统、出入口控制系统、防爆安全检查系统等；或由这些系统为子系统组合或集成的电子系统或网络。

1. 入侵报警系统

入侵报警系统（简称 IAS，intruder alarm system）是指利用传感器技术和电子信息技术探测并指示非法进入或试图非法进入设防区域的行为、处理报警信息、发出报警信息的电子系统或网络。

入侵报警系统的构成一般由周界防护、建筑物内（外）区域/空间防护和实物目标防护等部分单独或组合构成。系统的前端设备为各种类型的入侵探测器（传感器）。传输方式可以采用有线传输或无线传输，有线传输又可采用专线传输、电话线传输等方式；系统的终端显示、控制、设备通讯可采用报警控制器，也可设置报警中心控制台。系统设计时，入侵探测器的配置应使其探测范围有足够的覆盖面，应考虑使用各种不同探测原理的探测器。

2. 视频安防监控系统

视频安防监控系统（简称 VSCS，video surveillance & control system）是指利用视频技术探测、监视设防区域并实时显示、记录现场图像的电子系统或网络。系统的前端设备是各种类型的摄像机（或视频报警器）及其附属设备，传输方式可采用同轴电缆传输、光纤传输等；系统的终端设备是显示、记录、控制、通信设备，一般采用独立的视频中心控制台或监控—报警中心控制台。

3. 出入口控制系统

出入口控制系统（简称 ACS，access control system）是指利用自定义符识别或/和模式识别技术对出入口目标进行识别并控制出入口执行机构启闭的电子系统或网络。出入口控制系统一般由出入口对象（人、物）识别装置、出入口信息处理、控制、通信装置和出入口控制执行机构三部分组成。出入口控制系统应有防止一卡进多人或一卡出多人的防范措施，应有防止同类设备非法复制有效证件卡的密码系统，密码系统应能授权修改。

4. 电子巡查系统

电子巡查系统（guard tour system）是指对保安巡查人员的巡查路线、方式及过程进行管理和控制的电子系统。

5. 停车场管理系统

停车库（场）管理系统（Parking Lots Management System）是指对进、出停车库（场）的车辆进行自动登录、监控和管理的电子系统或网络。

6. 防爆安全检查系统

防爆安全检查系统（Security Inspection System For Anti-explosion）检查有关人员、行李、货物是否携带爆炸物、武器和/或其他违禁品的电子设备系统或网络。

7. 其他子系统

例如：对具有特殊使用功能要求的建筑物、构筑物或其内的特殊部分、特殊部位，需要设计具有特殊功能的安全技术防范系统，如专用的高安全实体防护系统、防爆和安全检查系统、安全信息广播系统等。

第二节　安全防范系统的主要研究领域

一、安全防范的研究及发展

安全防范是一门以系统论、控制论和信息论为基本理论基础，以电子技术、光学技术、通信技术和计算机技术为手段的综合性社会应用学科，其应用已经普及到社会生产和人民生活的各个方面。根据当前安全防范技术的应用状况和社会需求，安全防范的主要研究内容有以下几个方面。

1. 传感与探测技术

入侵探测是安全防范技术的核心，如何利用各种传感原理研究探测原理、探测技术和探测设备是其基本内容。其最具方向性的研究内容有：

(1) 传感信息融合技术；

(2) 非可见光成像技术；

(3) 目标移动特征的统计分析与提取；

(4) 目标自动识别技术；

(5) 智能入侵探测器的研制。

2. 数字化安全防范系统网络体系研究

安全防范系统以维护社会公共安全和预防、制止重大治安事故为目的，综合运用安全防范技术和其他科学技术，为建立具有防入侵、防盗窃、防抢劫、防破坏、防爆炸等功能或其组合而实施的安全工程。经过几十年的发展，已经普及应用到社会的各个部门和场所，在数字化、网络化技术飞速发展的今天，建立统一的数字化网络平台，实现全社会安全防范系统资源共享，为我国社会治安综合治理服务，成为安全防范行业一个新的研究领域。其重要的研究内容有：

（1）数字化安全防范系统网络体系的研究；

（2）安全防范信息处理技术和传输网络安全技术的研究；

（3）安全防范系统的可靠性和有效性研究；

（4）安全防范系统运行服务机制的研究；

（5）预案处警机制建设与行为规范研究；

（6）安全防范系统在应急系统中的功能、作用和标准的研究。

3. 公共安全的风险分析、评价和控制的理论研究方向

公共安全的风险分析、评价和控制理论是指应用犯罪学和统计学理论，研究社会发展形态，辨识和分析人的恶意行为事件（包括：犯罪、突发事件、恐怖事件）的根源，评价其潜在的影响，判断其发生危害的可能性及其严重程度，制定相应的防范措施，减少该事件的发生的概率，并控制其危害的程度。其重要的研究内容有：

（1）诱发人的恶意行为事件发生原因的研究；

（2）公共安全的风险分析方法和手段的研究；

（3）公共安全的风险评价方法和标准的研究；

（4）社会公共安全防范控制模式的研究。

4. 安全防范系统工程的研究方向

安全防范系统工程就是从整个社会治安的观点出发，运用系统工程理论，采用系统分析的方法，对社会治安综合治理系统的规划、研究、设计和使用的各个阶段进行有效的组织管理，科学地规划和组织人力、物力和财力，优化选择最佳方案，实现人工防范、技术防范和物理防范的有机结合，使安全防范系统达到最合理、最经济、最有效的预期目标。安全防范系统工程的重要研究内容有：

（1）社会化安全防范体系的规划研究；

（2）社会应急系统的规划建设的研究；

（3）社会安全防范工作的组织管理策略的研究；

（4）社会化安全防范体系对社会发展的作用研究。

5. 安全检查及防暴技术研究方向

安全检测及管理工程是检测技术领域的一个重要方面，是人类感官功能的延拓，它涉及物理学、电子学、化学、计算机科学、测量技术和管理科学等学科领域。其研究的主要内容为检测技术核装置的基本原理、结构、性能、特点和应用范围，以及科学化管理过程。主要应用于公安部门、国家安全部门以及军事领

域，通过科学有序的管理和安全检测技术，实现有效预防和打击犯罪，维护社会治安和人民生命财产的安全。

各种探测机理的研究、探测器件的研制、探测设备的研究、由此构成的安全检查系统的研究和应用领域的开发等构成本课题的各个层面。它们互相支持、互为推动，拉动着安全检查技术的进步和安全检查设备性能的提高。其重要研究内容有：

（1）安全检查器件和相应技术的研究；

（2）违禁物品物质特征的研究；

（3）射线成像和目标识别的研究；

（4）安全检查管理机制和预案处警机制的研究；

（5）爆炸物处理技术和防护技术的研究。

6. 安全防范信息智能决策系统的研究方向

安全防范信息智能决策系统的研究方向的重要研究内容有：

（1）安全防范信息的定义和分类研究；

（2）安全防范信息的采集策略研究；

（3）安全防范信息的组织策略研究；

（4）安全防范专家系统研究。

二、安全防范系统

安全防范系统是以维护社会公共安全和预防、制止重大治安事故为目的，综合运用安全防范技术和其他科学技术，为建立具有防入侵、防盗窃、防抢劫、防破坏、防爆炸等功能或其组合而实施的安全防范系统。

安全防范系统特征可归纳为以下几点：

（1）整体性。社会化的安全防范系统是由相互依赖的若干部分组成，各部分之间存在着有机的联系，构成一个综合的整体，以实现系统的整体功能。因此，安全防范系统要有统一性和整体性，要充分注意各组成部分或各层次的协调和连接，提高系统的有序性和整体的运行效果。

（2）相关性。安全防范系统中相互关联的各部分的特性和行为相互制约和相互影响，这种相关性确定了系统的性质和形态。

（3）目的性和功能。安全防范系统的目的就是使被保护对象处于没有危险、不受侵害、不出事故的安全状态。因此安全防范系统需要根据其目的来设定其功能，这类系统也是系统工程研究的主要对象。

（4）环境适应性。一个系统和包围该系统的环境之间通常都有物质、能量和信息的交换，外界环境的变化会引起系统特性的改变，相应地引起系统内各部分相互关系和功能的变化。

（5）动态性。物质和运动是密不可分的，各种物质的特性、形态、结构、功能及其规律性，都是通过运动表现出来的，要认识物质首先要研究物质的运动，系统的动态性使其具有生命周期。开放系统与外界环境有物质、能量和信息的交换，系统内部结构也可以随时间变化。一般来讲，系统的发展是一个有方向性的动态过程。

（6）有序性。由于系统的结构、功能和层次的动态演变有某种方向性，因而使系统具有有序性的特点。一般系统论的一个重要成果是把生物和生命现象的有序性和目的性同系统的结构稳定性联系起来，也就是说，有序能使系统趋于稳定，有目的才能使系统走向期望的稳定系统结构。

第三节 监狱安全防范系统建设

在监管场所中使用的安全防范技术，是用现代传感技术、数字信息处理技术、数字通信技术、计算机技术、多媒体技术和网络技术来实现监狱各种安防信息的采集、处理、传输、显示和高度集成，一般包括：监狱计算机网络信息系统、周界防范系统、视频监控系统、智能门禁控制及干警一卡通管理系统、监听对讲报警系统、安全检查系统、会见录音及亲情电话管理系统、监区紧急报警系统、多媒体教学和信息查询系统、信息化管理应用系统、在押人员定位和点名系统等，各子系统集成为监狱中央监控综合管理系统。

一、监狱安全防范系统建设的必要性

监狱作为一个戒备、守护森严的场所，与大众一直保持着一份距离感和神秘感，人们很难走近了解到监狱的内部构造和设置，大多数人对于监狱的描绘，建立在对一些新闻片段和影视片段拼凑的基础上，人们对这座铁丝缠绕和四面高墙的“城堡”充满好奇的同时，也充满了敬畏感。

2006年一部美剧《越狱》彻底消解大众对于监狱的神秘，所谓的打架斗殴、自伤自残、骚乱、暴乱、劫持管教干部、越狱逃脱等等不时上演，同时监狱里所呈现出的层层防护体系也令观者印象深刻。然而现实生活当中，对于类似暴乱的事件，无论如何是监狱管理者绞尽脑汁不想发生的，于是，如何通过安防技术提升监狱的安全管理效率，降低事故发生率，成为监狱一直以来不敢懈怠的课题。

近年来，监狱饱受越狱、骚乱、自杀等种种负面新闻的困扰。特别是2009

年以来，呼和浩特越狱案、安徽界首看守所越狱案、广西接连发生的越狱事件和湖南常德越狱案等等，对于监狱的安全防范宛如一枚炸弹，引起了社会各界关注。2010 年 11 月，国家发改委已经正式批复全国监狱信息化一期工程项目建议书。同时，经过几年的沉淀，各厂家的监狱安防产品和技术方案日趋成熟，这都将推动监狱安防市场进一步提升和发展。那么，目前监狱安防建设的需求和规划状态如何呢?

据不完全统计，我国的监狱大约有近 700 多所，其中司法部部署监狱 1 所，省属监狱 605 所，市属监狱 67 所，劳教管理所 300 多个，3 000 多个看守所。据了解，中央财政已为此投入进 44.6 亿元，接下来，政府将继续加大此方面的投资力度，总规模预计超过 60 亿元。据有关人士分析，一般情况下，大型监狱（设计关押人数 ≥3 000 人）如果是全新建设，对于安防建设的投资大约在 3 000－4 000 万元之间，中型监狱和小型监狱依各自所处的地区略有不同也有 1 000－2 000 万的投资，一个关押点（即分监区）安防建设的投资大约是 800－1 000 万元。在相关投资中，系统的网络建设和视频监控部分所占比重一般较高。目前监狱的安防需求主要体现在信息化建设上，以提升监管效率为项目建设目标，主要集中在网络化、智能化、集成化的建设。

目前，监狱安防建设需求呈现多格局发展的趋势，一方面经济发展稍慢的地方继续加大对视频监控覆盖的建设，另一方面，信息化完成较好的地区已经开始进行全省联网和系统整合的建设规划。目前超过 70% 的监狱都已经建立了视频监控系统和相应的安防设施，部分发达省份开始着手联网和智能化建设。在已建安防监控系统的监狱中，普遍存在安防监控系统与信息化建设割裂分离的状况，有可能导致监狱安防工作出现漏洞，造成不良影响。为了便于监狱的日常管理工作，系统整合与联网就愈显迫切了。

在相关政策引导方面，政府也给予了大力度的支持。2010 年 8 月，司法部监狱管理局下发了《全国监狱信息化软件开发应用实施意见（2011－2013)》，要求各地监狱在基础硬件建设的同时，也要同步重视软件建设。为了响应国家政策，各个地区也推出了进一步的规划，比如浙江省监狱安防建设三年计划，湖北省今年监狱安防正在招标和规划当中，联网整合和智能建设都在招标中唱起了主角。

二、监狱安防系统发展过程

自古以来，监狱作为一个国家的政治统治机构，维稳安全的一个重要工具，在国家稳定方面起到了重要的作用，更是不可或缺。尤其是近年来，越狱事件频频发生，一次次的越狱事件，引起了人们对于整个监狱安全的关注和质疑，也给整个监狱系统造成重大的社会影响。对于监狱系统内部的人士来说，更增添了压力和责任。有关罪犯脱逃、自杀、暴力等潜在的安全危险，就像是悬在监狱工作人员头上的达摩克利斯之剑，成为他们的沉重负担。

1. 20 世纪 80 年代中后期的监狱安防系统

20 世纪 80 年代中后期监狱是以物防（高墙、铁门、铁窗、大铁锁、厚墙、探照灯、武警值勤、角楼、电网等）为基础，增加了一定的安防系统，例如电视监控系统、简易报警系统、广播系统、门禁系统是以机械锁为主，加一些门的电动装置以及互锁装置。

2. 20 世纪 90 年代（前、中期）监狱安防系统

20 世纪 90 年代已经开始有电视监控、简易报警系统、通信系统（有线电话、无线对讲）、广播系统、音频监控等。当然物防系统是最基础的东西。电视监控系统是当时安防系统的代表。当时的典型电视监控系统是：摄像机、音视频矩阵、视频分配器、视频均衡放大器（也又称电缆均衡补偿放大器）、显示器、监视器墙、录像机（VHS）。

90 年代中期发展了多画面处理器（先同步、后异步），多画面处理器（典型有 4 画面、9 画面、16 画面；还有 24 画面和 48 画面是极少数，短期的产品）。这年代又出现抽帧式长时期录像机，它可以将 3 小时录像带，录到 18/24/48/120/240/360 小时。这种录像机选用抽帧式长时间录像机，一般选用 24 小时或 12 小时，这样一天可用一盘 3 小时录像带或两盘录像带；大大降低了录像带的存储量，若采用抽帧方式，所以也会带来有效图像丢失的可能性。

3. 现代监狱（21 世纪初）智能安防系统

在这个时期建设或近期改造的监狱安防系统，它已是现代监狱智能化系统的内涵，当然监狱安防系统是监狱智能化系统的首要和必需。现代监狱安防系统在智能化方面有很大发展，特别表现在数字化、网络化、智能化方面。通常都包括以下几大系统。

（1）安防系统

电视监控系统，门禁系统（内含实体防范和门禁智能卡）、周界防范系统（铁丝风、墙、门、窗等实体防范和入侵防范系统）、非法进出报警系统、电子巡更系统。

（2）信息管理系统（重点在办公和管理区域）

BA 系统、综合布线系统、程控交换机、计算机网络系统、停车管理系统、消防报警系统、多媒体显示民间、智能集成平台、机房工程、防雷接地。

(3) 监舍管理系统

紧急广播、日常广播，监舍犯人与中控室（管理部门）对讲系统、探访犯人管理系统（发号、对讲、检查物品等）、出入人员和出入车辆管理系统、新增车辆底部电视监视系统、犯人的GPS定位系统、轻犯人的监外管理系统。

(4) 监狱的住处传输系统

可以使用电缆、光缆、网线等，也可使用专用局域网、无线专用网、无线移动通信（GSM、CDMA）、专用无线对讲系统。

(5) 现代图像存储系统

早期图像存储系统主要设备是录像机，简称VCR，到了中期，出现了长延时录像机（抽帧方式），近期的存储设备主要是硬盘录像机（简称DVR），从CIF格式的DVR到D1格式的DVR，现代网络技术发展普及后，存储系统也从前端DVR存储发展到网络存储设备（NVR，网络硬盘录像机），关于图像存储的具体内容，将在视频监控的章节详细介绍。

三、现代监狱安防系统的建设与应用

(一) 安全防范系统在司法领域的应用

当前，现代安全防范技术在国外刑事司法领域早已广泛应用，国内政法战线的公安、安全等部门也早已率先采用了先进的技术防范系统。监狱作为国家刑罚执行机关，在运用安全技术防范上也逐渐由独立系统向集成系统转换。监狱的特点决定了监狱干警必须对罪犯进行全天候的、有效的监管，这完全靠人力是不够的，国内外的先进经验告诉我们，必须向科技要警力，必须走“科技强警”、“科技兴监”的道路。进入21世纪后，监狱在技术防范专项资金的投入、规范化管理上都有了极大提高，发达地区的监狱都建立了先进的入侵报警系统、视频监控系统和出入口控制系统。

1. 有利于提高民警的综合素质，促进民警思想观念的转变

实施监狱安防系统建设是一项全新的工作，它要求民警必须确立全新的监管工作理念，坚持与时俱进、开拓创新的思想，勇于突破传统观念的束缚，积极接受新知识，树立新观念。在认真学习法律、法规和管教业务等知识的基础上，还要积极学习计算机和网络技术等现代科技知识，不断提高自身的综合素质，可以通过灵活的用人机制，实现优胜劣汰，使监狱机关的技术人员与社会上的技术人才实现合理的交流，从而建设一支熟悉监狱业务，具有专业知识的复合型监狱专业人才队伍，这样才能适应新时期监狱工作的需要，迎接数字化监狱时代的到来。

2. 有利于提高工作效率

监狱通过应用计算机和网络技术，实现日常办公的自动化、生产经营管理的网络化，可以提高工作效率、节约办公费用。信息系统及管理软件对企业的竞争力帮助很大，监狱信息化建设，将有利于人力资源和物质资源的节约，首先从人力资源的节约方面来讲，通过局域网即可将文件和通知及时地上传下达，其次从物质资源方面来说，可以减少办公经费，节约开支，还可以提高工作效率。

3. 有利于保障监管安全

监管安全是监狱的首要任务，在当前监管形势日趋严峻的情况下，只有加大对安全防范设施建设的投入，提高监狱物防、技防能力，建立监管安全防范的长效管理机制，才能保证监管秩序的持续稳定，其结果是达到一种新的监狱管理形态，从而规范执法管理行为，提供准确、及时的信息，创建一个智能的管理环境。

4. 有利于提高改造质量

监狱的核心目标是提高对服刑人员的改造质量，预防和减少犯罪，因此监狱的一切工作必须以提高改造质量为出发点和归宿。实施监狱安防系统建设就是要在利用好传统改造手段的基础上，运用现代科技手段，提高对服刑人员的改造质量。

5. 有利于接受社会监督，提升监狱的文明形象

监狱是社会的一扇窗口，向社会宣传监狱，让社会了解监狱，勇于接受社会监督，建设一个有利于监狱发展的外部环境是十分必要的。通过建设狱务公开系统，可以使服刑人员亲属及其他社会各界人士更加及时准确地了解国家法律法规、监狱的方针政策、监内新闻等动态信息，避免因信息不畅而造成的信息中断和丢失，消除服刑人员亲属和社会公众等对监狱产生的误解，从而树立起监狱的良好形象，争取社会各界对监狱工作的支持。

（二）安全防范系统的应用原则和理念

1. 防护级别和戒备等级相对应

根据 2005 年 6 月召开的全国监狱局长会议精神，全国监狱要建立按戒备等级分类制度，所以监狱安全技术防护级别必然要同戒备等级相对应，按照监狱戒备等级划分防护级别，高风险、高戒备等级的监狱只有采取高级别防护，才能获得高水平的安全防护（达到或实现安全的程度），如果高戒备等级的监狱采取低级别的防护，安全性必然差，很容易发生事故，这当然是要避免的；但如果低戒备等级的监狱采用高级别的防护，安全水平固然高，但这种系统的性能价格比一定会降低，造成经济上的浪费，达不到优化配置监管改造资源的目的。因此，在

保证一定安全防护水平的情况下，实现高性能价格比的经济技术指标，是考核监狱安全防范工程的重要内容之一。

2. 纵深防护

所谓纵深防护，简而言之就是层层设防，就是根据监狱的戒备等级和所确定的防护级别，对整个监狱实施分区域的分层次的设防。一般而言，分区域设防指监狱应包括周界、禁区、防护区、监视区四种不同性质的防区，周界对应于监狱围墙，是监狱的第一道防线，因此是最高级别的防护；监狱围墙内侧5米、外侧10米为警戒隔离带，应设置为禁区；禁闭室、仓库等重要部位为防护区；监舍、教室、家属会见室、餐厅、罪犯劳动及其他活动场所为监视区。对不同性质防区应实施不同级别的防护措施。

防护的纵深性通常分为整体纵深防护和局部纵深防护两种类型。整体纵深防护，是对整个监狱实施纵深防护；局部纵深防护，是对监狱的某个局部区域，按照纵深防护的设计思想进行分层次的防护，它是指在监狱的某个防区内，根据地理位置纵深设置几道防线，比如，在严管监舍楼可以从监舍内部、监舍门、走廊、监舍楼门口，分别设立防线，尤其是在周界和禁区等重点防范部位更应设置多道防线，在异常情况发生时，多道防线的阻挡作用，可以增大延迟时间，并且监控中心可根据电子地图上多道防线间的准确位置，迅速组织力量赶赴现场，减小反应时间，使 $T_{反应} \leq T_{探测} + T_{延迟}$，及时制止违法、犯罪行为。

监狱的四种分防区的设置并不是绝对的，监狱可根据自己具体所处环境和狱情、犯情而定，必要时可以合并或增加。

3. 均衡防护

所谓均衡防护，有两方面的含义：一是指整个防范系统在总体布局上不能存在明显的设计缺陷或防范误区，如各分防区的设置是否合理、各子系统的集成是否有效等；二是指监狱内同层防护区的防护水平应保持基本一致，不能存在薄弱环节或防护盲区。

在监狱安全防范工程领域，安防系统的有效性遵从“水桶效应”原则。就是说，一个安全技术防范系统，其总体防护水平的高低不由高防护部位决定，往往由系统的最薄弱的环节来决定。比如，一个周界防护系统，如果在周界防护的某个局部存在盲区，它就可能是入侵者入侵的方便之门，其余部分防范得再好，也失去意义；一个监控系统不仅要可靠性高，还要无盲区、无死角、无漏洞，否则就会发生漏报警，使不法分子有机可乘；再比如，如果一个防范系统的中央控制室不是设置在安全地区，严加防范，而是放在一般防区，就极易受到攻击或破坏，导致整个防范系统的失控甚至瘫痪。

4. 提高防护系统的可信性

可信性是描述系统的可用性及其影响因素。提高可信性主要指提高系统的可靠性、维修性、维修保障性以及组织管理工作水平。系统的可靠性越高，可信性就越高，维修性、维修保障性、组织管理水平等同样亦然。

可信性对监狱安全技术防范系统的重要性不言而喻，“养兵千日，用兵一时”是对安防系统最好的概括。提高可信性就是要提高技防系统的内在质量，不能因资金等问题，降低对系统设备、器材的质量要求，否则，安防系统在关键时刻漏报警或误报警，不仅可能导致财产损失，而且可能危及监狱人员生命安全，不能起到预防损失和遏止犯罪的作用。

安全技术防范系统的几个原则是互相联系的，戒备等级决定防护级别，防护级别决定了系统的纵深、均衡、可信性等要求，其中可信性是对设备、器材的要求，均衡性是对各层防护或系统的要求，纵深性则是对整个系统的总体要求，只有以上几个原则统筹考虑，全面规划，才能实现监狱的高防护水平。

安全防范系统防护的纵深性、均衡性、可信性要求，是安全防范三个基本要素在工程中的具体体现。之所以要求系统具有防范的纵深性、均衡性、可信性，都是为了保证探测、延迟、反应的有效性。只有这样，系统才能防范相应的风险，保障监狱的安全。

5. 预防、阻挡为主，打击、报警相结合

监狱安全防范技术要从“打击为主”向“预防、阻挡为主，打击、报警相结合”转变，防控体系由“单兵作战”向“整体联动”转变。

技术防范系统的智能监控，体现了系统的预防功能，它不仅仅对罪犯实施全天候的监视，而且利用模式识别技术，把原来的目视解释转变为强大的自动图像监控、解释系统，使目标在进入安防范围后，即受到中央控制系统的监视、跟踪和录像，并预测事情的发展趋势，当预测会发生违纪、违法事情时，及早报警，提前预防，妥善处置，确保监狱人员生命、财产的安全。

利用高压脉冲电子围栏和高压脉冲电网组合防范监狱周界，就体现了“阻挡为主，打击、报警相结合”的国际先进周界安防理念。围栏带有非致命的高压脉冲，它具有威慑（降低作案欲望）、阻挡（制造入侵障碍）、报警（声、光报警并可与其他安防系统联动）三重功能，克服了交流高压电网致命的缺点。传统的红外对射、泄漏电缆或微波探测器等系统，只具有报警功能，而没有阻挡功能，入侵者往往能毫无阻挡地跨越警戒线，在系统报警之前，就可能已进入（逃出）防范区域，这会使得事件处理变得复杂化。

6. 人防、物防、技防相结合

要真正做好监狱安全防范工作，单靠某一种防范手段是完不成任务的，因为任何一种防范技术、防范手段都不是万能的，都有其局限性。

监狱采用了某种级别的技术防范系统之后，可以利用高科技手段对所遇到的威胁进行准确无误的探测和报警，可以有效地预防损失和遏制犯罪。但是，技术是不断进步的，任何技术设备和系统，都不可能真正做到万无一失，其可靠性概率是遵从一定统计分布规律的，加上它的运行要受到多方面因素的影响和制约，特别是人的因素的影响。从这个意义上说，任何技术防范系统都存在着局限性。

物防设施是技术防范系统的物质载体和实物基础，它是延迟风险发生和预防犯罪的基础手段，它在安全防范中的“延迟”作用是其他手段难以代替的。但是，物防设施“延迟”作用的有效发挥，需要高科技的支撑，需要人来维护和管理，离开技防和人防的有效配合和积极支持，物防的延迟作用是难以发挥的，传统意义上的“物防”之所以被淘汰，就是这个道理。

人力防范是安全防范的基础，技术防范也好，物质防范也好，都离不开人的作用。但是，人的自然能力的局限性限制了人防功能的发挥和发展。这里所讲的人力防范，已不只是人的自然能力的展现，而是科技人与科技群体有组织的防范行为。它一方面指监狱干警本身，需要高科技知识的武装和高科技物防的保护；另一方面是指具有高水平防范反应能力和高水平的决策、指挥与群体快速反应能力。要做到这些，单靠人海战术是不行的，传统的“人海战术”不是真正意义上的“人防”，相反，是人防工作的一大误区。

总而言之，监狱要实现真正意义上的安全防范，只有实施人防、技防、物防相结合的方针，建立探测、延迟、反应的有效机制，才能确保监狱安全。

随着计算机和互联网技术高速发展，传统的安全技术防范产业正逐步融合到高新技术产业中，如何在变化的形势下制定监狱安全技术防范工作的指导思想和发展规划，构架基于监狱自身特色的技术标准和管理方式，运用国际先进的安防理念，优化配置设施资源，促进安全防范技术向数字化、网络化、集成化方向发展，最终实现安防系统的智能化，是监狱部门应该进行认真研究和探讨的问题。

四、监狱安全防范系统的发展趋势

在高新技术数字化发展的今天，数字、智能、高清、整合是监狱系统对安全系统的新要求，也是充分发挥安防系统的作用，实现“向科技要警力”的途径。

1. 联网管理平台给监狱管理带来的变革

安防监控随着“数字化、智能化、网络化”的发展大趋势，各个行业对跨区域监控管理需求的不断增加，联网监控已经成为安防系统的核心业务需求。而在监狱行业，大联网监控的需求更为突出。自从“躲猫猫”、“越狱”等事件的发生，国家已经把监狱联网监控提到了新的高度，以四川省为代表，开始提出了全省监狱进行联网监控。为实现跨区域、大范围的统一管理，除了要求系统具备海量设备的接入、系统模块化分层设计外，还要求系统能提供标准化的接口，可让视频数据与上下级平台进行对接，轻松实现整合。

随着网络化的发展与成熟，安防系统 IP 化已经逐渐代替传统的模拟系统，而作为监狱的安防系统，体现得更加明显。随着信息化技术的发展，监狱也掀起了技改的浪潮，将系统逐步网络化。这些系统有个共同的特点，就是系统产品的多样化，以监控为例，很多监狱均是对系统进行逐步升级，将面临着多系统、多设备并存的情况，如何对设备进行统一管理，将是用户面临的一道难道。因此，要求 CMS 管理平台具有极强的兼容性，可集成 IPC、编解码器、DVR 等设备，要求支持 ONVIF/PSIA 标准协议。同时，要求集成管理平台可集成门禁、防范报警、消防、巡更、对讲系统等，并支持 OPC 接口，实现视频与各安防子系统的报警联动。

2. 智能视频分析技术在监狱中的应用突破

在大多时候传统监控系统只能用于事后取证，无法起到预防、预警的作用。使用智能分析技术以后可以让安保系统提前预警，各个系统联合作业确保监狱的安全，并在事发之前进行预防和控制，把损失降到最低。智能视觉摄像机可以识别出人眼无法分辨的细微变化，例如在遥远距离、光线不足、低对比度、环境伪装等等情况下的入侵行为和威胁。可以侦测并记录出现在监控屏幕内的徘徊行为。在发现入侵者之后可以自动预警，并通知带 PTZ 的摄像机自动锁定目标进行跟踪监控，形成视频跟踪接力和摄像机区域联防。

可设置“告警触发式”传输模式，借助计算机或嵌入式设备的强大数据处理功能，对视频图像中海量的数据进行高速分析，过滤掉用户不关心的信息，仅仅为监控者提供有用的关键信息，可以让干警从繁重的连续不断的监看监视画面的工作解脱出来。不需要专人盯守，监看人员只需要对产生告警的摄像机进行确认和处理即可。这样，监看人员的实际有效监控范围可以提高数倍，大大提高了监控效率。

本章小结

本章主要介绍了安全防范的内涵、本质、手段，并在此基础上阐述了安全防范技术和安全防范系统系统的定义，接着介绍了监狱安全防范系建设的必要性、发展历程和目前应用现状等问题。

课后训练

1. 什么是安全技术防范？安全防范系统主要包括哪些子系统？
2. 安全防范的三种基本手段是什么？
3. 安全防范系统主要由哪三大系统组成？

第二章

入侵报警系统

本章任务

◇ 熟悉入侵报警系统的组成：探测器、报警控制器、接警中心；
◇ 熟悉入侵探测器的功能、分类、技术指标；
◇ 掌握常用入侵探测器（主动红外探测器、被动红外探测器、微波探测器等）的工作原理、适用场合及使用注意事项；
◇ 掌握入侵报警控制器的组成、功能、分类、控制、防区、布防、特点与应用；
◇ 了解接警中心的地位和功能；
◇ 了解接警主机的工作原理和功能；
◇ 具备对入侵报警系统故障分析判断的能力；
◇ 具备正确维护系统、确保系统正常运行的能力。

第一节　入侵报警系统概述

入侵报警技术是传感技术、电子技术、通信技术、计算机技术以及现代光学技术相结合的综合性应用技术，应用于探测非法入侵和防止盗窃等行为。它可以协助人们担任防入侵、防盗窃等警戒工作，在任何需要防范的地方均可利用各种不同类型的探测器构成警戒点、警戒线、警戒面或空间，将它们交织便可形成一个多层次、全方位的安全防范报警网，一旦有不法分子入侵或是发生其他异常情况，即可发出声光报警信号，并显示报警的部位，组网系统还可以向上一级接警中心报警。

GA/T 368—2001《入侵报警系统技术要求》中将入侵报警系统定义为：入侵报警系统是利用传感器技术和电子信息技术探测并指示非法进入或试图非法进入设防区域的行为、处理报警信息、发出报警信息的电子系统或网络。

一、入侵报警系统组成与功能

入侵报警系统通常由入侵报警探测器、报警控制器和接警中心三部分组成，入侵报警系统结构示意见图 2－1。

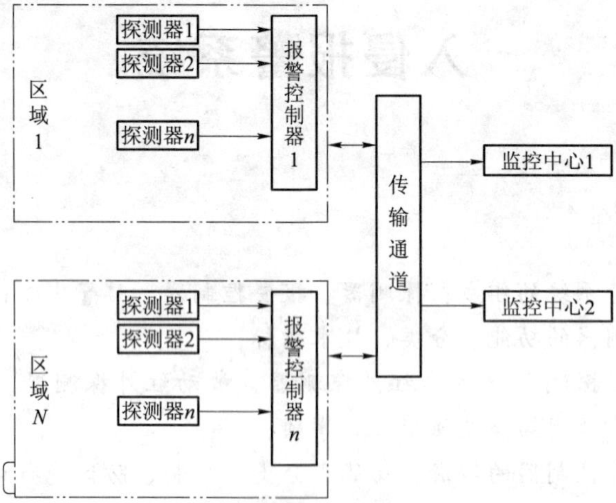

图 2－1　入侵报警系统组成

前端探测部分由各种探测器组成，是入侵报警系统的触觉部分，相当于人的眼睛、鼻子、耳朵、皮肤等，感知现场的温度、湿度、气味、能量等各种物理量的变化，并将其按照一定的规律转换成适于传输的电信号。

当前端入侵探测器检测到防范现场有入侵者时，产生报警信号并通过传输系统送到报警控制器。报警控制器经识别、判断后发出声、光报警，还可以控制多种外围设备，如打开现场照明灯、开启摄像机、启动录像等等，同时还可以将报警信息输出至上一级接警中心或有关部门。

接警中心负责接收、处理各子系统发来的报警信息、状态信息等，并将处理后的报警信息、监控指令分别发往报警接收中心和相关子系统。

二、入侵报警系统的基本功能要求

《入侵报警系统技术要求》（GA/T 368—2001）中，对入侵报警系统的基本功能作了如下的要求：探测、响应、指示、控制、记录和查询、传输。

1. 探测

入侵报警系统应对下列可能的入侵行为进行准确、实时的探测并产生报警状态：

① 打开门、窗、空调百叶窗等；

② 用暴力通过门、窗、天花板、墙及其他建筑结构；

③ 破碎玻璃；

④ 在建筑物内部移动；

⑤ 接触或接近保险柜或重要物品；

⑥ 紧急报警装置的触发。

2. 响应

当一个或多个设防区域产生报警时，入侵报警系统的响应时间应符合下列要求：

① 分线制入侵探测报警系统：不大于2s；

② 无线和总线制入侵报警系统的任一防区首次报警：不大于3s；

③ 其他防区后续报警：不大于20s。

3. 指示

入侵报警系统应能对下列状态的事件来源和发生的时间给出指示：

① 正常状态；

② 试验状态；

③ 入侵行为产生的报警状态；

④ 防拆报警状态；

⑤ 故障状态；

⑥ 主电源掉电、备用电源欠压；

⑦ 设置警戒（布防）/解除警戒（撤防）状态；

⑧ 传输信息失败。

4. 控制

入侵报警系统应能对下列功能进行编程设置：

① 瞬时防区和延时防区；

② 全部或部分探测回路设置警戒（布防）与解除警戒（撤防）；

③ 向远程中心传输信息或取消；

④ 向辅助装置发激励信号；

⑤ 系统试验应在系统的正常运转受到最小中断的情况下进行。

5. 记录和查询

入侵报警系统应能对下列事件记录和事后查询：

① 4.3.3 所列事件、4.3.4 所列编程设置；

② 操作人员的姓名、开关机时间；

③ 警情的处理；

④ 维修。

6. 传输

① 报警信号的传输可采用有线和/或无线传播方式；

② 报警传输系统应具有自检、巡检功能；

③ 入侵报警系统应有与远程中心进行有线和/或无线通信的接口，并能对通信线路的故障进行监控；

④ 报警信号传输系统的技术要求应符合 IEC 60839－5；

⑤ 报警传输系统串行数据接口的信息格式和协议，应符合 IEC 60839－7 的要求。

三、入侵报警系统设计原则

入侵报警系统是一种用来保护生命与财产安全的技术设施，在行业标准中，对系统技术方面的设计做了具体的要求。

1. 规范性和实用性

入侵探测报警系统的设计应基于对现场的实际勘察，根据环境条件、防范对象、投资规模、维护保养以及接处警方式等因素进行设计。设计应符合有关风险等级和防护级别标准的要求，符合有关设计规范、设计任务书及建设方的管理和使用要求。设备选型应符合有关国家标准、行业标准和相关管理规定的要求。

2. 先进性和互换性

入侵报警系统的设计在技术上应有适度超前性和互换性，为系统的增容和/或改装留有余地。

3. 准确性

入侵报警系统应能准确及时地探测入侵行为、发出报警信号；对入侵报警信号、防拆报警信号、故障信号的来源应有清楚和明显的指示。

入侵报警系统应能进行声音复核，与视频监控系统联动的入侵报警系统工程应能同时进行声音复核和图像复核。

《入侵报警系统技术要求》（GA/T 368—2001）中明确要求：系统误报警率应控制在可接受的限度内。入侵报警系统不允许有漏报警。

误报警（false alarm）是指由于意外触动手动装置、自动装置对未设计的报警状态作出响应、部件的错误动作或损坏、操作人员失误而发出的报警信号。

漏报警（leakage alarm）是指入侵行为已经发生，而系统没有作出报警响应或指示。

4. 完整性

应对入侵设防区域的所有路径采取防范措施，对入侵路径上可能存在的实体防护薄弱环节应有加强防范措施。所防护目标的5m范围内应无盲区。

5. 纵深防护性

纵深防护是指根据被防护对象所处的环境条件和安全管理的要求，对整个防范区域实施由外到里或由里到外层层设防的防护措施。纵深防护分为整体纵深防护和局部纵深防护两种类型。

《入侵报警系统技术要求》（GA/T 368—2001）中明确要求：入侵报警系统的设计应采用纵深防护体制，应根据被保护对象所处的风险等级和防护级别，对整个防范区域实施分区域、分层次的设防。一个完整的防区，应包括周界、监视区、防护区和禁区四种不同类型的防区，对它们应采取不同的防护措施。

周界区（Perimeter area）是指需要进行实体防护或/和电子防护的某防护区域的边界。

监视区（surveillance area）是指实体周界防护系统或/和电子周界防护系统所组成的周界警戒线与防护区边界之间的区域。

防护区（protection area）是指允许公众出入的、防护目标所在的区域或部位。

禁区（restricted area）是指不允许未授权人员出入（或窥视）的防护区域或部位。

在系统设计中应该根据现场勘察的实际情况，合理划分不同类型防区，在各防护层采取相应的防护技术手段，构成点、线、面、空间交叉、融合的立体防护空间，一旦有入侵者，不论其采用何种入侵手段，何时从何方向入侵，在系统防范的范围内，应都能及时报警以实现保护防护目标的目的。

6. 可靠性

入侵报警系统所使用的设备，其平均无故障间隔时间（MTBF）不应小于5 000h。系统验收后的首次故障时间应大于3个月。

7. 联动兼容性

入侵报警系统应能与视频监控系统、出入口控制系统等联动。当与其他系统联合设计时，应进行系统集成设计，各系统之间应相互兼容又能独立工作。入侵报警的优先权仅次于火警。

第二节 入侵报警探测器

入侵报警探测器（Intrusion Detector）是入侵报警系统的输入部分，通常指能够探测入侵者（通常指人）的入侵行为，并将感知到的各种物理量（声、光、压力、频率、温度等）的变化转换为报警控制器能够处理的电信号，进而能够触发报警的装置；通常由传感器（Sensor）、信号处理器和输出接口组成。简单的入侵探测器可以没有信号处理器和输出接口。

传感器是一种物理量的探测、转换装置。它就像入侵探测器的眼睛、鼻子、耳朵一样，入侵者在实施入侵时总是要发出声响、振动、阻断光路，或对地面或某些物体产生压力，或破坏原有温度场发出红外光等物理现象，传感器则是利用某些材料对这些物理现象的敏感性而将其感知并转换为相应的电信号和电参量（电压、电流、电阻、电容等）。处理器则对电信号放大、滤波、整形后成为有效的报警信号。输出接口使入侵探测器的输出呈现两种输出状态，即警戒监控状态为无电位的常闭触点或导通电阻不大于100Ω。报警状态和未加电时为常闭触点开路或开路电阻不小于1MΩ。

一、入侵报警探测器概述

入侵探测器（Intrusion Detector）是安全防范报警系统的输入部分，是对入侵或企图入侵或用户故意操作作出响应以产生报警状态的装置。

入侵探测器的最早应用是20世纪60年代，在博物馆安装了声音探测器，通过对探测现场的声音实时监听达到捕获犯罪的目的。随着科学技术的发展，1982年故宫首先使用了主动红外、被动红外、微波、声控等多种探测技术，使入侵报警系统的前端探测水平提高到了一个新的水平。1984年为了加强庆祝国庆35周年的安全保卫工作，在天安门广场安装了电视监控系统，从此视频越来越成为安全防范不可缺少的一种探测手段，为人们提供着更加直观的视觉信息。

在入侵报警系统中前端探测是对各种各样的入侵行为进行探测，入侵行为的特征是多方面的，所以以这些特征为探测依据的入侵探测器的种类也各式各样，有速度探测、人体温度探测、入侵时发出的声音、振动探测等。

（一）入侵报警探测器分类

入侵探测器有多种多样，进行分类将有助于从总体上对入侵探测器的认识和掌握。入侵探测器通常可按传感器的种类、工作方式、警戒范围、传输方式、应用场合来区分。

1. 按传感器种类分类

按传感器的种类，即按传感器探测的物理量来区分，通常有：磁控开关探测器、振动探测器、超声入侵探测器、次声入侵探测器、红外入侵探测器、微波入侵探测器和视频移动探测器等。探测器大多是按传感器的种类来命名的。

2. 按入侵探测器工作方式来分类

按入侵探测器工作方式分类，有：主动式入侵探测器和被动式入侵探测器两种。

被动入侵探测器在工作时不需向探测现场发出信号，而依靠对被测物体自身存在的能量进行检测。平时，在传感器上输出一个稳定的信号，当出现入侵情况时，稳定信号被破坏，输出带有报警信息，经处理发出报警信号。例如，被动红外入侵探测器利用了热电传感器能检测被测物体发射的红外线能量的原理。当被测物体移动时，把周围环境温度与移动被测物体表面温度差的变化检测出来，从而触发探测器的报警输出。所以，被动红外入侵探测器是被动式入侵探测器。

主动式探测器是在工作时，探测器要向探测现场发出某种形式的能量，经反射或直射在接收传感器上形成一个稳定信号，当出现入侵情况时，稳定信号被破坏，输出带有报警信息，经处理发出报警信号。例如，微波入侵探测器，由微波发射器发射微波能量，在探测现场形成稳定的微波场，一旦移动的被测物体入侵时，稳定的微波场便遭到破坏，微波接收机接收这一变化后，即输出报警信号。所以，微波入侵探测器是主动式探测器。主动式探测器其发射装置和接收传感器可以在同一位置，如，微波入侵探测器。也可以在不同位置，如，对射式主动红外入侵探测器。

被动式入侵探测器有：被动红外入侵探测器、振动入侵探测器、声控入侵探测器、视频移动探测器等等。主动式入侵探测器有：微波入侵探测器、主动红外入侵探测器、超声波入侵探测器等等。

3. 按警戒范围分类

按警戒范围可分成点控制探测器、线控制探测器、面控制探测器和空间控制探测器。

点控探测器是指警戒范围仅是一个点的探测器。当这个警戒点的警戒状态被破坏时，即发出报警信号。如安装在门窗、柜台、保险柜的磁控开关探测器，当这一警戒点出现危险情况时，即发出报警信号。磁控开关和微动开关探测器、压力传感器常用作点控制探测器。

线控制探测器警戒的是一条直线范围，当这条警戒线上出现危险情况时，发出报警信号。如主动红外入侵探测器或激光入侵探测器，先由红外源或激光器发出一束红外光或激光，被接收器接收，当红外光和激光被遮断，探测器即发出报警信号。主动红外、激光和感应式入侵探测器常用作线控制式探测器。

面控制探测器警戒范围为一个面，如仓库、农场的周界围网等。当警戒面上出现危害时，即发出报警信号。如振动入侵探测器装在一面墙上，当这个墙面上任何一点受到振动时，即发出报警信号。振动入侵探测器、栅栏式被动红外入侵探测器、平行线电场畸变探测器等常用作面控制式探测器。

空间控制探测器警戒的范围是一个空间，如档案室、资料室、武器库等。当这个警戒空间内的任意处出现入侵危害时，即发出报警信号。如在微波入侵探测器所警戒的空间内，入侵者从门窗、天花板或地板的任何一处入侵其中，都会产生报警信号。声控入侵探测器、超声波入侵探测器、微波入侵探测器、被动红外入侵探测器、微波红外复合探测器等探测器，常用作空间防范控制探测器。

4. 按探测信号传输方式来分类

按探测信号传输方式来划分，探测器可分为有线探测器和无线探测器两类。探测信号由传输线（如双绞线、多芯线、电话线、电缆等等）来传输的探测器，称为有线传输探测器。这是目前大量采用的方式。探测信号经调制后由空间电磁波来传输的探测器，称为无线传输探测器。在防范现场很分散或不便架设传输线的情况下，无线传输探测器有它独特的作用。为实现无线传输，在报警控制器上必需增加无线接收机。

5. 按应用场合分类

按应用场合分，入侵探测器可分为室外探测器和室内探测器两种。

室外入侵探测器又可分为建筑物外围探测器和周界探测器。周界探测器用于防范区域的周界警戒，是防范者的第一道防线，如泄漏电缆探测器、电子围栏式周界探测器等。建筑物外围探测器用于防范区域内建筑物的外围警戒，是防范者的第二道防线，如主动红外入侵探测器、室外微波入侵探测器、振动探测器等。

室内入侵探测器是防范入侵者的最后防线。如微动开关探测器、振动探测器、被动红外入侵探测器等。

（二）入侵探测器基本技术指标

1. 误报率

误报警是指没有入侵行为，探测器自动改变输出状态，入侵报警系统要求误报率低。

2. 漏报率

漏报警是指入侵行为已经发生，而探测器没有作出报警响应或指示。入侵报警系统要求探测器的漏报率为0。

3. 探测灵敏度

探测灵敏度指探测器对入侵信号的响应能力，改变输出状态的最低门限信号或最小输入探测信号。有些探测器灵敏度可以调节而有些是不可调节的。

入侵探测器的灵敏度具有方向性，不同安装方向可能导致器件有不同的灵敏度。灵敏度还受受气候影响比较明显，在一些恶劣环境下，如风雨雪天气，灵敏度会降低。另外有些探测器的灵敏度要随现场环境变化调节。

灵敏度、误报率和漏报率是互为矛盾体。探测器的灵敏度越高，则漏报率降低，误报率升高。在《入侵报警系统技术要求》（GA/T 368—2001）中明确要求：系统误报警率应控制在可接受的限度内，不允许有漏报警。因而系统应在保证漏报率为零的基础上，相应地降低探测器灵敏度从而降低误报率。

4. 探测范围

探测范围是指入侵探测器所防护的区域或空间叫探测范围。通常用距离和角度表示。例如：某被动红外入侵探测器的探测范围为：探测距离 16m，水平角 120°，垂直角 42.5°；振动探测器的探测范围是：探测距离（半径）8m，极角 360°；某主动红外入侵探测器的探测距离是 100m。

二、主动红外探测器

主动红外入侵探测器是由主动红外发射机和主动红外接收机组成。探测器利用发射机发出红外射线，由接收机接收。当发射机与接收机之间的红外光束被完全遮断或按给定百分比遮断时，产生报警信号。

1. 组成与工作原理

主动红外入侵探测器是由发射机和接收机组成，发射机是由电源、发光源和光学系统组成，接收机是由光学系统、光电传感器、放大器、信号处理器等部分组成。主动红外探测器是一种红外线光束遮挡型报警器，发射机中的红外发光二极管在电源的激发下，发出一束经过调制的红外光束（此光束的波长约在 0.8 ~ 0.95 微米之间），经过光学系统的作用变成平行光发射出去。此光束被接收机接收，由接收机中的红外光电传感器把光信号转换成信号，经过电路处理后传给报警控制器。由发射机发射出的红外线经过防范区到达接收机，构成了一条警戒线。正常情况下，接收机收到的是一个稳定的光信号，当有人入侵该警戒线时，红外光束被遮挡，接收机收到的红外信号发生变化，提取这一变化，经放大和适当处理，控制器发出的报警信号。主动红外探测器组成见图 2－2。

2. 分类

目前，除单光束主动红外入侵探测器外，还有二光束、三光束、四光束和多

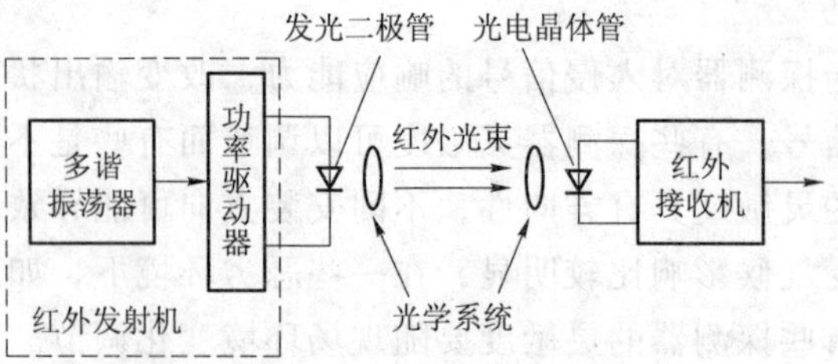

图 2-2 主动红外探测器组成结构图

光束的红外栅栏等，见图 2-3。一般应用在周界防范居多。

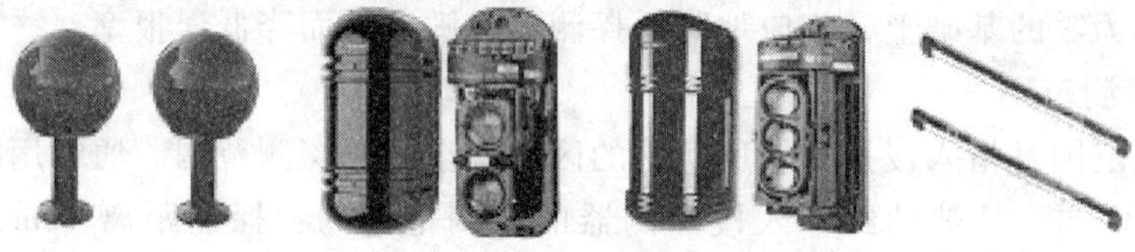

图 2-3 各种主动红外探测器实物图片

此外还可以按安装环境分为室内型和室外型，室内型主动红外探测器要是应用在室外要注意探测距离适当减少；还可以按照按工作方式分为调制型和非调制型，调制型探测器的抗干扰性能往往优于非调制型。

3. 特点

（1）主动红外探测器属于收发分置、主动式、线型探测器。探测原理为波束阻断式，当有人入侵发射机和接收机之间形成红外警戒线时，红外光束被遮挡，接收机收到的红外信号发生变化，探测器被触发，产生报警信号。

（2）主动红外探测器的警戒距离可达几百米，且灵敏度高、相对体积小、价格便宜、便于隐蔽安装。主动红外入侵探测器的探测距离各个品牌都有不同型号，一般会有 10 米、20 米、30 米、40 米、60 米、80 米、100 米、150 米、200 米、300 米等。

（3）采用脉冲调制红外波束，电源功耗小，避免了室外自然光或太阳光、汽车灯光的干扰，以及恶意入侵者的红外光源干扰；

（4）多适用于周界防护，室内室外均可使用，用作室外时，受气候影响大。

4. 安装使用要求

（1）探测距离要求

室外型主动红外探测器的最大探测距离按探测器技术要求规定一般应是其标称探测距离的 6 倍。室外型探测器需要考虑到室外环境及天气因素，也就是指在室外遇到风、雪、雨、风沙等情况也要能正常工作。所以在实际使用时，按照行规和公安技防规范要求还常常再增加余量，现在约定的共识是："实际探测使用距离≤厂方标称值的70%"。例如：标称值300米的探测器，在理想环境条件下能探测的距离应是1 800米（即标称值的六倍），但在实际使用时只能用于保护≤240米的围墙（栏栅）。

（2）安装位置要求

主动红外入侵探测器响应时间在安装使用中应要加以特别注意。根据国家标准（GB 10408.4—2000），一般探测器的光束被遮挡的持续时间≥(40±10%)ms时，探测器应产生报警信号；光束被遮挡的持续时间≤(20±10%)ms，探测器不应产生报警信号。这就说明（20±10%)ms <遮挡时间<(40±10%)ms时，有一个报警与否的不确定时间域。遮挡时间是由遮挡物体的运动速度和它的遮挡体积决定的。所以为了避免（20±10%)ms <遮挡时间<(40±10%)ms（报警与否的不确定时间域），一般要求周界探测器安装在围墙顶部或略靠外侧，因为上爬的速度要远低于下跳的速度，所以上爬时间要多于下跳时间（人下跳时，遮挡时间有可能小于20ms），以延缓遮挡时间。

（3）避免盲区要求

二对相邻的主动红外入侵探测器要求交叉安装，一般要求交叉间距要≥300mm，即在至少300mm以内是二对相邻探测器的公共保护区。当然二对相邻探测器光束方向要相反。如果是立柱加栏栅形围墙，一般两根立柱的间距远大于300mm，而在3~5m，此时交叉保护在立柱之间是最理想的选择。

（4）其他安装要求

① 发射机与接收机之间的红外光束要对准（以测试指示装置正常发光为准），否则较强烈的振动或是风速较大时可能引起系统的误报警；

② 在围墙上方或是围墙内侧安装时，应让光束距离壁30cm左右，并伪装发射机和接收机；

③ 多组探测器同时使用时，须将频率调至不同，以免相互干扰导致系统的误报；

④ 警戒光束附近不能有可能遮挡物，如树的枝叶等，否则风刮树摇可能引起系统的误报；

⑤ 要保持主动红外入侵探测器光学面的清洁，特别是遇有污雨或沙尘天气之后要擦拭光学系统；多雾、环境脏乱、风沙较大地区室外不易使用主动红外探测器；在空旷地带、屋顶上使用，应有防雷功能；

⑥ 使用主动红外入侵探测器作周界防范时，遇有恶劣天气时，必须加强人

力防范；

⑦ 在室外使用时一定要选用双光束或4光束主动红外入侵探测器，以减少小鸟、落叶等引起系统的误报警。

三、被动红外探测器

1. 组成与工作原理

自然界中的任何物体都可以看作是一个红外辐射源。因为当物体的表面温度高于绝对温度零度（-237℃）时，均会产生热辐射，其热辐射产生的光谱主要位于红外波段。例如，白炽灯在发光时，辐射光中约有10%是可见光，其余90%几乎都是红外光。人体也是一个红外辐射源。辐射的能力因人而异，而且人体的不同部位的辐射能力也不相同。人体裸露在外的部分比衣服遮掩部分辐射的能量要大得多。物体表面的温度越高，其辐射的红外波长越短。也就是说，物体表面的绝对温度决定了其红外辐射的峰值波长。

被动红外探测器就是通过探测目标移动时红外辐射能量的变化而产生触发的设备。被动入侵探测器在工作时不需向探测现场发出信号，而依靠对被测物体自身存在的能量进行检测。被动红外探测器由光学系统（关键组件）、热释电传感器（关键组件）、放大电路、信号处理电路、输出电路组成。被动红外探测器组成结构图见图2-4。被动红外探测器的基本工作原理是：光学系统将来自多个方向的红外辐射能量经反射或特殊的透镜透射后全部集中在热释电传感器上，而热释电传感器将接收到的活动人体与背景物体之间的红外辐射能量的变化转化为相应的电信号，经适当的处理后，送往输出端。被动红外探测器中有两个关键性的元件，一个是热释电红外传感器（PIR），另外一个器件就是光学系统。

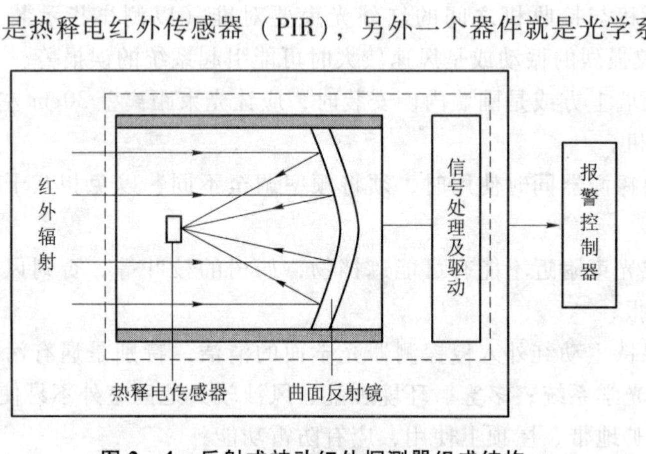

图2-4　反射式被动红外探测器组成结构

(1) 热释电传感器

热释电传感器是一种检测物体辐射的红外能量的传感器，它是利用晶体结构的表面电荷极化随其温度变化而改变这种特性的传感器。当红外线照射热释电元件时，其内部极化作用有很大变化，其变化部分作为电荷释放出，从外部取出该电荷就变成传感器的输出电压。热释电传感器只有在温度变化时才有输出电压。

(2) 光学系统

被动红外探测器的光学系统有两种，一种是反射式光学系统，是由多法线小镜面组成，称为单波束型被动红外探测器；另一种是透射式光学系统，是由多面组合一起的透镜——菲涅尔透镜组成，称为多波束型被动红外探测器。反射式光学系统作用是将远距离的红外辐射都聚焦到热释电传感器上，一般采用反射式光学系统的探测器作用距离远（可达百米），视场角小（一般5度），适合于狭长走廊、通道、封锁门窗和围墙等场合使用。

多波束型红外探测器采用透镜聚焦式光学系统。它是利用特殊结构的透镜装置，将来自广阔视场范围的红外辐射经透射、折射、聚焦后汇集在红外传感器上。这种特殊结构的透镜装置就是菲涅尔透镜，它是用透明塑料制成的一种具有特殊光学系数的透镜。图2－5示出了某种三层结构的多视场菲涅尔透镜组的结构。它利用22个小透镜，将警戒区视场分割成22个小视场（又称敏感区），各个敏感区被盲区隔开。来自各个小视场的红外辐射均被会聚到位于透镜凹面下方处的红外传感器上。当移动的人体由盲区移向敏感区或由敏感区移向盲区时，会聚在传感器光敏面上的红外辐射能量发生变化，从而输出相应的电信号去驱动状态改变。菲涅耳透镜组的视场分割数目是与探测距离有关的，作用距离远的分割的视场数要多些，作用距离近的分割的视场数要少些。这样设计是为了避免探测盲区过大，降低探测灵敏度。

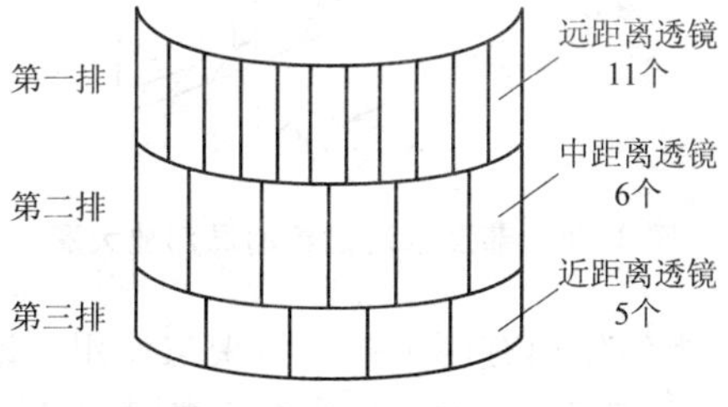

图2－5 多视场菲涅尔透镜组

采用这种多视场的菲涅尔透镜组，对探测人体在防范区内的移动是很有利的。一方面它可以使红外传感器所能监控的红外辐射区域的视野得到扩展，构成一个具有较大视场角的立体扇形感热区。另一方面，利用敏感区与盲区相间的多个小视场，可以使入侵者在红外传感器前面移动时产生较大、较快的红外辐射的变化，从而提高了探测人体移动的灵敏度。让我们对照图 2－5 所示的菲涅尔透镜组的局部放大图来分析一下探测的原理。

由图 2－6 中看出，盲区（即不透光区）将警戒区视场分割成由各个敏感区（即透光区）形成的数个小视场。盲区的尺寸虽然比敏感区的尺寸要小得多，但当人体在防范区内移动时，人体所发出的红外辐射就一次又一次地被盲区所阻断，而只有通过敏感区的红外辐射才能被红外热电元件所接收，这样就产生了连续变化的电信号。探测器中的信号处理电路接收到这一交替变化的电信号并加以鉴别，就可以使红外探测器有效地将移动入侵者的红外辐射与背景物体的较为稳定（甚至在某一段时间内可以完全不变）的红外辐射加以区分，从而提高了对人体移动的探测率。另外，由图中我们还可以明显地看出，当人体做横穿防范区的移动，即横切透镜组的垂直“缝隙”时（如图中箭头所示的方向），会产生最大、最快的红外辐射的变化，此时，被动红外探测器的探测灵敏度是最高的。

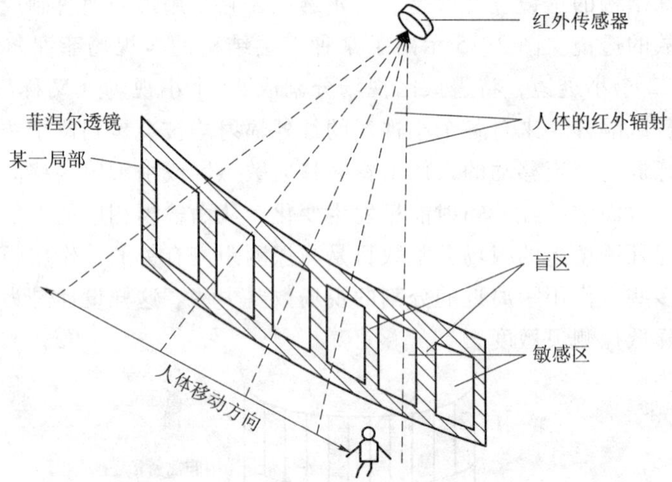

图 2－6　菲涅尔透镜组的局部放大图

可见，菲涅尔透镜组的作用有两个：一是聚焦作用，即将热释的红外信号折射（反射）在 PIR 上，二是在前方产生一个交替变化的“盲区”和“高灵敏区”。当有人从透镜前走过时，人体发生的红外线就不断地在“盲区”和“高灵敏区”内切换，这样就使热释传感器接收到的信号以忽强忽弱的脉冲形式输入，增强了能量幅度，从而提高了探测灵敏度。

2. 分类

根据光学系统的两种结构形式，被动红外探测器可分为反射式和透射式。反射式被动红外探测器利用曲面反射镜将来自目标的红外辐射汇聚在红外传感器上，探测器警戒视场角较窄，一般仅在5°以下，作用距离较远，可长达百米。因此，又可称为是直线远距离控制型被动红外探测器，适合用来保卫狭长的走廊和通道以及封锁门窗和围墙等。

此外，根据波束可分为单波束和多波束，根据安装方式，可分为壁挂式和吸顶式，根据使用环境可分为室内型和室外型等。被动红外探测器实物图片如图2-7所示。

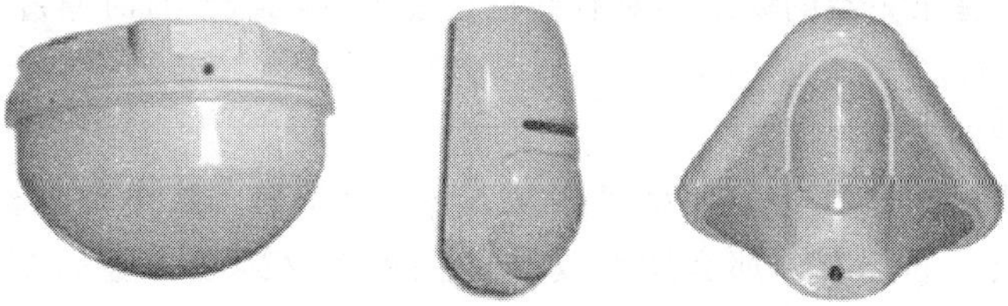

图2-7　被动红外探测器实物图片

1. 吸顶式；2. 壁挂式；3. 三方向型

3. 特点

（1）被动红外探测器属于被动式空间探测器，探测原理为热释电效应，被动红外探测器本身不发射任何类型辐射，安全可靠且价格低廉，市场占有率极高。

（2）由于被动红外探测器靠外界红外能量的变化来触发，容易受各种热源、阳光源干扰；受环境温度限制，环境温度和人体温度接近时，灵敏度下降。针对被动红外探测器存在的缺点，可以采用不同的措施来避免产品误报和漏报现象。一方面是采用新技术来加强抗干扰能力；另一方面是在安装方面加以注意。

（3）被动红外探测器通常用于室内环境的空间防护，随着各种技术的发展，市场已经出现可以应用于室外环境的各种被动红外探测器。

4. 安装使用要求

由于被动红外探测器是属于一种微弱信号检测设备，在安装对必须注意一些细节方面的问题，如高度，灵敏度等。正确安装一个被动红外探测器，必须掌握以下几个方面的信息：首先是对探测器的性能特点必须了解，其次要合理确定安装的位置，最后必须要仔细调试。

（1）根据说明书确定正常的安装角度

安装高度不是随意的，会影响探测器的灵敏度和防小宠物的效果。一个探测器装在 2M 高度的位置和 2.5 高度的位置，那么移动物体从地面移动时，切割明区和暗区的频率是不一样的。

（2）不宜面对玻璃门窗

被动红外探测器正对玻璃门窗，会有两个问题：一是白光干扰，显然 PIR 对白光具有很强的抑制功能，但毕竟不是 100% 的抑制。因此避免正对玻璃门窗，可以避免强光的干扰。二是避免门窗外复杂的环境干扰，比如人群流动、车辆等。

（3）不宜正对冷热通风口或冷热源

被动红外探测器感应作用与温度的变化具有密切的关系。冷热通风口和冷热源均有可能引起探测器的误报，对有些低性能的探测器，有时通过门窗的空气对流也会造成误报。

（4）合理的选型

被动红外探测器具有多种型号，从 6 米到 60 米，从单红外到三红外，从壁挂式到吸顶式的都有，那么所要安装的探测器必须要考虑防范空间的大小、周边的环境、出入口的特性等实际状况。有时要考虑更换菲涅尔透镜来满足要求。

（5）调试

将探测器安装完中后，调试探测器是最后所要做的工作。被动红外探测器的调试具有两种方法，一种是步测，就是调试人员在警戒区内走 S 型的线路来感知警戒范围的长度等宽放。第二种方法是仪表测量，有的探测器有背景噪声电压输出接口，用万用表的电压来测试，当探测器在警戒状态下，它的静态背景噪声的输出电压的大小，表示干扰源的干扰程度，以此判断这一位置是否合适安装这类的探测器。

5. 被动红外探测器的防误报漏报措施

被动红外探测器产生误报的外界的因素主要是由小动物的运动造成的，此外还有外界的热光源（尤其是白光光源）如阳光、照明光源等以及外界的射频信号；而误报的内部因素则是由于器件等的噪声和干扰，如光热释感应器的信号瞬变等。

针对外界因素可采用温度补偿、多元热释电传感技术（一般为双元红外、四元红外）来解决。

（1）温度补偿电路

被动红外探测器的基本原理是基于人体表面温度与周围环境温度存在的差异。当人体移动时，通过光学系统的配合作用，可以将这种差异的变化通过红外敏感元件检测到，从而引起触发。正是由于被动红外探测器探测的信号是来自人体与环境温度的差别，因此其探测的灵敏度受环境温度的影响较大，一般来说，人体与背景物体之间的温差越大，探测灵敏度就越高，而当环境温度与人体温度相当时，就会产生漏报。为此，在被动红外探测器中都加有自动温度补偿电路，以使得在室温接近人体温度时，仍能较好地探测到人体的移动。办法是当环境温度上升到一定程度时，需要由电路补偿增益的变化，以使得灵敏度不至于下降。

由于增加了较理想的温度补偿电路，就使得被动红外探测器增强了对各种冷、热环境的适应能力，因此，在一些没有冷、热空调或空调关闭的地方（如车库、地下室甚至室外等处）也可安装使用。

（2）采用多元红外光敏元件

目前生产的被动红外探测器，大多采用双元光敏热释电红外传感器，这样可以消除由于冷、热气流以及环境温度变化引起的误报。所谓双元就是将探测器的红外感应元件分为两部分，如图 2－8，或者说，在这种探测器中，内装有两个对偶的红外传感器。一个具有正灵敏度，移动的热源使其产生正的信号；而另一

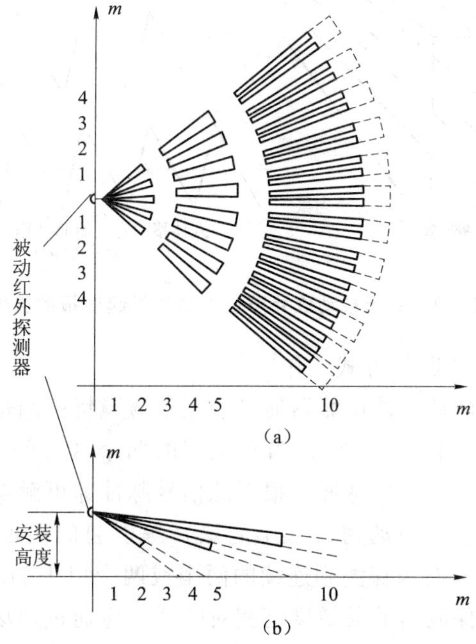

图 2－8 双元被动红外警戒光束图

（a）水平光束图；（b）垂直光束图

个具有负灵敏度，移动的热源使其产生负的信号。对于人体的移动，正、负信号有一定的时差而不能抵消，因此可以触发转换。而由于阳光照射和其他热气流所引起的温度变化，一般是同时作用在两个传感器上，从而可使正、负信号抵消，不会触发转换。

此外还有四元红外光敏元件，所谓四元就是将感应单元分成对偶的四部分，如图 2 - 9 所示，两部分具有正灵敏度，另两部分具有负灵敏度。设计时只有每部分都探测到信号时才触发报警。对于体积较大的人体，很容易满足，而对于小动物由于其体积较小，移动时只能在其中的 1 - 2 部分产生信号，不会触发报警。如图 2 - 9 所示四元被动红外防止小动物引起误报的原理。

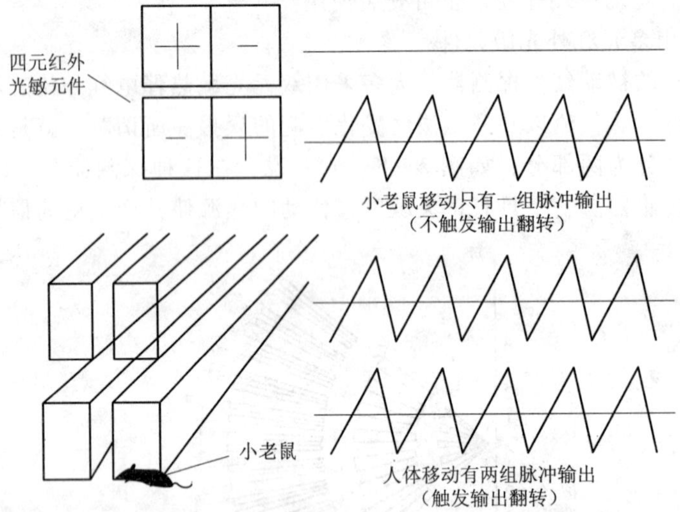

图 2 - 9　四元被动红外防止小动物引起误报的原理

(3) 采用“脉冲计数”方式工作

为了防止误报，被动红外探测器通过菲涅尔透镜将探测覆盖范围分成一定数量的探测区（敏感区与盲区相间），当在相邻的两个区之间产生温度的变化时，探测器电路就会触发一个信号脉冲，根据此信号脉冲即可触发输出翻转。为了进一步防止一些空气流动、小动物（如小老鼠）等引起的误报，提出了设置“脉冲计数”的方式。即只有当探测到连续的两个或两个以上的脉冲时才触发报警。应当注意的是，此时探测器的灵敏度已相对降低，应通过现场的步行测试来确保不会产生漏报。

为不影响灵敏度，很多探测器使用了“自动脉冲数调节”功能，检测每个红外信号能量的大小，然后把数据储存在内存记忆内。探测器能自动根据内存记忆内的能量水平改变工作模式：这样当能量水平高时（此时误报的机率较低），使用低脉冲数模式，功能跟一般非脉冲数调节探测器一样；当能量水平低时（误报的机率较高），使用高脉冲数模式，可有效防止误报的发生。

被动红外探测器的防小宠物的功能是相对的。这种相对性包括两个方面，一个是防宠物是相对的，相对于没有防宠物功能的探测器其误报率是大大降低了，它对小宠物的数量和大小有一定限度的。第二方面是安装位置是要有一定要求的，并不是随意的安装就可以达到防小宠物功能，在安装时，必须要仔细理解探测器的说明书中的具体要求。

（4）加滤色片—针对白光光源

传感器波长一般在 0.2 – 20μm 范围内，可在传感器顶端开一个装有滤光镜片的窗口，这个滤光片只能通过波长范围为 7 – 10μm 的光，这样便可以制成专门探测人体辐射的红外线传感器。

6. 幕帘式被动红外探测器

幕帘探测器属于被动红外探测器的一种，传统的被动红外探测器通过更换幕帘镜片可以改造成幕帘探测器，其俯视探测区为一个较窄的带状区域，当穿越这个窄带的探测区域时探测器被触发，如图 2 – 10，因此成为幕帘探测器。

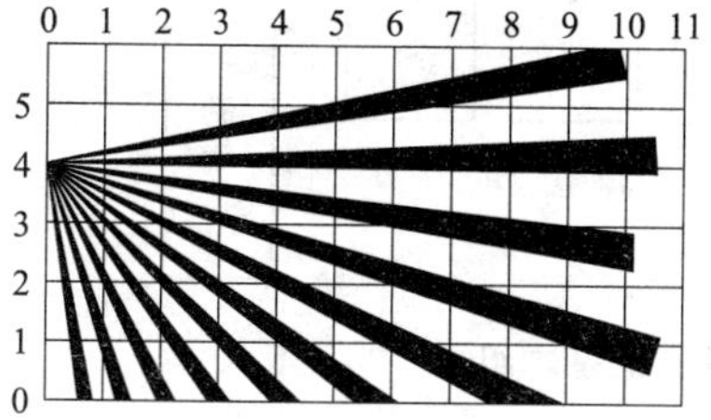

（a）

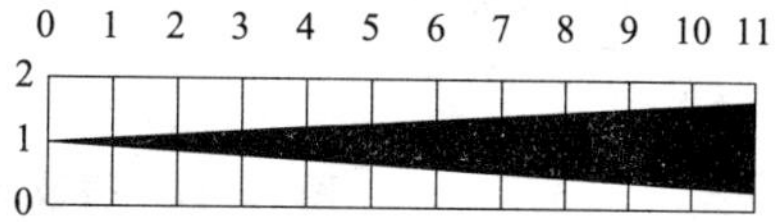

（b）

图 2 – 10 幕帘探测器的探测区域图

（a）侧视图；（b）俯视图

幕帘探测器特性决定了其比较适用于防护如门、窗等的入侵通道，如在室内窗户侧墙安装一个幕帘探测器，这样可以防护带窗整个墙面，相当于在带窗户的墙面安装了一道“电子窗帘”，这样留给室内人更多的活动空间。尽管给室内人更多的活动空间，但室内人无意进入了幕帘探头的探测区域，也触发报警。在此基础上提出了“移动矢量判断”技术，把移动方向识别技术应用于幕帘探测器，这样探测器可识别对不同的移动方面。方向幕帘红外探测器一般是采用双向脉冲记数的工作方式，即 A 方向到 B 方向报警，B 方向到 A 方向不报警。具有入侵方向识别能力，用户从内到外进入警戒区，不会触发报警，在一定时间内返回不会引发报警，只有非法入侵者从外界侵入才会触发报警，极大地方便了用户在设防的警戒区域内活动，同时又不触发报警系统。这样就留给室内保护对象更多的活动范围，不必担心从内部触发探测器报警，同时室内保护对象也可以从内部穿越探测区到外面活动短暂时间再回来，而不会触发幕帘探测器报警。

四、微波探测器

随着微波半导体技术的规模化应用，微波技术的物理实现不仅十分简单、廉价，而且体积很小，各种物体探测装置中都可以放进火柴盒大小的微波传感器，成为目标探测装置中常见的组件。微波探测器就是利用微波的基本理论和特点制成的探测器。根据探测器的工作原理不同，微波探测器有微波墙式探测器和雷达式微波探测器之分。

1. 墙式微波探测器

微波墙式探测器是一种将微波收、发设备分置的利用场干扰原理或波束阻断式原理的主动型空间探测器。其基本组成如图 2 – 11 所示。

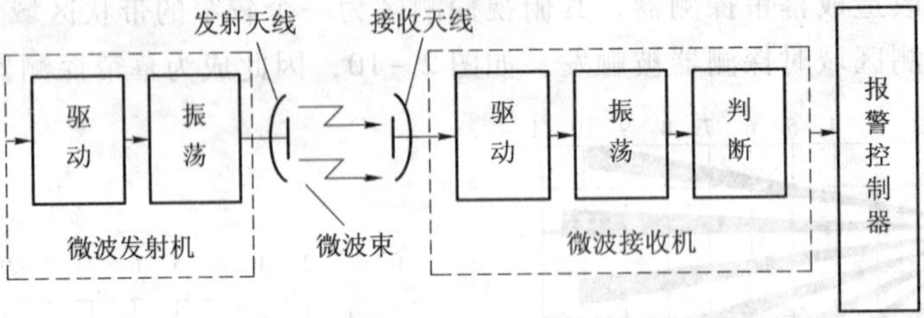

图 2 – 11 微波墙式报警器的基本组成

由于在微波接收机与发射机之间形成一道无形的“墙”，因此是一种很好的周界防范报警设备。墙式微波探测器实物见图 2 – 12。墙式微波探测器探测距离远，可达上百米，它很适用于露天仓库、施工现场、飞机场、监狱、劳改场或博物馆等大楼墙外的室外周界场所的警戒防范工作。也可以用它来警戒展览馆、机要大楼等室内的狭长走廊，以防坏人进入重要场所。

微波墙式探测器一般采用脉冲调制的微波发射信号，有如下特点：

（1）不容易受环境因素（气候、热源、噪声、空气流动）的影响，是较理想的室外周界探测器；

（2）电源耗电少，便于使用备用电源，也可延长备用电池的使用寿命；

（3）采用脉冲调制，耗电小、抗干扰能力强；

图 2－12　墙式微波探测器

（4）可靠性较高，只要安装得当，误报漏报率较低；

（5）当防范区具有比较开阔、平坦和直线性较好的外周界线时，根据微波射束的直线性传播特性，适宜采用两个相对方向发射的微波射束组成一个警戒墙；

（6）当防护区的外周界线平直度较差、曲折过多或地面高低起伏不平时，则不宜采用微波墙。发射机与接收机之间不应有障碍物，尤其金属物体；

（7）发射极的下方会出现探测盲区，通常使用成对收发设备弥补死角，或采用其他探测设备；

（8）考虑到电磁场的辐射对人体有损害，使用时应慎重。

2. 雷达微波探测器

雷达式微波探测器是利用无线电波的多普勒效应，实现对运动目标的探测。所谓多普勒效应就是指当发射源（声源或电磁波源）与接收者之间有相对径向运动时，接收到的信号频率将发生变化，变化为：$f=f_0 \pm f_d$，f_d 称为多普勒频移，$f_d=2Vf_0/C$。雷达式微波探测器是一种将微波收、发设备合置的探测器，工作原理基于多普勒效应。微波的波长很短，在 1mm～1 000mm 之间，因此很容易被物体反射。微波信号遇到移动物体反射后会产生多普勒效应，即经反射后的微波信号与发射波信号的频率会产生微小的偏移，此时可认为报警产生。雷达式微波探测器的组成及基本工作原理见图 2－13。

雷达式微波探测器对警戒区域内活动目标的探测是有一定范围的。其警戒范围为一个立体防范空间，其控制范围比较大，可以覆盖 60°～95°的水平辐射角，控制面积可达几十～几百平方米。其探测区域图形如图 2－14 所示。

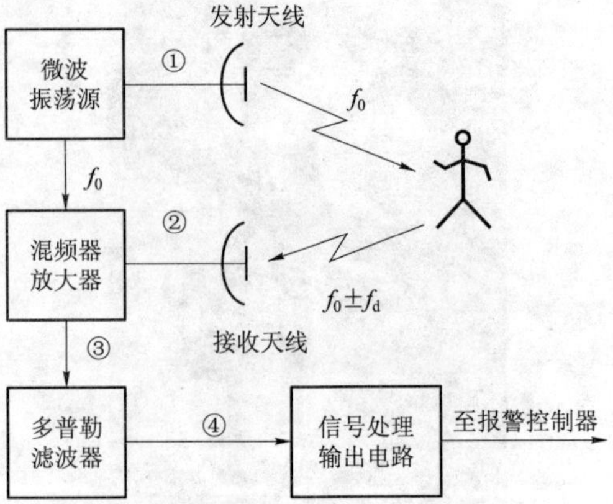

图 2－13　雷达式微波探测器组成结构

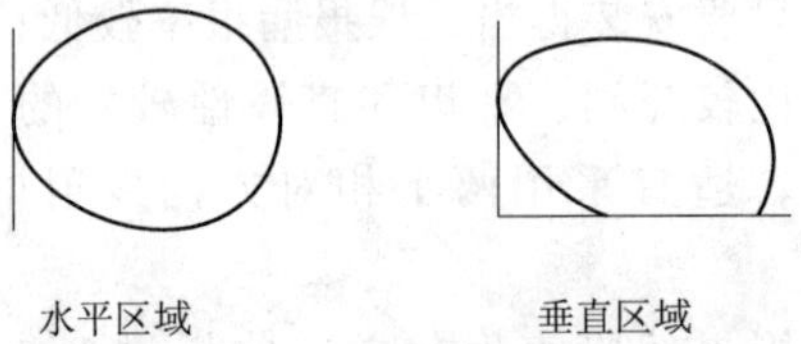

图 2－14　雷达式微波探测器的探测区域

雷达式微波探测器是主动型、空间型探测器，控制范围可达几十到几百平方米，用于室内空间探测。如图 2－15。它的控制范围和天线有关，一般采用全向天线和定向天线，全向天线控制范围大些，定向天线控制范围比较狭长些。受环境因素和噪声影响小，相对于被动红外探测器、声控探测器、超声波探测器可靠性高。雷达式探测器使用时应注意以下事项：

图 2－15　雷达式微波探测器

（1）微波探测器的探头不应对准可能会活动的物体（门、窗、电风扇）；不应对准日光灯、水银灯等气体放电灯光源；

（2）在监控区域内不应有过大、过厚的金属物体；不应对着大型金属物体或具有金属镀层的物体（如金属档案柜等）；

（3）当在同一室内需要安装两台以上的微波探测器时，它们之间的微波发射频率应当有所差异（一般相差25MHz左右）；

（4）微波对非金属物质具有一定穿透力，便于隐蔽安装，还可以一个探测器监控多个房间，同时考虑到安装不当，穿透墙壁，造成误报；

（5）雷达式微波探测器属于室内应用型探测器，选择合适的安装位置达到灵敏度最高，根据多普勒效应，可以使微波探测器达到最佳灵敏度的入侵方向为和微波传输方向垂直的径向运动。

五、开关探测器

开关式探测器是一种结构简单、使用方便、经济实用的探测器。它是通过各种类型开关的闭合或断开来控制电路产生通、断，从而触发报警的。常用的开关式传感器有：磁控开关、微动开关、紧急报警开关、压力垫或用金属丝、金属条、金属箔等来代用的多种类型的开关。它们可以将压力或磁场力或位移等物理量的变化转换为电压或电流的变化。

开关式探测器通常属于点控制型探测器。启动报警控制器发出报警信号的方式有两种：一种是开路报警方式；另一种是短路报警方式。以下介绍几种常用的开关式探测器。

1. 磁控开关（又称磁控管开关或磁簧开关）

磁控开关是由永久磁铁块及干簧管（又称磁簧管或磁控管）两部分组成的。干簧管是一个内部充有惰性气体（如氮气）的玻璃管，其内装有两个金属簧片，形成触点A和B，如图2－16所示。磁控开关属于点控制器，通常用于对门、窗的

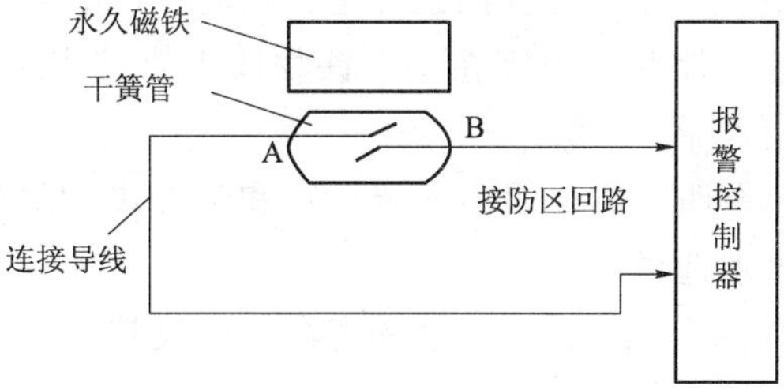

图2－16　磁控开关探测器内部结构

防护。当需要用磁控开关去警戒多个门、窗时，可采用若干个磁控开关串联的方式。

使用磁控开关时，应注意以下主要性能指标。

(1) 缝距（毫米）

磁控开关的缝距从几毫米~几十毫米不等，安装使用时要注意；

(2) 开关形式

开关形式有：单刀单掷（闭路）、单刀单掷（开路）和单刀双掷型；

(3) 额定电流（安培）

(4) 开关件尺寸（毫米）

对于外观为圆柱形的开关件，有直径和长度的尺寸之分。对于外观为长方形的开关件，有长度、宽度和高度的尺寸之分。如图 2-17。

图 2-17 磁控开关探测器实物

(5) 磁石件尺寸（毫米）

对于外观为圆柱形的磁石件，有直径和长度的尺寸之分。对于外观为长方形的磁石件，有长度、宽度和高度的尺寸之分。

(6) 安装方式

分为表面型安装方式（S）和隐藏型安装方式（R）。

使用磁控开关时应注意以下安装使用要点。

(1) 一个好的磁控开关其磁控管的金属簧片要有较好的弹性且易于吸合，同时磁铁的磁性必须要有足够的强度和寿命，以易于安装且减少误报；

(2) 要经常注意检查永久磁铁的磁性是否减弱，否则会导致开关失灵；

(3) 一般普通的磁控开关不宜在钢、铁物体上直接安装，这样会使磁性削弱，缩短磁铁的使用寿命；

(4) 磁控开关的有明装式（表面安装式）和暗装式（隐藏安装式），应根据防范部位的特点和要求选择；

(5) 磁控开关的触点工作的可靠性和寿命，一般其可靠通断的次数可达 10^8 次以上；

(6) 由于磁控开关的体积小、耗电少、使用方便、价格便宜，动作灵敏

（接点的释放与吸合时间约在 1ms 左右），抗腐蚀性能又好，比其他机械触点的开关寿命要长，因此得以广泛应用。

2. 微动开关

微动开关和磁控开关不同，是一个整体部件，需要靠外部的作用力通过传动部件带动，将内部簧片的接点接通或断开。最简单的一种是如图 2－18（a）所示的两个接点的按钮开关。只要按钮被压下，A、B 两点间即可接通，压力去除，A、B 两点间断开。还有如图 2－18（b）所示的三个接点的揿键开关。A、B 两点间为常闭接触；A、C 两点间为常开。

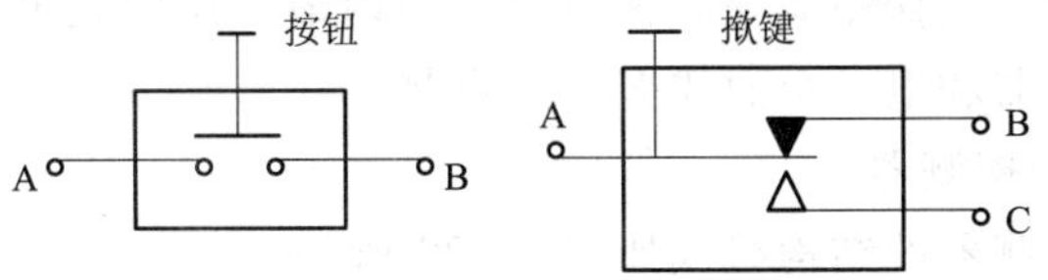

（a）　　（b）

图 2－18　微动开关工作原理

微动开关的优点是：结构简单、安装方便、价格便宜、防震性能好、触点可承受较大的电流，而且可以安装在金属物体上。缺点是抗腐蚀性及动作灵敏程度不如前述的磁控开关。

3. 紧急报警开关

当在银行、家庭、机关、工厂等各种场合出现入室抢劫、盗窃等险情或其他异常情况时，往往需要采用人工操作来实现紧急报警。这时，就可采用紧急报警按钮开关和脚挑式或脚踏式开关。紧急报警按钮开关安装在隐蔽之处，需要由人按下其按钮，使开关接通（或断开）来实现报警。此种开关安全可靠，不易被误按下，也不会因振动等因素而误报警。要解除报警必须由人工复位。紧急按钮实物见图 2－19。

图 2－19　紧急按钮实物图

六、振动探测器

振动探测器是以探测入侵者的走动或进行各种破坏活动时所产生的振动信号来作为报警的依据，例如，入侵者在进行凿墙、钻洞、破坏门、窗、撬保险柜等破坏活动时，都会引起这些物体的振动，以这些振动信号来触发报警的探测器称为振动探测器。

振动传感器是振动探测器的核心组成部件。振动探测器通常分为：机械式振动探测器、惯性棒电子式振动探测器、电动式振动探测器、压电晶体振动探测器、电子式全面型振动探测器等多种类型。国内最常用的是电动式振动探测器、压电晶体振动探测器和电子全面式振动探测器。

1. 电动式振动探测器

电动式振动探测器的结构组成如图 2－20 所示。

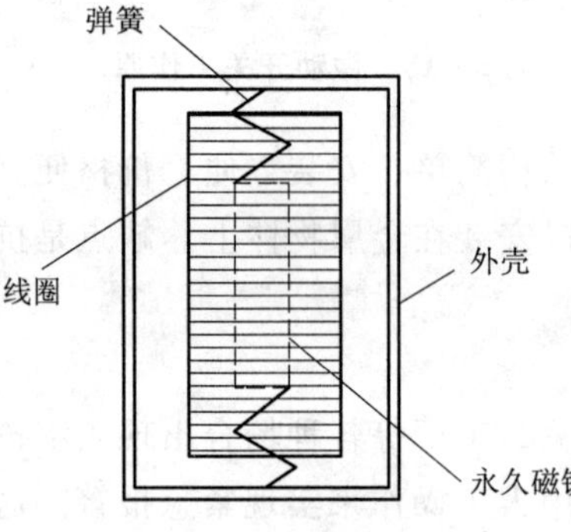

图 2－20　电动式振动探测器工作原理

当外壳受到振动时，就会使永久磁铁和线圈之间产生相对运动。由于线圈中的磁通不断地发生变化，根据电磁感应定律，在线圈两端就会产生感应电动势，此电动势的大小与线圈中磁通的变化率成正比。即

$$e = -N\frac{\mathrm{d}\varphi}{\mathrm{d}t}$$（φ 中为线圈中的磁通，N 为线圈的匝数）

将线圈与报警电路相连，当感应电动势的幅度大小与持续时间满足报警要求时，即可发出报警信号。电动式振动探测器对磁铁在线圈中的垂直加速位移尤为敏感。因此，当安装在周界的钢丝网面上时，对强行爬越钢丝网的入侵者有极高的探测率。

2. 压电晶体振动探测器

压电晶体是一种特殊的晶体，它可以将施加于其上的机械作用力转变为相应大小的电压，即模拟的电信号。此电信号的频率及幅度与机械振动的频率及幅度成正比。利用压电晶体的压电效应就可做成压电晶体振动探测器，其适用的范围也很广。

3. 电子式全面型振动探测器

所谓全面型振动探测器是指该探测器可以探测到由各种入侵方式，如爆炸、焊枪、锤击、电钻、电锯、水压工具等所引发的振动信号，但对在防范区内人员的正常走动则不会引起误报。它包含了对振动频率、振动周期和振动幅度三者的分析，三组感应器感应三种不同的振动方式，从而有效地探测出非法入侵所产生的振动，但却抑制了环境的干扰因素。

电子全面式振动探测器经常安装于银行的 ATM 自动取款机中，用来对 ATM 实施全方位的保护，所以也经常被称为 ATM 振动探测器。实物图片见图 2－21。

图 2－21　电子全面式振动探测器

振动探测器安装使用要点如下。

（1）振动探测器基本上属于被动型、面控制探测器，通常用于对墙、天花板的保护，如：凿墙、钻洞、破坏门窗、撬保险柜等；常安装在金库、保险柜、ATM 机、门窗天花板、周界等地方；

（2）由于振动探测器由人体入侵引起的振动而被触发报警，安装要牢固；

（3）振动探测器安装的位置应远离振动源（如旋转的电机）。

七、双鉴探测器

双技术探测器又称为双鉴探测器或复合式探测器。它是将两种探测技术结合在一起，以“相与”的关系来触发报警，即只有当两种探测器同时或者相继在短暂的时间内都探测到目标时，才可发出报警信号。

为了解决探测器误报的问题，一方面应该更加合理地选用、安装和使用各种类型的探测器，另一方面就是要不断提高探测器的质量，生产出性能稳定、可靠性较高的产品。近几年已经有了很大的进展。但就目前情况来看，仅从提高某一种单技术探测器的可靠性方面来努力是不容易达到要求的，只有采用双技术复合探测器才可较好地解决这一问题。

不是任何两种探测器放在一起就可以随便组合成双技术探测器，首先构成双技术的两种探测器尽量具有相同的探测区；其次两种探测器具备不同的工作原理或误报机理，即对不同的误报源产生响应；同时必须对希望的目标具有相同的灵敏度。

人们对几种不同的探测技术进行了多种不同组合方式的试验，如超声波－微波双技术探测器、双被动红外双技术探测器、微波－被动红外双技术探测器、超声波－被动红外双技术探测器、玻璃破碎声响－振动双技术探测器等，并对几种双技术探测器的误报率进行了比较，其中以微波－被动红外双技术探测器的误报率为最低，比其他几种类型的双技术探测器的误报率可降低约 270 倍，比采用各种单技术探测器的误报率可降低约 421 倍。实践证明，把微波与被动红外两种探测技术加以组合，是最为理想的一种组合方式。因此，获得了广泛的应用。此外，玻璃破碎双技术探测器也是应用较多的一种双鉴器。

微波－被动红外双技术探测器实际上是将这两种探测技术的探测器封装在一个壳体内，并将两个探测器的输出信号共同送到“与门”电路去触发报警。“与门”电路的特点是：当两个输入端同时为“1”（高电平）时，其输出才为“1”（高电平）。换句话说，只有当两种探测技术的传感器都探测到移动的人体时，才可触发报警。其基本组成如图 2－22 所示。

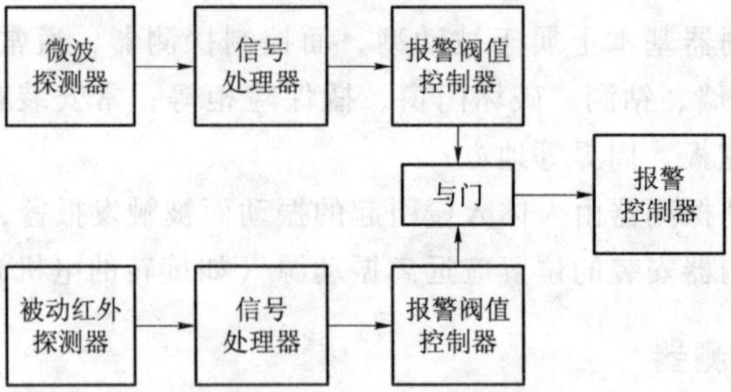

图 2－22　微波被动红外双技术探测器工作原理

微波－被动红外双技术探测器的主要特点及安装使用要点如下。

（1）属于室内、空间型探测器，可靠性高、误报率低、造价高；探测区域为两种探测器的交叠区；

（2）使被动红外探测器达到灵敏度最高安装的入侵路径是切向运动，而使微波探测器达到灵敏度最高的入侵路径是径向运动，因此要使两种探测器的灵敏度都达到最佳状态是比较难做到的；

（3）单技术的微波探测器对物体的振动（如门、窗的抖动等）往往会发生误报警，而被动红外探测器对防范区域内任何快速的温度变化，或温度较高的热对流等也往往会发生误报警。而双鉴器可集两者的优点于一体，取长补短，对环境干扰因素有较强的抑制作用，因而对安装环境的要求不十分严格，通常只要按照使用说明书的要求进行安装即可满足防范要求，安装和使用都更为方便。

八、玻璃破碎探测器

玻璃破碎探测器是专门用来探测玻璃破碎功能的一种探测器。当入侵者打碎玻璃试图作案时，即可发出报警信号。玻璃破碎探测器分两类：声控型的单技术玻璃破碎探测器和双技术玻璃破碎探测器（声控型与振动型的双技术玻璃破碎探测器和次声波及玻璃破碎高频声响的双技术玻璃破碎探测器）。

1. 声控型单技术玻璃破碎探测器

声控型玻璃破碎探测器组成方框图如图 2－23 所示。

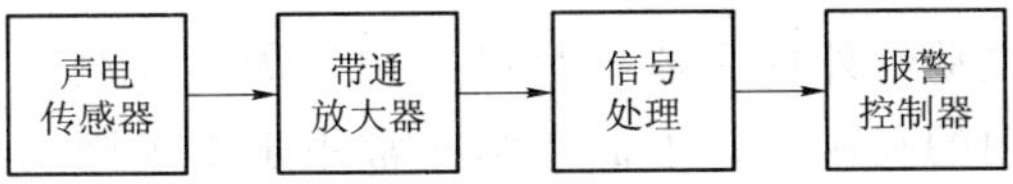

图 2－23 玻璃破碎报警器的组成方框图

玻璃破碎时发出的响亮而刺耳的声响的频率是处于大约在 10～15KHz 的高频段范围之内。将带通放大器的带宽选在 10～15KHz 的范围内，就可将玻璃破碎时产生的高频声音信号取出，从而触发报警。但对人的走路、说话、雷雨声等却具有较强的抑制作用，从而可以降低误报率。

2. 声控－振动型双技术玻璃破碎探测器

声控－振动型双技术玻璃破碎探测器是将声控探测与振动探测两种技术组合在一起，只有同时探测到玻璃破碎时发出的高频声音信号和敲击玻璃引起的振动时，才能输出报警信号。因此，与前述的声控式单技术玻璃破碎探测器相比，可以有效地降低误报率，增加探测系统的可靠性。它不会因周围环境中其他声响而发生误报警。因此，可以全天时（24 小时）地进行防范工作。

3. 次声波—玻璃破碎高频声响双技术玻璃破碎探测器

这种双技术玻璃破碎探测器比前一种声控－振动型双技术玻璃破碎探测器的性能又有了进一步的提高，是目前较好的一种玻璃破碎探测器。

次声波是频率低于 20Hz 的声波，属于不可闻声波。经过实验分析表明：当敲击门、窗等处的玻璃（此时玻璃还未破碎）时，会产生一个超低频的弹性振动波，这时的机械振动波就属于次声波的范围，而当玻璃破碎时，才会发出一高频的声音。与探测玻璃破碎高频声响相似的原理，采用具有选频作用的声控探测技术，即可探测到次声波的存在。所不同的是，由声电传感器将接收到的包含有高、中、低频等多种频率的声波信号转换为相应的电信号后，必须要加一级低通放大器，以便将次声波频率范围内的声波取出，并加以放大，再经信号处理后，达到一定的阈值即可触发报警。

玻璃破碎探测器的主要特点及安装使用要点如下。

（1）璃破碎探测器适用于一切需要警戒玻璃防碎的场所；

（2）安装时应将声电传感器正对着警戒的主要方向；

（3）安装时要尽量靠近所要保护的玻璃，尽可能地远离噪声干扰源，以减少误报警；

（4）不同种类的玻璃破碎探测器安装位置不一样。

九、缆式周界探测器

振动探测器、主动红外探测器等都可以用作周界探测器，但对于不规则周界，但它们均有使用的局限性，下面介绍些常用于不规则周界的电缆式周界探测器。

1. 泄漏电缆探测器

所谓泄漏同轴电缆就是在普通同轴电缆外导体上开槽或孔，槽孔间距远远小于传输的电磁波长，这种同轴电缆又称为开槽电缆。通过开槽或孔使电缆内部电磁场和外界电波之间产生耦合，电缆内传输的一部分电磁能量能够发送到外界环境，同样，外界的能量也能传入电缆内部，所以泄漏同轴电缆兼有传输和收发天线的作用。泄漏同轴电缆探测器的基本工作原理如图 2－24。

发射机发射的高频信号频率约 30－300MHz，经发射电缆向外辐射电磁能量，能量的一部分耦合到接收电缆，两根电缆平行埋在地下。因此两根电缆之间的空间形成了一个电磁场探测区。当有人进入探测区时，这个耦合的电磁场就被干扰，接收电缆收到的电磁波能量发生变化。信号处理电路通过提取这些变化，

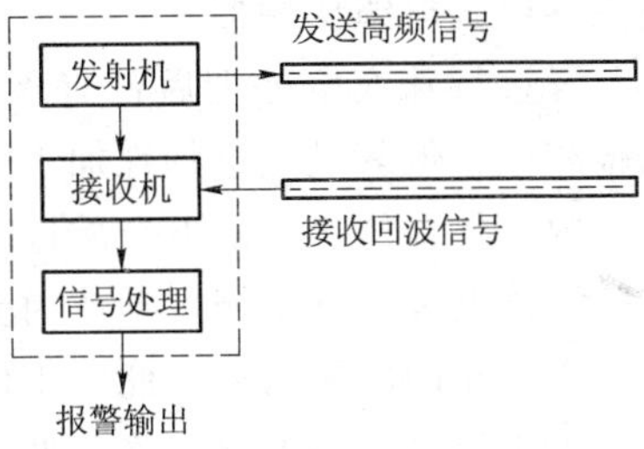

图 2-24 泄露电缆探测器工作原理

如：能量大小的变化、变化率以及变化持续的时间等，处理后判断是否触发报警。

泄漏同轴电缆探测器的主要特点及安装使用要点如下。

(1) 泄漏同轴电缆一般是埋于周界的地下或墙内，因此隐蔽性很好，可形成一道理想的警戒墙。探测区一般宽 4 米左右、高 1 米左右。

(2) 探测灵敏度基本不受环境温度、湿度、风雨尘烟等恶劣气候环境的影响，工作稳定、可靠性高、抗干扰性强，因环境因素造成的误报率低。

(3) 泄漏同轴电缆探测器全线探测灵敏度均匀，探测率高，不存在探测盲区。无论入侵者采用何种入侵方式（不同姿势、运动速度），只要经过探测区，就绝不会漏报。但对于小动物的侵入报警，可通过调节探测灵敏度解决。

(4) 防火安全：漏泄电缆通常安装在防火安全性能要求较高的场所。安装泄漏电缆的安全性与电缆本身和安装场所的防火性能有关。

2. 光纤探测器

光纤探测器是利用人体的入侵行为导致光纤断裂从而光路中断被触发的探测器。由于光纤很细，易于隐蔽安装，可隐藏在周界实体物防的钢丝中，也可隐藏在墙壁中，形成光纤墙。

光纤探测器的探测灵敏度较高。经试验表明：把光纤埋在离地表沙土下面 1.5cm 处，若将一个重 8.2 克的钢球从沙土上面 15cm 处扔下，就可探测得到。而且在整个光纤长度上，其探测灵敏度均衡。

光纤探测器探测灵敏度高、环境适应性强。首先光纤探测器与其他类型的周界探测器相比，具有很强的抗电磁干扰性和抗辐射干扰能力，能在很强的电磁干扰环境中正常使用；其次，不受气候和气温的影响，可全天候安全工作。光纤探测器的体积小、重量轻、柔软、易于安装、对地形地物的适应能力强。

3. 振动电缆探测器

目前，在国内外使用较多的振动电缆探测器主要有两种类型：一种是驻极体电缆探测器；另一种是电磁感应式电缆探测器。

驻极体振动电缆是一种经过特殊充电处理后带有永久预置电荷的介电材料，其基本结构和普通的同轴很相似，但其是经过特殊加工处理过的同轴电缆。在制作同轴电缆时，对填充在其内、外导体之间的电介质进行了静电偏压，使之带有永久性的预置静电荷。当驻极体电缆受到机械振动或因受压而变形时，在电缆的内、外导体之间就会产生一个变化的电压信号，此电压信号的大小和频率与受到的机械振动力成正比。将此电压信号与外电路相连，即可检测出这一变化的信号电压，并可检测到较宽频域范围内的信号。由于其工作原理与驻极体麦克风相似，所以有叫麦克风式电缆或张力敏感电缆。

使用时，通常将驻极体电缆固定在栅栏或钢丝网面上，其一端与报警控制电路相连，另一端与负载电阻相连。当有入侵者翻越栅、网或切割栅、网时，电缆因受到振动而产生模拟信号电压，触发报警。

磁感应式振动电缆的基本结构为：在聚乙烯护套内，其上、下两部分空间有两块近于半弧形充有永久磁性的韧性材料。它们被中间的两根固定绝缘导线支撑着分离开来。两边的空隙，正好是两磁性材料建立起来的永久磁场，空隙中的活动导线是裸体导线。铝屏蔽层的作用是阻止磁场的外泄。当此电缆受到外力的作用而产生振动时，导线就会在空隙中移动而切割磁力线，因电磁感应在导线中便会感生出一种电信号（感应电动势或感应电流），电信号的强弱与导体在磁场中的运动速度、振幅以及磁场强度、导体尺寸等因素有关。此信号由处理器进行选频、放大，然后将300－3 000Hz的音频信号通过传输电缆送给控制器。当此信号超过预定的阈值时，便立刻触发报警电路报警，并可通过音频系统监听电缆受到振动时的声响。

振动电缆探测器的主要特点及安装使用要点如下。

（1）电磁感应式振动电缆安装简便，可安装在原有的防护栅网、围墙、房顶等处，不需要费事费力地挖地槽。因电缆易弯曲，布线方便灵活，特别适宜在地形复杂的周界布防；

（2）振动电缆传感器为无源的长线分布式，很适合在易燃易爆物品仓库、油库、武器弹药库等不宜接入电源的场所安装；

（3）振动电缆传感器对气候、气温环境的适应性能强，可在室外各种恶劣的自然环境和高低温的环境中正常地进行全天候的防范工作。为了避免或减少在恶劣气候条件下造成的误报警，在安装时可采用暗敷设、穿于金属管中等办法。

第三节 防盗报警控制器

报警控制器通常又叫报警主机或通信主机。在一个完整的入侵报警系统中，报警控制器负责控制管理前端的探测器，向不同的接警中心发送报警信息，有承上启下的作用。探测器安装在警戒现场，如财务室、金库等，负责对现场环境的监测，报警控制器可以安装在第一现场，也可以安装在与之有一定距离的值班室、控制中心等场所，负责接收来自各个探测器的信号；当报警控制器接收到前端的探测信号时，通过分析判断产生报警信号。报警信号的体现形式是报警控制器本地声、光报警和（或）警戒现场的声、光报警，同时还可将报警信息打印输出，形成一个区域的报警管理。这个区域小到一个房间大到一栋楼房，这主要取决于报警控制器的功能。

在 GB 12663—2001《防盗报警控制器通用技术条件》中，对报警控制器的定义如下：在入侵报警系统中，实施设置警戒、解除警戒、判断、测试、指示、传送报警信息以及完成某些控制功能的设备。

根据使用要求和系统大小不同，报警控制器有小型报警控制器、中型报警控制器和大型报警控制器之分。就防范控制功能而言，报警控制器又可分为仅具有单一安全防范功能的报警控制器（如防盗、防入侵报警控制器、防火报警控制器等）和具有多种安全防范功能：集防盗、防入侵、防火、电视监控、监听等控制功能为一体的综合型的多功能报警控制器。将各种不同类型的报警探测器与不同规格的报警控制器组合起来，就能构成适合于不同用途、警戒范围大小不同的报警系统网络。

根据组成报警控制器电路的器件不同，可分为由晶体管或简单集成电路元器件组成的报警控制器（一般用于小型报警系统）和利用单片机控制的报警控制器（一般用于中型报警系统或联网报警系统）以及利用微机控制的报警控制器（一般用于大型联网报警系统）。

按照信号的传输方式不同来分，报警控制器可分为具有有线接口的报警控制器和具有无线接口的报警控制器以及有线接口和无线接口兼而有之的报警控制器。

依据报警控制器的安装方式不同，报警控制器又可分为台式、柜式和壁挂式。

一、防盗报警控制器的功能

报警主机置于用户端的值班中心，是报警系统的主控部分，它可向探测器提供电源，接收探测器送出的报警信号，并对信号进行处理。同时可以发出声音、光亮等报警信号，并指示出发生报警的部位。也可以向上一级接警中心或其他部门报告警情。可以连接一个或多个键盘，用户可以在键盘上完成编程和对报警系统的各种控制操作。

（1）防区功能：一个报警主机通常可以连接多个防区，并设定每个防区的防区类型。

（2）操作功能：基本操作有布防、撤防、旁路、测试等。一般主机操作都是通过键盘按密码来进行的。

（3）输出功能：现场声光报警输出，电话联网报警。

（4）可驱动外围设备：如开启摄像机、录像机、照明设备、记录打印机等。

（5）系统自检功能：可实现对整个入侵探测报警系统的自检，检查系统各个部分的工作状态是否处于正常工作状态，否则发出故障报警信号。

（6）故障报警功能：是对系统中线路的短路、开路、设备外壳被非法打开等进行检测，一旦发生，发出故障报警信号。

（7）对系统的编程功能：体现了报警主机的智能化水平。它可以很好地满足不同用户的防范需求。编程内容很多，如操作人员的密码、各防区的布防类型、报警的延时时间、响铃时间、事件报告、测试报告、是否自动拨号向上一级报告警情（通讯控制、通讯格式、报警中心接收机的电话号码）、遥控编程的电话号码等等。

二、报警控制器的分类

报警控制器视使用要求和系统大小不同，有简有繁。报警控制器可有小型报警控制器、中型报警控制器和大型报警控制器之分。

就防范控制功能而言，报警控制器又可分为仅具有单一安全防范功能的报警控制器（如防盗、防入侵报警控制器、防火报警控制器等）和具有多种安全防范功能即集防盗、防入侵、防火、电视监控、监听等控制功能为一体的综合型的多功能报警控制器。将各种不同类型的报警探测器与不同规格的报警控制器组合起来，就能构成适合于不同用途、警戒范围大小不同的报警系统网络。

根据组成报警控制器电路的器件不同，可分为由晶体管或简单集成电路元器件组成的报警控制器（一般用于小型报警系统）和利用单片机控制的报警控制器（一般用于中型报警系统或联网报警系统）以及利用微机控制的报警控制器（一般用于大型联网报警系统）。

按照信号的传输方式不同来分，报警控制器可分为具有有线接口的报警控制器和具有无线接口的报警控制器以及有线接口和无线接口兼而有之的报警控制器。

依据报警控制器的安装方式不同，报警控制器又可分为台式、柜式和壁挂式。

三、报警控制器对报警探测器和系统工作状态的控制

将探测器与报警控制器相连，可以组成现场报警系统。系统主要有以下 5 种工作状态：布防（又称设防）、撤防、旁路、24 小时监控（不受布防、撤防操作的影响）、系统自检/测试状态。

（一）布防状态

所谓布防（又称设防）状态，是指操作人员执行了布防指令后，例如从键盘输入［密码］［#］这一码后，使该系统的探测器已开始工作（俗称为开机），并进入正常警戒状态。布防又可分为多种布防方式。

（二）撤防状态

所谓撤防状态，是指操作人员执行了撤防指令后，例如从键盘输入［密码］［#］这一码后，使该系统的探测器不能进入正常警戒工作状态，或从警戒状态下退出，使探测器无效（俗称为关机）。

（三）旁路状态

所谓旁路状态，是指操作人员执行了旁路指令防区的探测器就会从整个探测器的群体中被旁路掉（失效），而不能进入工作状态，当然它也就不会受到对整个报警系统布防、撤防操作的影响。在一个报警系统中，可以只将其中一个探测器单独旁路，也可以将多个探测器同时旁路掉（又称群旁路）。

（四）24 小时监控状态

所谓 24 小时监控状态，是指某些防区的探测器处于常布防的全天时工作状态，一天 24 小时始终担任着正常警戒（如用于火警、匪警、医务救护用的紧急报警按钮、感烟火灾探测器、感温火灾探测器等）。它不会受到布防、撤防操作的影响。这也需要由对系统的事先编程来决定。

（五）系统自检/测试状态

在系统撤防时操作人员对报警系统进行自检或测试的工作状态。如可对各防区的探测器进行测试。当某一防区被触发时，键盘都会发出声响。

四、报警控制器的防区布防类型

入侵报警系统报警控制器的防区是报警主机的最基本特征，是前端探测器与报警控制主机的连接端口，是能区分报警事件的最小空间单位。报警控制器通过探测防区回路的电阻值，来判断是否发出报警。不同厂家生产的报警控制器其防区布防类型的种类或名称，在编程表中不一定都设置得完全相同，但综合起来看，大致可以有以下几种防区的布防类型。

（一）按防区报警是否设有延时时间来分，主要分为两大类：瞬时防区和延时防区

1. 瞬时防区

在该防区的探测器已被布防的情况下，探测器无论何时被触发都会立即报警，没有设定任何延时时间。

2. 延时防区

在该防区的探测器已被布防的情况下，只要在设定的延时时间内探测器被触发，该防区不报警，但超过此延时时间，一旦被触发则报警。

（二）按探测器安装的不同位置和所起的防范功能不同来分

防区的布防类型一般又可分为以下几种：（1）出入防区；（2）周边防区；（3）内部防区；（4）日夜防区；（5）24 小时防区；（6）火警防区等类型。

1. 出入防区

用来监控入/出口处，在布防后系统会为出入防区提供一定时间的延时时间，外出延时时间结束后，触发延时防区系统报警。在进入时触发延时防区，控制器会在进入延时时间里发出蜂鸣，作为撤防系统的提示信号，必须在设定的延时时间内对系统撤防，否则会报警。此防区类型适用于用户的进/出口操作键盘的必经之处。

2. 周边防区

用来保护主要防护对象的周边，如外窗、阳台、围墙等，可视为防范区域的第一道防线。一般为瞬时防区。

3. 内部防区

接于该防区的探测器主要是用来对室内平面或空间的防范，多采用被动红外探测器、微波/被动红外双鉴探测器等。

内部防区的设定又可分为两种情况：一种是内部防区（跟随报警），另一种是内部防区（延时报警）。

（1）内部跟随防区

内部跟随防区是配合出入防区一起使用来达到防范目的的。若内部跟随防区在出入防区被触发时候被触发，则该防区的延时时间与出入防区一致；若内部跟随防区被触发但出入防区未被触发，则该防区将成为瞬时防区，立即产生报警。内部跟随防区主要是针对在未布防时潜伏于防范区域内的作案活动。

（2）内部延时防区

内部延时防区主要是提供对室内区域的保护。接入此防区的探测器的安装位置与前述的内部跟随防区相似，但防区报警与否与出入防区是否被触发没有关系。布撤防过程与延时防区相同。

4. 日夜防区

24 小时处于警戒状态，但白天和夜间当探测器被触发后，报警控制器的告警方式不同：白天，当探测器被触发，将以键盘发生的方式以示告警，目的是引起人们的注意；夜间，当探测器被触发，则立即产生报警。

5. 24 小时报警防区

接于该防区的探测器 24 小时都处于警戒状态，不会受到布防、撤防操作的影响。一旦触发，立即报警，没有延时。

通常，24 小时报警防区又可设定为以下三种情况：

（1）24 小时无声报警防区

接入该防区的探测器一般采用紧急按钮、脚挑开关等，多用于银行收银台、珠宝柜台等容易遭抢劫的地方。一旦出现险情，可按下按钮，报警信息将传送到远程保卫部门或上一级接警中心，而报警现场却没有任何反应。利用这种比较隐蔽的报警方式，可有效保护现场工作人员的人身安全。

（2）24 小时有声报警防区

与 24 小时无声报警不同，24 小时有声报警不但将警情传送至远程，同时在报警现场用户端的键盘上发出灯光显示并伴有警音提示，并引发外接警号的响亮报警声，目的是威慑现场犯罪嫌疑人。

（3）24 小时辅助报警防区

与 24 小时有声报警不同，24 小时辅助报警将警情传送至远程，同时在报警现场用户端的键盘上发出灯光显示并伴有警音提示，但不引发外接警号的响亮报警声，用于医疗救护等的报警。

6. 火警防区

火警防区必须设置为 24 小时报警防区，当火警防区被触发时，除键盘有声光告警外，外界警号将发出响亮且特别的报警声。

（三）防区的几种布防方式

一般在控制器键盘上，都有几种特定内涵的布防方式，通常按用户的主人是否外出还是逗留室内的不同布防情况来分，可分为4种类型：外出布防、留守布防、快速布防和全防布防。

1. 外出布防

这是指用户全部离开报警系统保护区域时对系统布防的一种模式。在此模式下，系统中所有防区均处于工作状态。

2. 留守布防

留守布防是将所有内部防区旁路，保留出入防区的外出延时时间和进入延时时间，也叫在家模式，可以设置像门磁、窗磁、感烟等探头工作，而像客厅、卧室的红外属于旁路状态，避免因自己在屋内走动，引发误报。经常用于夜晚的布防状态，除活动防区外，其他防区都处于戒备状态。

3. 快速布防

快速布防与留守布防的区别是取消了出入防区的外出延时时间。适用于夜间休息。

4. 全防布防

全防布防时所有的防区都加以布防，只有外出延时没有进入延时。全防布防适用于主人长期外出。

第四节 接 警 中 心

接警中心是整个报警网络的信息控制和管理中心，担负接收网络内所有控制通信主机的各类状态报告和警情报告；对前端设备遥控编程；监测本系统和通信线路工作状况。接警中心的设备功能、组织形式、管理水平直接影响着整个网络，因此常把它比作报警联网的大脑和心脏。接警中心设备通常有：专用接警主机、计算机、接警管理软件和其他打印、传真辅助设备组成。

前端探测器报警后，通过控制通信主机将警情信息编码成数字信号，经通信网络传送到远程数字报警中心接收机。可以显示警情类型、发生时间、发生地点，可以调出详细的用户资料，可以通过网络或其他设备报告或转达警情信息。一个典型的数字联网报警中心结构如下图2－25。

报警系统建立专用通信网络是不太现实的，现有的各种通信网络原则上都有可能用作报警系统的透明通道传输报警信息。目前报警联网普遍都采用电话联网的方式。

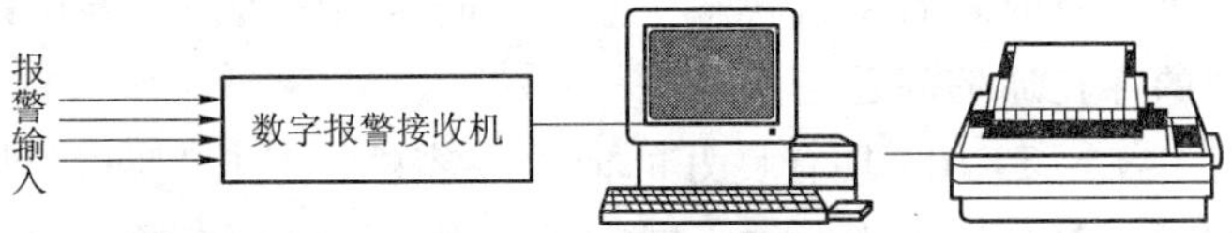

图 2-25　数字联网报警中心结构示意图

一、ADEMCO 685-220 报警接收机

685 数字报警接收机是世界上最多防盗公司选用的报警接收机，是公认的最可靠的接警机。

作为一个报警中心接收机，685 的基本功能就是接收报警主机通过电话线传送的数字报警信号，并显示给中心管理员以便处警。安定宝 685 数字式报警接收机为了满足报警中心的可靠性要求，在设计及工艺上具有以下特点：

（1）专业电源设计以及后备电池供电，保证 685 的连续供电不发生故障；

（2）模块化结构，故障判定及排除容易；

（3）可扩展至 8 路电话线输入，同时接收 8 个报警信号；

（4）具有高压保护及雷击保护；

（5）配备电话线噪音滤波器，保证信号传输质量；

（6）外接电脑、打印机设备自动检测功能，并可以自动存储多达 113 条信息（8 条电话线每条 14 条信息，加 1 条 685 状态信息）。

二、FE-100 报警中心接收机

FE100 是一款新型多功能数字报警接收机，结构紧凑，功能强大。由于采用先进的 DSP 数字信号处理技术，FE100 的通信环境适应能力非常出色。FE100 的性能特点如下。

（1）输入特性：可以扩展到 4 块电话卡、8 条电话线输入（每块卡两个电话线接口）。兼容 CFSKII、CFSKIII 和 AEMCO（HIGH SPEED / CID /EXPRESS）SIA 等 70 多种不同报警格式。

（2）输出特性：串行接口连接到计算机、Wyse 30 兼容终端、串行打印机以便接警、编程、打印数据。每一个联接相互独立，任何一种操作都不会影响到其他两种的正常使用。

（3）来电显示：FE100 带有来电显示功能，可用以查获恶意或无意阻塞中心通信的行为；锁定通信失败、信息不全、资料变化的用户。

（4）抓擢功能：根据事先设定，当被设定的用户上报信息时，即被中心通知联机。中心可以及时查看主机状态、修改有问题的编程。主要用以追踪检查突发或经常出现的存在通信问题的用户。

(5) 易于扩充：FE100 具有良好的向上兼容性，其接口可以使用 ADEMCO 685 / SURGARD / ASC II 等十余种不同方式输出，可以和市场上的大多数自动化软件兼容，用户可以在不改变原有系统的情况下灵活地与其他接警机搭接扩充。

(6) 安全性：接警计算机故障时，除了可以有后备打印输出外，FE100 还自动将收到的警情暂时存储到大容量缓存中（最多可以储存 5 000 条事件记录），一旦计算机恢复，储存的信息立即自动按顺序传送。

(7) 自捡功能：自动测试 FE－100 接收机状态、电话线、电池电压等环境状态。

FE－100 的内置软件设置、升级方便，无须额外的编程软件，可以在任意一台计算机超级终端中进行。

由于采用先进数字信号处理技术，常见的由于通信条件差而造成的通信问题可以得到有效克服。

第五节 入侵报警系统典型设备

一、探测器

1. 主动红外探测器

(1) 技术参数

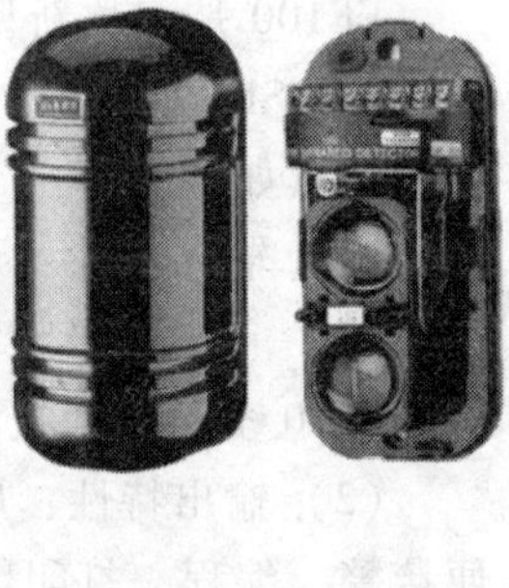

◇ 室外距离：1～20 米；
◇ 室内距离：1～50 米；
◇ 电源电压：DC10.5～28V；
◇ 消耗电流：40mA～65mA；
◇ 探测方式：二束同时遮断式；
◇ 感应速度：50～700msec；
◇ 警报输出：继电器接点输出；
◇ 接点容量：ACD30V，0.5Amex；
◇ 使用温度范围：－25℃～55℃；
◇ 光轴调整角度：水平－180 度（±90 度），垂直－20 度（±10 度）；
◇ 瞄准度：可拆卸式；
◇ 光源：红外线 LED；

◇ 外形尺寸：177mm × 82mm × 77mm；

◇ 其他附加机能：受光指示、OK 指示、测试端子。

(2) 技术优势

◇ 数字化智能光束编码识别技术，可组成真正的红外墙；

◇ 超级光学镀膜技术；

◇ 专用大功率红外发射，接收对管；

◇ 智能环境校正识别电路；

◇ 超级微电脑数字化综合抗干扰电路；

◇ 复合防雷击、抗高压、抗辐射保护电路；

◇ 专业光学外罩，抗杂光干扰，防老化；

◇ 超级防水，防腐蚀技术。

2. 壁挂式被动红外探测器

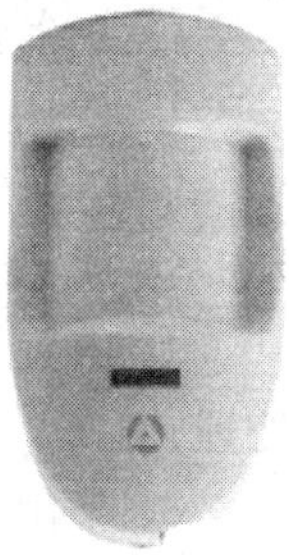

◇ 探测距离：12 米；

◇ 探测角度：110 度；

◇ 传感器：低噪音、高灵敏度、抗电磁干扰双元热释电传感器；

◇ 检测速度：0.2m/s ~ 3.5m/s；

◇ 灵敏度：三级可调；

◇ 镜片：第二代 Frensnel 透镜；

◇ 报警输出：常闭（NC）、接点容量 AV/DC、28V/0.2mA；

◇ PIR 区域：44；

◇ 安装高度：2.2m ~ 3.0m；

◇ 安装方式：壁挂式；

◇ 防拆输出：常闭（NC）、接点容量 AV/DC、28V/0.2mA；

◇ 防宠物：5Kg；

◇ 抗白光干扰：≥8 000LUX；

◇ 抗电磁干扰：30V/m（10MHz ~ 1 000MHz）；

◇ 工作电压：9 ~ 15V/DC；

◇ 工作电流：14mA；

◇ 工作温度：－30℃ ~ 70℃；

◇ 工作湿度：5% ~ 95%（RH）；

◇ 应用环境：室内。

3. 微波探测器

(1) 技术参数

◇ 抗辐射干扰：FCC

◇ 微波频率：10.8GHz

◇ 探测距离：183 米

◇ 报警输出：有

◇ 发射功率：5mw

◇ 灵敏度：可调

◇ 工作温度：-40~66

◇ 工作电压：12V

(2) 适用场所

100 英尺（30 米）短距离、宽视角型可用于保护大门；350 英尺（107 米）中距离或 600 英尺（183 米）的长距离型可用于整个周界的保护。

4. 微波-被动红外双鉴探测器

(1) 技术特点

◇ 能防止 45KG 重的动物引起的误报；

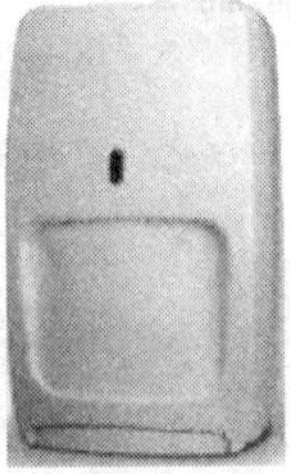

◇ 内置微处理器，对输入的红外和微波信号进行分析及处理；

◇ 采用 K 波段微波技术及特别赋形天线，能更好地捕获信号及防止误报；

◇ 灵敏度均一的光学系统，解决了被探测主体近大远小的误差；

◇ 真实的温度补偿；

◇ 白适应微波系统，避免因电扇等动作引起误报；

◇ 带有下望窗功能；

◇ 双处理器设计，提高了探测器信号处理能力；

◇ 加电/定时自检保证了探测器的正常工作；

◇ 可根据环境进行灵敏度等的调节。

(2) 技术参数

◇ 探测范围：1 1×1 1m；

◇ 电源要求：25 rnA/12VDC，7.5~16VDC；

◇ 灵敏度：探测范围内正常步速 2~4 步；

◇ 微波频率：24.125 GHz；

◇ 防拆：（NC）50mA，24 VDC；
◇ 报警继电器：A 型继电器，500mA，30 VDC；
◇ 工作温度：-10℃～55℃，5%～95%相对湿度（无冷凝）；
◇ 抗辐射干扰：30 v/m，10MHz～1 000MHz；
◇ 抗白光干扰：6 500Lux；
◇ 尺寸：119×71×42mm；
◇ 认证：UL，ULC，IC，FCC，CE，CCC；
◇ 附件（安装支架）：SMB-10，SMB-10C。

5. 振动探测器

（1）技术参数

◇ 高灵敏度的 Piezoelectric 传感器可感应表面切割破坏；
◇ 表面贴片设计；
◇ 传感器：低噪音高灵敏度 Piezoelectric；
◇ 灵敏度：30%，40%，50%，70%，100%五级可调；
◇ 工作温度：-20℃至50℃；
◇ 电源输入：10-16Vdc；
◇ 候命电流：12mA；
◇ 警报电流：16mA；
◇ 保护范围：直径 2.5 米；
◇ 安装位置：保护区表面；
◇ 警报输出：常闭，28Vdc 0.15A；
◇ 防拆开关：常闭，盖被拆除开路，0.2A，24Vdc；
◇ 工作湿度：95%；
◇ 重量：260 克；
◇ 尺寸：109×64×23mm（宽×高×深）。

（2）使用场所

作金属和水泥墙防破坏用，适用于保险箱、金属门、密室、钱箱和银行水泥墙等保护。内置高频传感器，可探测钻、切、凿、电焊等破坏。

二、VISTA120 报警主机

VISTA12 报警主机可分为 8 个子系统，同时使用常规四线、总线和无线防区（总共 128 个防区），还可通过可编程继电器控制电器或联动 CCTV，并可通过电话遥控主机和控制继电器。

1. 防区特性

9 个基本防区，3 个键盘紧急按键防区，还有胁持防区，可通过无线或总线方式，将防区扩展到 128 个。

2. 控制特性

① 可以划分为 8 个独立子系统及 3 个公共子系统，可当作 8 台独立主机使用；

② 可选择使用 4 146 布/撤防开关锁或无线按钮控制；

③ 支持 4286 模块通过电话监控主机；

④ 224/1 000 条事件记录，可通过遥控编程下载或直接从键盘上查看；

⑤ 支持 150/250 个分为 7 个级别的用户密码；

⑥ 可设置出入及周边防区门铃警示；

⑦ 留守及快速布防时自动旁路内部失效防区。

3. 输出特性

① 内置拨号器，报警时自动拨号报告；

② 支持 RS－232 输出方式；

③ 支持 TCP/IP 输出方式。

4. 通讯协议

① ADEMCO 3＋1/4＋1/4＋2；

② ADEMCO 4＋2 Express；

③ ADEMC0 CONTACT ID；

④ RADIONICS/SESCOA 3＋1/4＋1/4＋2。

5. 电气特性

① 7AH 可充电后备电池，12VDC；

② 6. 5 VAC，25VA 变压器。

6. 输出

① 警号电流：2Amps，12 VDC；750mA 辅助电流，12VDC；

② 最大支持 96 路继电器输出。

三、D6600/D6100 接警主机

D6600/D6100 接警主机采用了数字信号处理技术 DSP 来接收和分析各类报警和监察数据，并且具有接收目前流行的各种报警通讯格

式，可以兼容市场上绝大部分报警控制器。由于该机基于微处理器平台，因此性能稳定，功能强大，速度快捷，领先于目前普通的报警接收机，并且采用可编程只读存储器技术（FLASH EPROM），可下载升级软件，以便即时增加功能。

1. 主要性能

① D6600 可最多配置 8 块线路卡，每块线路卡可接 4 条电话线路，可同时接收 32 条电话线路输入的信号；

② D6100 为两线式报警接收机，最多可接 2 条电话线路；

③ 可同时接收多种通讯格式的报警接收机信息。如：CFSK、4 + 2、CID、等多种接收格式；

④ 备有 PC 平台可以升级获得更多功能；

⑤ 每一条线路可编程“输入”或“输出”，以供信号发送或监察；

⑥ 具有“来电显示”功能以备中心确认；

⑦ 可兼容多种音频监听产品；

⑧ 具有电话线监测功能，线路故障即报警；

⑨ 可以通过面板上的操作键盘或者连接电脑进行编程，灵活方便（D6600）；

⑩ 可以选择自动或手动操作；

⑪ D6600 可以储存 20 000 个事件/ D6100 可以储存 1 000 个事件，以备电脑查询故障时查阅；

⑫ 模块化设计，备有自检功能，确保系统正常运转，扩展方便；

⑬ 同时备有 220VAC（D6600）/18VDC（D6100）电源输入和备用电池接口模块；

⑭ 可以直连电脑，通过报警中心软件接收和处理各种信号；

⑮ 可以装入标准的 19 英寸机柜（D6600）；

⑯ D6600 具有网络接口，可配合 NETCOM 系统使用，实现网络报警通讯。

2. 系统构成

接警主机和前端设备的连接如下图 2 – 26 所示。

3. D6600 接收机的硬件构成和功能

D6600 报警接收机采用国际标准机柜尺寸设计，可以方便地安装在标准机架内，它的面板上有双行 80 字符液晶显示屏，并且有操作键盘直接使用。它的硬件平台包括如下设备：

① D6610 中央处理单元 CPU 卡：是系统的核心，负责整个系统的运算处理；

② D6615 CPU 终端接口卡：是用来连接 CPU 卡和用户接口，可以使 CPU 卡

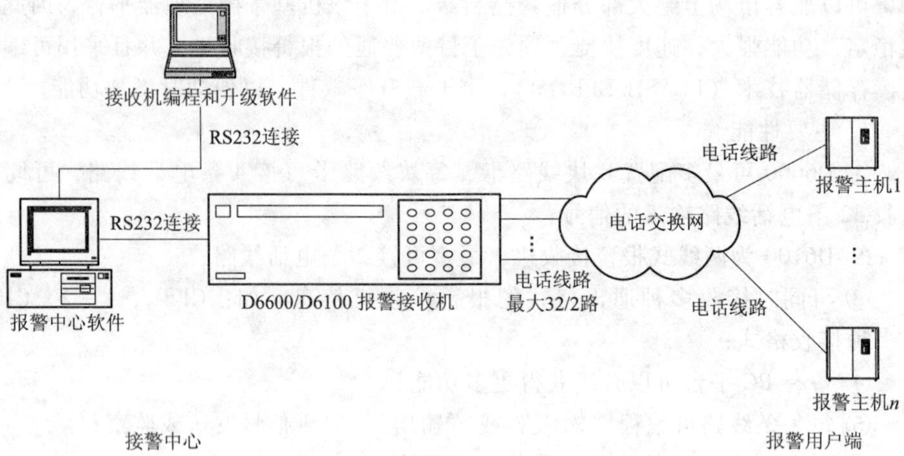

图 2－26　报警系统连接示意图

处理的数据通过该卡的标准串口、打印机口和网络接口进行数据传输；

③ D6630 交流电源模块：提供 220V 的交流电源接口用来供电；

④ D6631 直流电源模块：提供 12V 直流电源接口用来备用；

⑤ D6640 四路电话线路卡（最多 8 块）：可以对四路电话线路信号进行处理分析，并且具有四个 LED 灯实时反映电话线路状况；

⑥ D6645 电话线路接口卡（最多 8 块）：提供四路电话线接口，用来连接电话线和线路卡。

第六节　入侵报警系统典型案例

一、某劳教所入侵报警系统建设方案

1. 安全需求分析

劳教所是对被劳动教养人员实行强制性教育改造的场所，为了对劳教人员进行有效的管理和监控，在第一时间对突发事件作出快速反应；为劳教所的管理工作提供更有效的管理手段，减轻管理人员的压力，提高管理的效率和质量，应在劳教所的周界围墙、重要部位等安装报警设备。

红外线警戒系统主要包括周界围墙警戒系统，枪库警戒系统。这两个系统分别负责周界围墙的安全和枪库的安全，为保证系统稳定、方便管理，采用两套报警控制主机进行控制。这样当一个系统出现故障，另一个系统也可以正常工作。

两个报警系统的报警信号都可以与报警联动模块相联。

围墙周界红外线警戒系统分为墙体和警戒区域两道防线，第一道主动红外线报警四光束探测器安装在警戒线上，当有劳教人员靠近时能及时报警，将劳教人员的违规行为及时制止，第二道主动红外线报警四光束探测器安装在围墙适当位置上，当有所外人员或劳教人员攀爬围墙时能及时报警并采取相应的措施，同时该系统要有较好的防水性能。

2. 入侵报警系统总体方案

周界围墙共设置12对红外主动探测器，所有红外主动探测器通过防区扩展板及控制总线与总线制报警主机相联接。由控制键盘进行布防、撤防等操作。报警信号与主控室的报警联动模块相接。

监管楼枪库内装2只双鉴防盗探测器，枪库二道门外侧装1对四光束红外线栅栏探测器，探测器由设在监管楼监控室的报警控制主机进行控制，设三个控制键盘，监管楼监控室设1只，枪库门外设1只，枪库二道门外侧设1只。报警主机采用分区分级控制，枪库二道门和枪库内采用两个单独分区，两个键盘单独控制。当枪库二道门或枪库内发生报警，报警信号传输到主控中心，主控中心没响应则将报警信号传至总值班室（共三间，通过电话线传输），若仍没有响应则将报警信号传至枪弹民警通讯器上（手机），形成三级响应，报警系统也可与当地公安局110报警相联网，报警信号同时传输至公安局110报警中心。

3. 系统原理图

系统原理见图2-27。

4. 设备选型

（1）探测器

主动红外线探测器安装于室外，应能防雨、防霜冻、防小昆虫干扰，适应日间强日光照射，应有较宽的环境温度工作范围。根据保护距离的不同，应有全系列多种探测距离的产品。目前国内的主动红外探测器，不仅价格高，性能也不够稳定，不能达到实际使用要求。国外的产品以美国的FOCUS、CK、DS及日本的PULNIX、ALEPH产品为主，推荐使用FOCUS产品，其探测范围从30~250米，有双光束、四光束多种系列。

室内的探测器分别选用霍尼韦尔公司生产的双鉴防盗探测器DT7435。产品美观，性能稳定。

（2）报警主机

报警控制器为现场探测器供电，接收现场的报警信号，是报警系统的控制中枢。考虑到设备的稳定性，选用霍尼韦尔公司的Omni848带分区联网报警主机、

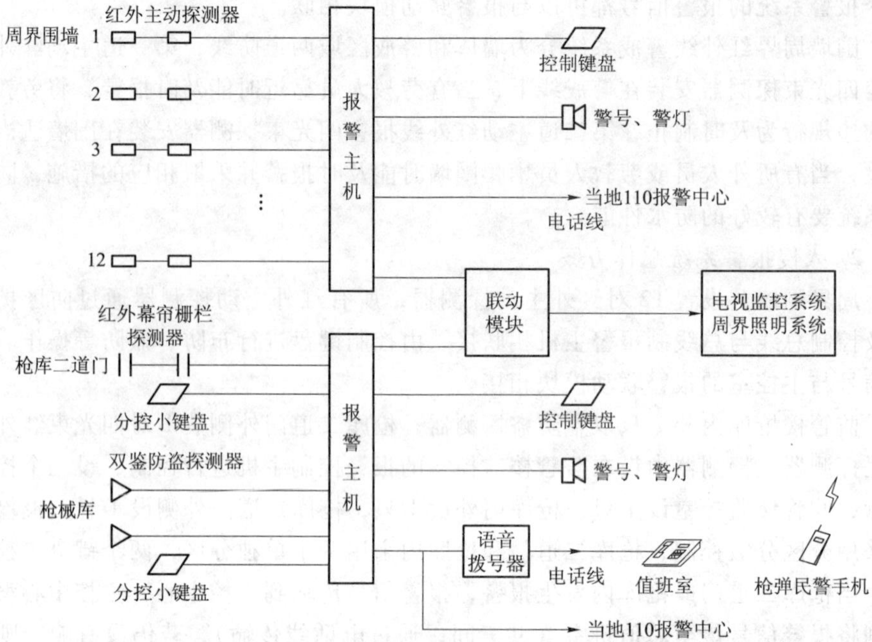

图 2-27 某劳教所入侵报警系统原理图

总线制报警主机 DS7400XI-CHI，工作距离长，抗干扰力强，性能稳定，带 110 联网报警功能。

二、某银行入侵报警系统建设方案

1. 系统组成及原理

防盗报警系统的前端主要由以色列 Risco 双鉴探测器、门磁、振动探测器等组成，终端由警号、ProSYS40 防区报警主机及 LCD 控制键盘等设备组成。操作由控制键盘进行，可根据需要编程控制 40 个防区的工作方式，以保证在警戒状态下的防盗、防劫效果。

当红外探测器探测到有人非法进入防范区域内或振动器、门磁激发报警时，即刻给报警控制主机发送报警信息，主机收到信号后，马上通过声光报警装置发出警报及警声，并自动通过电话线向报警中心发出报警信号。

系统同时安装有防剪警号，有警报即刻发出警鸣声以外，还具有防剪、防拆功能，当红外探测器、门磁或报警主机被非法拆除或信号线被剪断时，报警主机也能马上探测到并即时报警。

2. 系统功能

(1) 报警主机由操作键盘进行操作，只有通过键盘输入有效的密码才能进行撤、布防，布防后一旦有人侵入防区，报警器便发出声光报警，指示哪个区入侵。

(2) 在启动报警系统后，如果有不法分子入侵系统控制区，前端红外探头就能检测到有人入侵，并将报警信号传送到40防区报警主机，由报警主机联动声光报警器，发出报警声，提醒值班人员注意。

3. 系统组成

入侵报警系统银行本地系统组成分三部分：前端设备、控制设备和传输设备。

前端设备包括：双鉴红外探测器、玻璃破碎探测器、振动探测器、Watchout室外探测器、Lunar吸顶探测器、八防区有线扩展模块、十六防区有线扩展模块等等。

控制部分包括：报警主机ProSYS系列主机、LCD键盘、单防区总线扩充模块、八防区扩展模块、十六防区扩展模块、四路、八路可编程输出模块、警灯警号、串口输出模块，电子地图管理软件等。

传输部分主要是探测器到报警主机的总线信号传输。8防区地址模块到有源探测器之间，采用RVV4X0.5以上规格的线缆，8防区地址模块到探测器之间最远距离不能超过300米。入侵报警系统组成如图2-28。

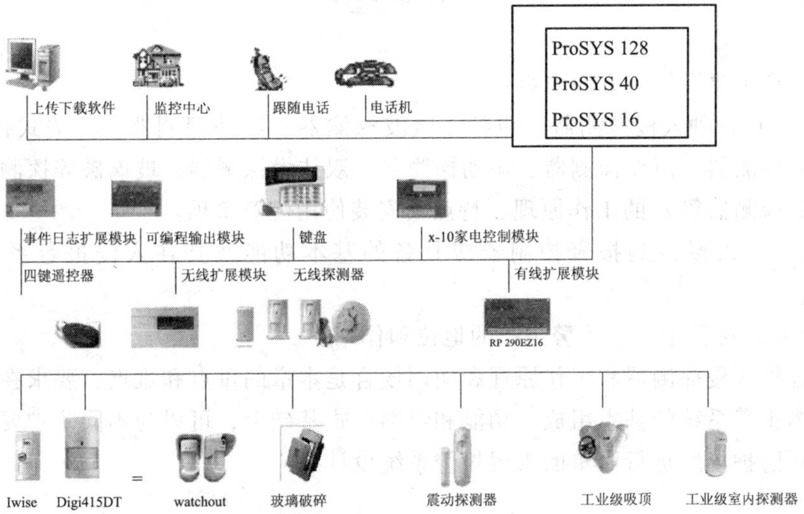

图2-28 某银行入侵报警系统组成示意图

4. 系统配置

(1) 每台 ATM 机安装 1 个震动探测器；

(2) ATM 机房内安装 1 个红外双鉴探测器；

(3) 卷闸门处安装 1 对门磁；

(4) 一楼大门外安装 1 个声光警号；

(5) 一楼大堂内安装 1 套红外双鉴探测器；

(6) 现金区柜台安装 3 个紧急按钮开关；

(7) 一楼大门左侧安装 1 个控制键盘；

(8) 网络管理房安装 1 套红外双鉴探测器；

(9) 监控室安装 1 个强声警号；

(10) 二楼大厅安装 1 个吸顶红外探测器；

(11) 二楼行长室安装 1 个红外双鉴探测器，1 个紧急按钮开关；

(12) 二楼消防后门安装 1 个红外双鉴探测器；

(13) 二楼副行长室安装 1 个红外双鉴探测器，1 个紧急按钮开关；

(14) 8 防区扩展模块 1 个，4 路输出扩展模块 2 个，用于信号输出联动射灯。

5. 设备性能及参数

略。

本章小结

本章主要讲授三方面内容：

（一）各种入侵探测器（包括：微波探测器、红外探测器、开关式探测器、超声波探测器、声控探测器、振动探测器、双技术探测器、玻璃破碎探测器、周界防御探测器等）的工作原理、特点及安装使用注意事项。

（二）入侵探测报警控制器应具备的基本功能及其在入侵报警系统中的作用。

（三）接警中心、接警主机的地位和作用。

各种入侵探测器和工作原理和使用场合是本章的重点和难点，要求在掌握入侵探测报警系统的基本组成、功能和组网模式基础上，可以为不同防护要求的各种不同防护场所进行简单的入侵报警系统设计。

课后训练

一、填空题

1. 通过向现场发射某种形式的能量来形成防范区域的探测器为________探测器。

2. 探测器按警戒范围可分为________控制探测器、________控制探测器、________控制探测器、________控制探测器。

3. 入侵探测器是安全防范报警系统的________部分，其核心组件是________。

4. 入侵报警系统由________、________、________三部分组成。

二、简答题

1. 在入侵报警系统中，什么是误报率？什么是漏报率？漏报率和误报率有什么样的关系？对于漏报率和误报率，都有什么样的要求？

2. 主动红外探测器的工作原理是什么？

3. 被动红外探测器的工作原理是什么？

4. 简述双技术探测器的概念和优点。

5. 不规则周界应选用什么类型的探测器来作周界防护？

6. 入侵探测报警控制在入侵报警系统中起着什么作用？

7. 什么是布防？什么是撤防？

8. 接警中心在入侵报警系统中的职责是什么？

第三章

视频监控系统

本章任务

◇ 熟悉视频监控系统的组成：前端摄像机等设备、视频传输、视频信号控制、处理及存储；
◇ 熟悉视频监控系统的常用技术：编码技术、传输技术和存储技术；
◇ 熟悉摄像机的功能、分类及关键技术指标；
◇ 熟悉矩阵等各种视频控制设备的功能及关键技术指标；
◇ 熟悉 DVR 等视频存储设备的功能、关键技术指标等；
◇ 了解视频监控系统的主流应用模式；
◇ 能够根据需求设计简单实用的小型视频监控系统；
◇ 具备对视频监控系统故障分析判断的能力；
◇ 具备正确维护系统、确保系统正常运行的能力。

第一节　视频监控系统概述

视频监控系统，简称 VSCS（Video Surveillance & Control System），是利用视频技术探测、监视设防区域并实时显示、记录现场图像的电子系统或网络。监狱是实现社会治安综合治理的最重要环节之一，是强制管理违法犯罪人员的场所，对犯罪者日常行为及特殊情况下的监控，是保障狱警人员的安全、在押人员的安全的必要手段。视频监控系统通过对监狱周界、监舍、禁闭室等重点区域的 24 小时监控，不仅在第一时间对诸如越狱或意欲越狱等时间作出快速反应，还能提供时间发生前后一定时间内的查证资料；同时采用远程监控技术实现高级监控中心对各个监狱的监控，为监狱的管理工作提供更有效的管理手段，大大减轻监管人员的压力，提高管理效率和质量。

一、视频监控系统组成

一个完整的视频监控系统通常由以下要素组成：采集、传输、显示、控制和存储，分别完成前端信息采集、信号传输、信息显示和录像存储功能。如图3－1所示：

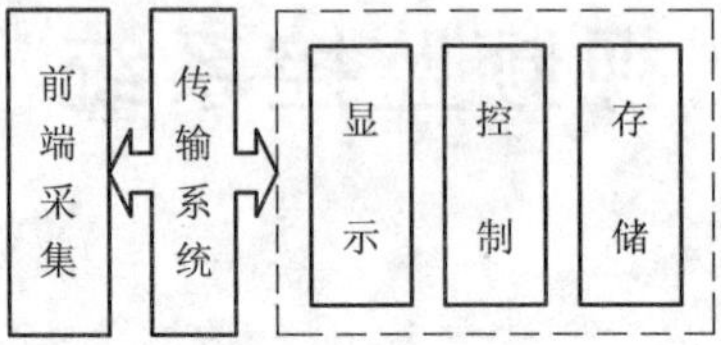

图3－1 视频监控系统基本结构示意图

1. 采集部分

前端采集部分包括摄像机、镜头、云台、解码器、支架等设备，完成图像信息、语音信息、报警信息和状态信息的采集。在基于IP网络的视频监控系统中，DVS（视频编码服务器）、IP Camera（网络摄像机）等具备较强联网能力的编码设备也被是前端采集设备。

2. 信号传输

传输系统主要完成信号的传输。按照传输信号的类型，可分为数字和模拟两大类。常用的模拟传输系统包括同轴电缆、模拟光纤、微波等线路类型；数字传输系统主要包括TCP/IP网络，线路类型包括双绞线、光纤、无线网络等。不论是数字或模拟传输系统，其成本、传输距离、传输能力各有不同。在实际应用中，要根据各自的特点进行灵活选择和组合。

3. 显示

显示和控制是监控系统的主要目标，也是管理者与监控系统间的主要交互界面。显示的内容包括视频图像、设备状态、报警等信息，采用的技术手段包括电视墙、画面分割、电子地图等，通过采取合理的切换预案或报警联动机制，结合云台、快球、开关等辅助手段，使管理员能够及时完成对监控区域的巡检和对热点区域的监视，不留死角。

4. 控制

从狭义上讲，控制主要是指视频显示切换和云镜控制（PTZ）。模拟监控阶段及早期的数字监控中的控制就是狭义的。现在控制实现方式从CCTV时代的模拟键盘控制模拟矩阵输出模拟图像，到如今的通过管理软件、网络键盘控制数字解码器、数字矩阵的电视墙显示、云镜、轮巡等功能。在集中联网监控架构中，控制上升到了一个更广义的层面，除显示切换和云镜控制外，还包括设备管理、权限管理、码流调度、带宽控制、区域管理、网管控制等。这是监控技术与IT技术相结合的产物。随着这些新的控制手段引入，监控系统已经不单纯只是录像、回放的工具，而成为了能够覆盖广泛区域的管理手段。

视频图像显示设备种类繁多，从传统的监视器、CRT显示器、液晶显示器，到如今的DLP、LCD拼接屏。监控中心的功能也日常强化，电视墙的单屏显示从40寸到80寸不等，拼接效果日益突出，可达到最小0.5mm的拼缝。

5. 录像存储

录像存储的主要目标是在保证回放图像质量的前提下，确保存储周期、数据的完整以及数据安全。在早期的视频监控系统中，存储设备为磁带式录像机，存储数据为非压缩数据，视频数据量大，磁带占用量大，不便于数据长期保存；随着数字技术的不断发展，硬盘介质的数据保存周期及可擦写性，更能够满足市场的需求；随着网络普及及网建成本的降低，联网监控应运而生，存储设备由单纯的编码设备（如DVR）本地存储，逐渐发展为网络存储设备（如磁盘阵列）的集中存储，更能满足对重要数据长期保存的需求。

二、视频监控系统发展及分类

视频安防监控系统发展至今，经历了四个阶段，即模拟视频、数字化、网络化、高清化智能化阶段。如图3－2所示。

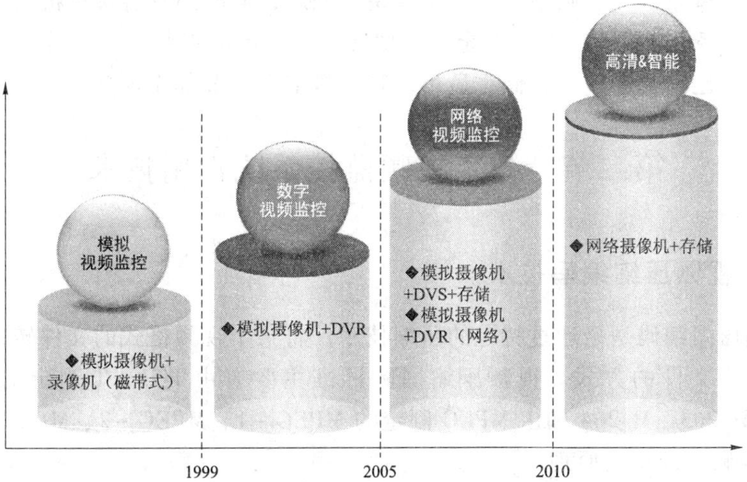

图3－2 视频监控系统发展过程

1. 第一代模拟视频监控系统

第一代视频监控系统是以盒式录像机（VCR，Video Cassette Recorders）为代表的传统 CCTV 系统，系统主要由模拟摄像机、专用电缆、视频切换矩阵、模拟监视器、模拟录像设备和盒式录像带等构成。视频、音频信号的采集、传输、存储均为模拟形式，系统典型特点是：技术成熟、模拟信号质量高；但只适用于较小的地理范围；与信息系统无法交换数据、监控仅限于监控中心；应用的灵活性较差、不易扩展；维护工作繁琐、无法进行远程访问、无法与其他安防系统（如门禁、周界防护等）有效集成；录像质量随着时间的推移将会下降等。

2. 第二代模拟视频监控系统

第二代视频监控系统以硬盘录像机（DVR，Digital Video Recorder）为主要标志性产品，DVR 取代了原来的 VCR，模拟的视频信号由 DVR 实现数字化编码压缩并存储。DVR 在视频存储、检索、浏览等方面实现了飞跃，之后又在网络功能上不断强化。

3. 第三代网络视频监控系统

第三代网络视频监控系统开始于 21 世纪初，主要由网络摄像机（或者模拟摄像机 + 视频编码器）、网络录像机（NVR）、海量存储及平台软件等构成，可以实现视频网络传输、远程调用/播放/控制、大容量存储、智能视频分析等多种功能，典型特点是由原来的集成系统变为分布式、开放式系统，不受地域限制。

4. 第四代高清视频监控系统

高清，是指物理分辨率达到 720p（1 280 * 720）以上。高清解决了传统监控系统图像分辨率低下、画面细节看不清楚等问题，同时还具有摄像机视场覆盖范围广、视频矫正与处理、360 度全景摄像等优点。高清视频监控系统不等同于高清摄像机，还需要传输、存储、显示、管理等诸多环节都实现高清。

第二节　数字视频监控系统常用技术

一、视频压缩编码技术

视频压缩编码是指通过特定的压缩技术，将某个视频格式的文件转换成另一种视频格式文件的方式。视频压缩国际标准主要有由 ITU - T 制定的 H. 261、H. 262、H. 263、H. 264 和由 MPEG 制定的 MPEG - 1、MPEG - 2、MPEG - 4。

1. 视频压缩编码原理

视频图像数据有极强的相关性，即有大量的冗余信息。其中冗余信息可分为空域冗余信息和时域冗余信息。压缩技术就是将数据中的冗余信息去掉（去除数据之间的相关性），压缩技术包含帧内压缩、帧间压缩和熵编码压缩技术。

（1）帧间编码

使用帧间编码技术可去除时域冗余信息，包括：运动补偿、运动表示和运动估计。运动补偿是通过先前的局部图像来预测、补偿当前的局部图像，它是减少帧序列冗余信息的有效方法。运动表示是指不同区域的图像需要使用不同的运动矢量来描述运动信息。运动矢量通过熵编码进行压缩。运动估计是从视频序列中抽取运动信息的一整套技术。（注：通用的压缩标准都使用基于块的运动估计和运动补偿。）

（2）帧内编码

去除空域冗余信息主要使用帧内编码技术和熵编码技术。帧内编码包括变换编码和量化编码。帧内图像和预测差分信号都有很高的空域冗余信息。变换编码将空域信号变换到另一正交矢量空间，使其相关性下降，数据冗余度减小。经过变换编码后，产生一批变换系数，对这些系数进行量化，使编码器的输出达到一定的位率。这一过程会导致精度的降低。熵编码是无损编码。它对变换、量化后得到的系数和运动信息，进行进一步的压缩。

2. 视频压缩编码算法

目前监控中主要采用 MPEG－2、MPEG－4、H.264、MJPEG 等几种视频编码技术。

（1）MPEG－2、MPEG－4

ITU－T 与 ISO/IEC 是制定视频编码标准的两大国际组织，MPEG 系列标准是由 ISO/IEC 制定的，主要应用于视频存储、广播电视、因特网或无线网络的流媒体等。MPEG 是运动图像专家组（Moving Picture ExportsGroup）的缩写，MPEG 组织制定的各个标准都有不同的目标和应用，目前已提出 MPEG－1、MPEG－2、MPEG－4、MPEG－7 和 MPEG－21 标准。

MPEG 组织于 1994 年推出 MPEG－2 压缩标准，以实现视/音频服务与应用互操作的可能性。MPEG－2 标准是针对标准数字电视和高清晰度电视在各种应用下的压缩方案和系统层的详细规定，编码码率为每秒 3Mb～100Mb，标准的正式规范收录在 ISO/IEC13818 中。MPEG－2 编码算法在视频监控中主要应用在高清数字视频监控系统中。

MPEG－4 视频压缩算法相对于 MPEG－1/2 在低比特率压缩上有着显著提高，在 CIF（352＊288）或者更高清晰度（768＊576）情况下的视频压缩，无论从清晰度还是从存储量上都比 MPEG－2 具有更大的优势，也更适合网络传输。

另外 MPEG－4 可以方便地动态调整帧率、比特率，以降低存储量。MPEG－4 由于系统设计过于复杂，使得 MPEG－4 难以完全实现并且兼容，另外对于中国企业来说还要面临高昂的专利费问题，这使得 MPEG－4 很难在监控行业中得以推广。

（2）H. 264

ITU－T 制定的标准包括 H. 261、H. 263、H. 264，主要应用于实时视频通信领域，如视频会议等；H. 262 标准等同于 MPEG－2 的视频编码标准，最新的 H. 264 标准被纳入 MPEG－4 的第10 部分。

H. 264 标准吸取了 MPEG－4 的长处，具有更高的压缩比和更好的信道适应性，具有其他压缩技术无法比拟的优点，例如：① 低码率：与 MPEG－2 和 MPEG－4aASP 压缩技术相比，在同等的图像质量下，采用 H. 264 技术压缩后的数据量只有 MPEG－2 的 1/8、MPEG－4 的 1/3；② 高质量的图像：H. 264 能够提供连续、流畅的高质量图像（DVD 质量）；③ 容错能力强：H. 264 提供了一些必要的工具，用以解决在不稳定的网络环境下发生的丢包等错误；④ 网络适应性强：H. 264 提供了网络适应层，使得 H. 264 的文件很容易在不同的网络上传输（例如互联网、CDMA、GPRS、WCDMA、CDMA2000 等）。

H. 264 目前是视频监控领域中主要应用的压缩编码算法。

（3）MJPEG

MJPEG（Motion JPEG，全名为“Motion Joint Photographic Experts Group”）压缩技术，是基于静态视频压缩发展起来的技术，主要特点是基本不考虑视频流中不同帧之间的变化，只单独对某一帧进行压缩，即只进行一副图像内的帧内压缩，不进行帧间压缩。

MJPEG 压缩技术可以获取清晰度很高的视频图像，可以动态调整帧率、分辨率。但由于没有考虑到帧间变化，造成大量冗余信息被重复存储，因此单帧视频的占用空间较大。

MJPEG 由于其图像清晰度好、细节分辨能力高，适用于对图像清晰度要求高的场合，在存储空间有限、网络带宽有限的情况下，可以通过牺牲帧率来换取更高的图像分辨率。

3. 帧率、码流、分辨率

（1）帧率

一帧就是一副静止的画面，连续的帧就形成动画，如电视图像等。帧率即在 1 秒钟时间里传输的图片的帧数，也可以理解为图形处理器每秒钟能够刷新几次，通常用 fps（Frames Per Second）表示。每一帧都是静止的图像，快速连续地显示帧便形成了运动的假象。高的帧率可以得到更流畅、更逼真的动画。每秒钟帧数（fps）愈多，所显示的动作就会愈流畅。

（2）码流

码流（Data Rate），是指视频文件在单位时间内使用的数据流量，也叫码率，是视频编码中画面质量控制中最重要的部分。同样分辨率下，视频文件的码流越大，压缩比就越小，画面质量就越高。码流又分为固定码流和可变码流。

（3）分辨率

视频分辨率是指一幅图像能分解成多少个像素所组成，国际标准是按其水平和垂直的像素点的乘积来表征的。常见的视像分辨率有 352×288，176×144，640×480，1 024×768。

分辨率是数字监控产品中一项重要的技术指标，它在很大程度上决定了产品的性能（清晰度、存储量、带宽）和价格。CIF 是常用的标准化图像格式（Common Intermediate Format）。下表 3－1 为 5 种 CIF 图像格式的参数说明。

表 3－1　　图像格式参数说明

图像格式	亮度取样的像素个数（dx）	亮度取样的行数（dy）	色度取样的像素个数（dx/2）	色度取样的行数（dy/2）
Sub－QCIF	128	96	64	48
QCIF	176	144	88	72
CIF	352	288	176	144
4CIF	704	576	352	288
16CIF	1 408	1 152	704	576

Sub－QCIF 和 QCIF 的优点是存储量低，可以在窄带中使用，使用这种分辨率的产品价格低廉；缺点是图像质量较差、不被用户所接受。

CIF 是目前监控行业的主流分辨率，它的优点是存储量较低，能在普通宽带网络中传输，价格也相对低廉，它的图像质量较好，被大部分用户所接受。缺点是图像质量不能满足高清晰的要求。

4CIF（D1）是标清分辨率，它的优点是图像清晰，缺点是存储量高、网络传输带宽要求很高。随着对图像清晰度的要求越来越高，监控行业的分辨率越来越朝 D1 方向发展。

（4）帧率、码流、分辨率的关系

帧率是每秒图像的数量，分辨率表示每幅图像的尺寸即像素数量，码流是经过视频压缩后每秒产生的数据量，而压缩是去掉图像的空间冗余和视频的时间冗余，所以，对于静止的场景，可以用很低的码流获得较好的图像质量，而对于剧烈运动的场景，可能用很高的码流也达不到好的图像质量，所以设置帧率表示需要的实时性，设置分辨率是需要的图像尺寸大小（或清晰度），而码率的设置取决于摄像机及场景的情况，通过现场调试，直到取得一个可以接受的图像质量，就可以确定码流大小。同样分辨率下，视频文件的码流越大，压缩比就越小，画面质量就越高。三者间的关系见下图 3－3。

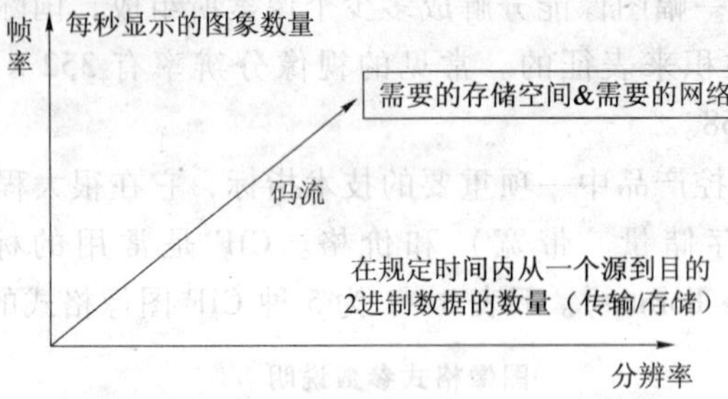

图 3－3　帧率、码流、分辨率的关系

4. 数字电视系统格式标准

视频监控系统中经常用 D1 来表示图像设备的清晰度要求，其实 D1 是日本数字电视系统显示格式的标准，共分为以下 5 种规格。后缀 “i” 和 “p” 分别表示隔行扫描和逐行扫描。

D1：480i 格式（525i）：720 ×480（水平 480 线，隔行扫描），和 NTSC 模拟电视清晰度相同，行频为 15.25kHz，相当于我们所说的 4CIF（720 ×576）；

D2：480P 格式（525p）：720 ×480（水平 480 线，逐行扫描），较 D1 隔行扫描要清晰，和逐行扫描 DVD 规格相同，行频为 31.5kHz；

D3：1 080i 格式（1 125i）：1 920 ×1 080（水平 1 080 线，隔行扫描），高清方式采用最多的一种分辨率，分辨率为 1 920 ×1 080i/60Hz，行频为 33.75kHz；

D4：720p 格式（750p）：1 280 ×720（水平 720 线，逐行扫描），虽然分辨率较 D3 要低，但是因为逐行扫描，感觉相对于 1 080i（实际逐次 540 线）视觉效果更加清晰；

D5：1 080p 格式（1 125p）：1 920 ×1 080（水平 1 080 线，逐行扫描），目前民用高清视频的最高标准，分辨率为 1 920 ×1 080P/60Hz，行频为 67.5KHZ。

二、网络视频传输与交换技术

1. 网络传输协议

(1) OSI 模型介绍

OSI 模型，即开放式通信系统互联参考模型（Open System Interconnection, OSI/RM, Open Systems Interconnection Reference Model），是国际标准化组织（ISO）提出的一个试图使各种计算机在世界范围内互连为网络的标准框架，简称 OSI。ISO 将整个通信功能划分为七个层次，分别是：

第 1 层 - 物理层：处于 OSI 参考模型的最底层。物理层的主要功能是利用物理传输介质为数据链路层提供物理连接，以便透明地传送比特流。

第 2 层 - 数据链路层：在此层将数据分帧，并处理流控制。屏蔽物理层，为网络层提供一个数据链路的连接，在一条有可能出差错的物理连接上，进行几乎无差错的数据传输。本层指定拓扑结构并提供硬件寻址。

第 3 层 - 网络层：本层通过寻址来建立两个节点之间的连接，为源端的运输层送来的分组，选择合适的路由和交换节点，正确无误地按照地址传送给目的端的运输层。它包括通过互联网络来路由和中继数据。

第 4 层 - 传输层：常规数据递送 - 面向连接或无连接。为会话层用户提供一个端到端的可靠、透明和优化的数据传输服务机制。包括全双工或半双工、流控制和错误恢复服务。

第 5 层 - 会话层：在两个节点之间建立端连接。为端系统的应用程序之间提供了对话控制机制。此服务包括建立连接是以全双工还是以半双工的方式进行设置，尽管可以在层 4 中处理双工方式。

第 6 层 - 表示层：主要用于处理两个通信系统中交换信息的表示方式。为上层用户解决用户信息的语法问题。它包括数据格式交换、数据加密与解密、数据压缩与恢复等功能。

第 7 层 - 应用层：OSI 中的最高层。为特定类型的网络应用提供了访问 OSI 环境的手段。应用层确定进程之间通信的性质，以满足用户的需要。应用层不仅要提供应用进程所需要的信息交换和远程操作，而且还要作为应用进程的用户代理，来完成一些为进行信息交换所必需的功能。

(2) TCP 与 UDP 协议

TCP 与 UDP 协议是网络 OSI 模型中传输层的协议，传输控制协议 TCP（Transmission Control Protocal）是面向连接的网络协议，用户数据报文协议 UDP（User Datagram Protocal）是面向无连接的协议。

TCP是面向连接而且内置重发机制的协议，在双方收发数据前，需要建立“握手”连接才发送数据，因此提供可靠的通信连接；而在对方收到数据后如果发现有损坏的数据包，会要求重新发送。因此TCP能够提供可靠的连接，但效率不高。

UDP是非面向连接且无内置重发机制的协议，在通信前不需要先与对方建立连接而直接发送，因此不能提供可靠的通信连接，发送到对方的数据即使丢失、损坏，也不需要重发，因此传输效率高但可靠性差。

(3) RTP与RTCP协议

实时传输协议RTP（Realtime Transport Protocol）：是用于多媒体数据流在网络上传输的一种传输协议。RTP被定义为在一对一或一对多的传输情况下工作，其目的是提供时间信息和实现流同步。RTP的典型应用建立在UDP上，但也可以在TCP或ATM等其他协议之上工作。RTP本身只保证实时数据的传输，并不能为按顺序传送数据包提供可靠的传送机制，也不提供流量控制或拥塞控制，它依靠RTCP提供这些服务。

实时传输控制协议RTCP（Realtime Transport Control Protocol）：和RTP一起提供流量控制和拥塞控制服务。负责管理传输质量在当前应用进程之间交换控制信息。在RTP会话期间，各参与者周期性地传送RTCP包，包中含有已发送的数据包的数量、丢失的数据包的数量等统计资料，因此，服务器可以利用这些信息动态地改变传输速率，甚至改变有效载荷类型。RTP和RTCP配合使用，能以有效的反馈和最小的开销使传输效率最佳化，故特别适合传送网上的实时数据。

(4) RTSP与RSVP协议

① RTSP

RTSP（Real Time Streaming Protocol），实时流传输协议，定义了一对多应用程序如何有效地通过IP网络传送多媒体数据。RTSP在体系结构上位于RTP和RTCP之上，它使用TCP或RTP完成数据传输。HTTP与RTSP相比，HTTP传送HTML，而RTSP传送的是多媒体数据。HTTP请求由客户机发出，服务器作出响应；使用RTSP时，客户机和服务器都可以发出请求，即RTSP可以是双向的。RTSP提供了一个可扩展框架，使实时数据，如视频音频的受控、点播成为可能。

② RSVP

资源预留协议（Resorce ReSerVation Protocal）并不是路由协议，而是一种IP网络中的信令协议，它与路由协议相结合来实现对网络传输服务质量（QoS）的控制。RSVP用于在流（flow）所经路径上为该流进行资源预留，从而满足该流的 QoS 要求。

RSVP 允许路由器网络任何一端上终端系统或主机在彼此之间建立保留带宽路径，为网络上的数据传输预定和保证 QoS。它对于需要保证带宽和时延的业务，如语音传输，视频会议等具有十分重要的作用。

（5）网管协议 SNMP

SNMP（Simple Network Management Protocol，简单网络管理协议）的前身是简单网关监控协议（SGMP），用来对通信线路进行管理。随后，人们对 SGMP 进行了很大的修改，特别是加入了符合 Internet 定义的 SMI 和 MIB 体系结构，改进后的协议就是著名的 SNMP。SNMP 的目标是管理互联网 Internet 上众多厂家生产的软硬件平台，因此 SNMP 受 Internet 标准网络管理框架的影响也很大。现在 SNMP 已经出到第三个版本的协议。SNMP 设计简单，扩展灵活，可以应用在不同的终端设备商。SNMP 采用 UDP 协议，因此传输效率高。但是 SNMP 的安全性稍弱，不支持业务部署功能，不适合管理大量的用户终端。

2. 组播技术介绍

当前的网络中有三种通讯模式：单播、广播、组播（多播），其中的组播出现时间最晚但同时具备单播和广播的优点，最具有发展前景。

（1）单播

主机之间“一对一”的通讯模式，网络中的交换机和路由器对数据只进行转发不进行复制。如果 10 个客户机需要相同的数据，则服务器需要逐一传送，重复 10 次相同的工作。但由于其能够针对每个客户的及时响应，所以现在的网页浏览全部都是采用 IP 单播协议。网络中的路由器和交换机根据其目标地址选择传输路径，将 IP 单播数据传送到其指定的目的地。

单播的优点：

① 服务器及时响应客户机的请求；

② 服务器针对每个客户不通的请求发送不通的数据，容易实现个性化服务。

单播的缺点：

① 服务器针对每个客户机发送数据流，服务器流量 = 客户机数量 × 客户机流量；在客户数量大、每个客户机流量大的流媒体应用中服务器不堪重负；

② 现有的网络带宽是金字塔结构，城际省际主干带宽仅仅相当于其所有用户带宽之和的 5% 。如果全部使用单播协议，将造成网络主干不堪重负。

（2）广播

主机之间“一对所有”的通讯模式，网络对其中每一台主机发出的信号都进行无条件复制并转发，所有主机都可以接收到所有信息（不管是否需要），由于其不用路径选择，所以其网络成本可以很低廉。有线电视网就是典型的广播型网络。

广播的优点：

① 网络设备简单，维护简单，布网成本低廉；

② 由于服务器不用向每个客户机单独发送数据，所以服务器流量负载极低。

广播的缺点：

① 无法针对每个客户的要求和时间及时提供个性化服务；

② 网络允许服务器提供数据的带宽有限，客户端的最大带宽 = 服务总带宽；

③ 广播禁止在 Internet 宽带网上传输。

(3) 组播

主机之间"一对一组"的通讯模式，也就是加入了同一个组的主机可以接受到此组内的所有数据，网络中的交换机和路由器只向有需求者复制并转发其所需数据。主机可以向路由器请求加入或退出某个组，网络中的路由器和交换机有选择的复制并传输数据，即只将组内数据传输给那些加入组的主机。这样既能一次将数据传输给多个有需要（加入组）的主机，又能保证不影响其他不需要（未加入组）的主机的其他通讯。

组播的优点：

① 需要相同数据流的客户端加入相同的组共享一条数据流，节省了服务器的负载。具备广播所具备的优点；

② 由于组播协议是根据接受者的需要对数据流进行复制转发，所以服务端的服务总带宽不受客户接入端带宽的限制。IP 协议允许有 2 亿 6 千多万个（268435456）组播，所以其提供的服务可以非常丰富。

③ 此协议和单播协议一样允许在 Internet 宽带网上传输。

组播的缺点：

① 与单播协议相比没有纠错机制，发生丢包错包后难以弥补，但可以通过一定的容错机制和 QoS 加以弥补。

② 现行网络虽然都支持组播的传输，但在客户认证、QoS 等方面还需要完善，这些缺点在理论上都有成熟的解决方案，只是需要逐步推广应用到现存网络当中。

3. 流媒体技术

(1) 流媒体概念

流媒体是指在 Internet 上以数据流的方式实时发布音频、视频多媒体内容的媒体，而流媒体技术则是在 IP 网络上发布多媒体数据流的技术。

(2) 在视频监控系统中的应用

实时视频监视与录像回放是视频监控的两大重要基本业务，其本质是将视频源上的多媒体数据传送到视频接收端。实时视频监视要求完成视频的实时传输，具有很强的实时性；录像回放则类似于 VOD 业务，具有一定的实时性，要求画面清晰流畅，并且能完成各种播放控制操作。

流式传输及流媒体（Streaming Media）是为了解决信息传输实时性问题而开发的。流式传输主要指通过网络传输媒体（如音频、视频等）的技术总称，其特定含义为通过网络将音视频等信息传输到用户终端播放时，无须等全部文件下载完毕才可播放，而是将连续的音视频信息压缩后放于服务器，用户终端播放时只要将开始部分的内容存入其内存，其余数据流由用户终端在后台继续接收并播放，直至播放完毕或用户中止操作。这样，用户播放媒体的等待时间将显著减少，且无须太大缓存。

流媒体主要有两种应用：直播（实时播放）和点播（录像）。在视频监控系统中主要应用直播方式，即实时将网络摄像机、编码器或 NVR 转发过来的视频流分发给远程多个用户，也可以使用流媒体视频服务器来进行中转。由于流媒体视频服务器采用特殊结构，因此完全胜任大规模并发支持。

流媒体技术解决了网络视频监控系统中带宽问题和多用户并发访问问题。

4. SIP 协议介绍

视频监控系统在向网络化、分布化、集成化方向发展的过程中，对系统间的互联互通需求越来越高，视频监控系统的互联互通需要网络控制协议的支持。会话初始协议 SIP（Session InititationProtocal）作为基于互联网环境中的一种信令控制协议，具有可扩展、灵活、可重用的特质，在大规模 IP 视频监控系统中，可以满足联网、分布部署等需求。SIP 是应用层的信令控制协议，用于创建、修改和释放一个或多个参与者的会话，各个成员间可以通过单播、组播或两者结合的方式进行交互。

三、网络视频监控存储技术

伴随着网络视频监控技术的发展，视频数据存储的需求越来越高，利用存储系统实现视频数据的高速、海量、可靠存储并方便管理与维护是存储技术在视频监控系统中应用的关键。

（一）网络视频存储需求

存储系统的主要性能指标是容量、传输带宽、访问速度、成本等因素。

1. 存储带宽需求

视频监控系统存储服务器的核心工作是将视频码流写入磁盘，需要按照计划的码流值来考虑存储带宽需求。需要考虑的指标如下。

(1) 系统中共有多少个视频通道需要存储；

(2) 视频存储方式，如 24 小时存储、预置时间表存储或报警触发存储方式等；

(3) 通道的码流大小，可以由帧率和分辨率情况参考；

(4) 视频读写百分比，即进行存储同时视频回放的百分比。

2. 存储容量的需求

存储系统的一个最重要指标就是存储容量，需要考虑因素如下。

(1) 系统中共有多少个视频通道需要存储；

(2) 视频存储方式，如 24 小时存储、预置时间表存储或报警触发方式等；

(3) 通道的码流大小，可以由帧率与分辨率情况参考，如 4CIF@ RT 可以按 2M 计算。

3. 磁盘 IO 性能

视频监控系统应用中主要是以一定码流多路并发写入数据到磁盘中，并伴有随机读取应用。因此需要考虑磁盘的数据吞吐率。

4. 视频存储的可靠性

视频监控存储系统要求系统具有高可靠性，时刻都能调用所需录像。目前提高视频数据可靠性的方法如下。

◇ 分散存储、中央备份方式；

◇ 分散存储、重点录像备份方式；

◇ 存储服务器的冗余技术，以保证无间断工作；

◇ 磁盘阵列控制器的冗余技术；

◇ 磁盘的冗余技术，如采用各种 RAID 机制；

◇ 磁盘的在线更换机制，通常采用热备盘实现故障的自动更换；

◇ 采用 NVR 冗余备份技术提高可靠性。

(二) 网络视频存储技术的发展

存储在视频监控领域的发展与视频监控本身的发展有着密切的联系。视频监控经历了模拟、数字、网络三个阶段，存储在视频监控领域的应用也经历了模拟、数字、网络这三个阶段。

1. 模拟存储

模拟存储的典型设备是磁带录像机（VCR），录像带存储容量受到限制且图像检索繁琐，无法实现远程调用，另外，在保存时间、系统维护等方面也都有着明显的缺陷。

2. 数字存储

数字存储最典型的应用是数字硬盘录像机（DVR），采用内置大容量硬盘的方式进行图像存储。数字存储在保存时间、图像检索、系统维护以及远程调用方面都有了根本性的变化。

3. 网络存储

网络视频监控系统从两个方面对存储提出了网络化的要求：一是部署和访问上的网络化，考虑到流量和存储空间的合理分配，存储设备在整个系统中的部署位置将趋于分布化和前端化，而从便于用户统一访问的角度，系统中所有存储空间对用户都应该是透明的，用户仅需通过一个接口即可访问所有存储资源；二是存储设备本身的网络化，网络视频监控非常适合大型监控联网应用，为了满足大容量集中存储的需求，存储设备本身要采用先进的网络存储技术以保证空间扩展的灵活性。

目前以 DAS、NAS、SAN（将在下面介绍）及流式 NVR 存储等方案为主流应用。

（三）存储单元介绍

1. 存储硬盘的接口

硬盘的分类主要是根据其物理接口（即硬盘接入到硬盘控制器上的硬件接口）分为 IDE 接口、SATA 接口、SCSI 接口和 FC 接口硬盘。

（1）IDE 接口

IDE（ATA/PATA）接口硬盘由于转速低，可靠性差且无法支持热插拔等缺点，目前多用于 PC 工作站和低端服务器，少量用于对性能、可靠性、容量和扩展性要求不高的低端磁盘阵列。

（2）SATA 接口

海量数据存储采用的磁盘阵列的磁盘介质主要有 SATA、SCSI 和 FC 三种。SATA 接口，即 Serial ATA，串行 ATA 接口，采用串行连接方式，串行 ATA 总线使用嵌入式时钟信号，具备了更强的纠错能力，还具有结构简单、支持热插拔等特点。

（3）SCSI 接口

SCSI 即小型计算机系统接口，一种特殊的总线接口，具备与多种外设进行通信的能力。SCSI 并不是专门为硬盘设计的接口，是一种广泛应用于小型机上的高速数据传输技术。SCSI 接口具有应用范围广、多任务、带宽大、CPU 占用率低，以及支持热插拔等优点。SCSI 主要应用于中、高端服务器和高档工作站中。

iSCSI 技术是一种新的储存技术，该技术是将现有 SCSI 接口与以太网络（Ethernet）技术结合，使服务器可与使用 IP 网络的储存装置互相交换资料。

（4）FC 接口

FC 接口即光纤通道，与 SCSI 一样，最初的思路是为网络系统而不是针对硬盘开发的接口技术。随着存储系统速度需求的提升，逐步应用到硬盘接口中。光纤通道的主要特性有：热插拔性、高速带宽、远程连接、连接设备数量大等，能满足高端工作站、服务器、海量存储子系统、外设间通过集线器、交换机和点对点连接进行双向、串行数据通讯等系统对高速数据传输率的要求。

2. RAID 技术介绍

RAID 是“Redundant Array of Independent Disk”的缩写，中文意思是独立冗余磁盘阵列，简称磁盘阵列，就是将多块独立硬盘（物理硬盘）按不同方式组合起来形成一个硬盘组（逻辑硬盘），从而提供比单个硬盘更高的存储性能并提供数据冗余的技术，提高传输速率和提供容错功能是最大的优点。

组成磁盘阵列的不同方式称为 RAID 级别，RAID 技术经过不断发展，主要经历了从 RAID0 到 RAID6 的七种基本的 RAID 级别，不同级别代表着不同的存储性能、数据安全和存储成本。

数据冗余的功能是在用户数据一旦发生损坏后，利用冗余信息可以使坏数据得以恢复，从而保障了用户数据的安全性。

RAID 技术的发展过程如下：

◇ RAID0：磁盘条带化，无容错能力；

◇ RAID1：磁盘镜像，100% 数据冗余；

◇ RAID2&4：没有广泛商业化应用的技术；

◇ RAID3：并行读写，采用专用校验磁盘；

◇ RAID6：并行读写，分布磁盘校验。

3. DAS、NAS 和 SAN

相对于模数结合的第二代视频监控系统的 DVR 存储方式，网络视频监控系统采用更新的存储技术：DAS、NAS 和 SAN（包括 IP－SAN 和 FC－SAN）存储监控数据。

（1）直接附加存储（DAS）

DAS（Direct Attached Storage，直接附加存储），是指将存储设备通过 SCSI 线缆或光纤通道直接连接到服务器上。一个 SCSI 环路或称为 SCSI 通道可以挂载最多 16 台设备，FC 可以在仲裁环的方式下支持 126 个设备。

DAS 方式实现了机内存储到存储子系统的跨越，但是缺点依然有很多：

① 扩展性差，服务器与存储设备直接连接的方式导致出现新的应用需求时，只能为新增的服务器单独配置存储设备，造成重复投资。

② 资源利用率低，DAS 方式的存储长期来看存储空间无法充分利用，存在浪费。不同的应用服务器面对的存储数据量是不一致的，同时业务发展的状况也决定存储数据量的变化。因此，出现了部分应用对应的存储空间不够用，另一些却有大量的存储空间闲置。

③ 可管理性差，DAS 方式数据依然是分散的，不同的应用各有一套存储设备。管理分散，无法集中。

④ 异构化严重，DAS 方式使得在不同阶段采购了不同型号不同厂商的存储设备，设备之间异构化现象严重，导致维护成本居高不下。

（2）网络附加存储（NAS）

NAS（Network Attached Storage—网络附加存储），是一种文件共享服务。拥有自己的文件系统，通过 NFS 或 CIFS 对外提供文件访问服务。

NAS 包括存储器件（例如硬盘驱动器阵列、CD 或 DVD 驱动器、磁带驱动器或可移动的存储介质）和专用服务器。专用服务器上装有专门的操作系统，通常是简化的 unix/linux 操作系统，或者是一个特殊的 win2000 内核。它为文件系统管理和访问做了专门的优化。专用服务器利用 NFS 或 CIFS，充当远程文件服务器，对外提供文件级的访问。

NAS 的优点：

① NAS 可以即插即用。

② NAS 通过 TCP/IP 网络连接到应用服务器，因此可以基于已有网络方便连接。

③ 专用的操作系统支持不同的文件系统，提供不同操作系统的文件共享。

④ 经过优化的文件系统提高了文件的访问效率，也支持相应的网络协议。即使应用服务器不再工作了，仍然可以读出数据。

NAS 的缺点：

① NAS 设备与客户机通过网络进行连接，因此数据备份或存储过程中会占用网络的带宽。这必然会影响网络上的其他网络应用；共用网络带宽成为限制 NAS 性能的主要问题。

② NAS 的可扩展性受到设备大小的限制。增加另一台 NAS 设备非常容易，但是要想将两个 NAS 设备的存储空间无缝合并并不容易，因为 NAS 设备通常具有独特的网络标识符，存储空间的扩大上有限。

(3) 存储区域网络（SAN）

SAN（Storage Aera Network）存储区域网络，是一种通过网络方式连接存储设备和应用服务器的存储构架，这个网络专用于主机和存储设备之间的访问。当有数据的存取需求时，数据可以通过存储区域网络在服务器和后台存储设备之间高速传输。

SAN 的组成：SAN 由服务器、后端存储系统、SAN 连接设备。后端存储系统由 SAN 控制器和磁盘系统构成，控制器是后端存储系统的关键，它提供存储接入，数据操作及备份，数据共享、数据快照等数据安全管理，及系统管理等一系列功能。后端存储系统为 SAN 解决方案提供了存储空间。使用磁盘阵列和 RAID 策略为数据提供存储空间和安全保护措施。连接设备包括交换机，HBA 卡和各种介质的连接线。

SAN 存储方式又分 IP－SAN 和 FC－SAN。IP－SAN 架构于 IP 网络的存储网络，整体系统成本较低，但性能受限于网络性能，是目前视频监控行业多采用的解决方案。FC－SAN 构架于光纤网络，单通道传输速率可达 4Gbit/s，高性能、易于扩展、几近无限的扩充能力，是海量存储的理想选择，已经成为行业存储架构的标准。但成本高。

SAN 的优点：

① 设备整合，多台服务器可以通过存储网络同时访问后端存储系统，不必为每台服务器单独购买存储设备，降低存储设备异构化程度，减轻维护工作量，降低维护费用；

② 数据集中，不同应用和服务器的数据实现了物理上的集中，空间调整和数据复制等工作可以在一台设备上完成，大大提高了存储资源利用率；

③ 高扩展性，存储网络架构使得服务器可以方便地接入现有 SAN 环境，较好的适应应用变化的需求；

④ 总体拥有成本低，存储设备的整合和数据集中管理，大大降低了重复投资率和长期管理维护成本。

第三节 视频监控系统常见设备

一、前端设备

(一) 摄像机

视频监控中，视频的采集和输出主要是由摄像机完成。摄像机的主要作用是将被摄体的光信号变成电信号，然后送入系统的传输部分进行传送。

1. 工作原理

摄像机的主要光电转换部件是电耦合器件（Charge Couple Device，CCD），它能够将光信号变为电荷信号并可将电荷存储及转移，是理想的摄像元件。CCD的工作原理是：被摄物体反射的光线传播到镜头，经镜头聚焦到 CCD 芯片上，CCD 根据光的强弱积聚相应的电荷，各个像素积累的电荷在视频时序的控制下，逐点外移，经滤波、放大处理后，形成视频信号输出。

2. 摄像机分类

◇ 根据外形分：枪式摄像机、半球摄像机、快球摄像机；

◇ 根据色彩分：黑白摄像机、彩色摄像机、黑白转彩色摄像机等；

◇ 根据 CCD 靶面尺寸分：1/3、1/4、1/2 和 1 英寸等；

◇ 根据照度分：一般照度、低照度、星光型摄像机等；

◇ 根据同步方式分：内同步、外同步、电源同步等。

3. 摄像机主要技术参数

① CCD 尺寸

CCD 主要尺寸有 1/3、1/4、1/2 和 1 英寸，通常监控用摄像机多为 1/3 和 1/4 英寸。

② 清晰度

清晰度是指人眼看到的宏观图像的清晰程度，是由系统和设备的客观性能的综合因素造成的人们对最终图像的主观感觉。评估摄像机清晰度的指标是水平分辨率，其单位是电视线（TVLine），即成像后在水平方向上最高可以分辨的黑白“线对”的数目。其值越大越清晰。图像清晰度与 CCD 和镜头有关，与摄像机电路通道的频带宽度直接相关（通常规律是 1M 的频带宽度相当于清晰度 80TVLine）。

③ 分辨率

分辨率是指在视频摄录、传输和显示过程中所使用的图像质量指标，或显示设备自身具有的表现图像细致程度的固有屏幕结构。分辨率的单位是“像素点数”，代表水平行和垂直列的像素数目，如 1 024 ×768，分辨率越高，图像质量越好。

④ 最低照度

照度是反映光照强度的单位，其物理意义是照射到单位面积上的光通量，单位是每平方米的流明数（Lm），也叫做勒克斯（Lux/Lx）：$1Lx = 1Lm/m^2$。最低照度是测量摄像机感光度的一种方法，即标称摄像机能在多黑的条件下还可以看到可用的影像。通常用最低环境照度来表明摄像机的灵敏度。监控中比较规范的最低照度的表示方法为：0.25Lux/F1.4/50IRE/AGC ON，这表示使用 F1.4 的镜头，摄像机输出的视频信号幅值为最大幅值的 50%（即 350mv，标准视频信号最大幅值为 700mv），自动增益开，所需要的最低环境照度为 0.25Lx。

黑白摄像机的灵敏度一般在 0.01 – 0.5Lx 之间，彩色摄像机多在 0.1Lx 以上。

一般情况下的环境照度参考值如下：夏日阳光下为 100 000Lx，晴间多云为 10 000Lx，阴雨天为 1 000Lx，全月晴空为 0.1Lx。

不同监控现场的环境照度参照值见表 3 – 2。

表 3 – 2　　几种不同监控现场的环境照度参考值

监控现场		环境照度
银行	大厅	20Lux
	办公室	50Lux
	配有灯光或红外光的金库	20 – 50Lux
工厂的生产线	光线比较好的	100 – 300Lux
	光线比较暗的	20Lux
	光线适中	50Lux
其他场所	饭厅	10Lux
	医院房间	50Lux
	医院手术台	1 800Lux
	试验台	50Lux
	室外停车场	1Lux（晚）
	室内停车场	5Lux（微弱灯光）
	走廊（含宾馆）	5Lux

⑤ 信噪比

信噪比是指信号电压对于噪声电压的比值，通常用 S/N 来表示，单位为分贝（dB）。信噪比也是摄像机的一个重要参数。当摄像机摄取较亮场景时，监视器显示的画面通常比较明快，观察者不易看出画面中的干扰噪点；而当摄像机摄取较暗的场景时，监视器显示的画面就比较昏暗，观察者此时很容易看到画面中雪花状的干扰噪点。干扰噪点的强弱（也即干扰噪点对画面的影响程度）与摄像机信噪比指标的好坏有直接关系，即摄像机的信噪比越高，干扰噪点对画面的影响就越小。CCD 摄像机信噪比的典型值一般为 45 - 48dB。

⑥ 自动增益控制

自动增益控制即 AGC（Automatic Gain Control）。所有摄像机都有一个将来自 CCD 的信号放大到“可以使用水准”的视频放大器，其放大倍数即增益。利用摄像机的自动增益控制电路去探测视频信号的电平，适时的开关 AGC，从而使摄像机能够在较大的光照范围内工作，产生动态范围，即在低照度时自动增加摄像机灵敏度，从而提高图像信号的强度来获得清晰的图像。

⑦ 背光补偿

背光补偿也称作逆光补偿或逆光补正，它可以有效补偿摄像机在逆光环境下拍摄时画面主体黑暗的缺陷。

⑧ 自动光圈

摄像机通常都是在大范围光照度变化的场合应用的，因此，为保证 CCD 摄像机能够正确曝光成像，就必须随时调整镜头的光圈，以保证电视图像不出现“限幅”现象，否则可能使图像亮处失去灰度层次，或因通光量减小而使画面灰暗且出现噪点。然而摄像机位置一旦固定下来以后，每天去手动调整光圈是非常不便的，只有使摄像机能够附带自动光圈功能（提供驱动自动光圈镜头的接口），才能在配接自动光圈镜头的情况下，使摄像机输出的视频图像信号自动地保持在标准状态。

标准 CCD 摄像机大都带有驱动自动光圈镜头的接口，根据驱动方式分为视频驱动和直流驱动。视频驱动（Video Drive，简称 VD）方式是指摄像机将视频信号电平输出到自动光圈镜头的内部，再由其内部的驱动电路输出控制电压使镜头的光圈调整电机转动；直流驱动（DC Drive，简称 DD）方式则是指摄像机内部增加了镜头光圈电机的驱动电路，可以直接输出直流控制电压到镜头内的光圈电机并使其转动，这种方式有时也称直接驱动（Direct Drive）。

⑨ 电子快门

电子快门（Electronic Shutter）是参照照相机的机械快门功能提出的一个术语，它相当于控制 CCD 图像传感器的感光时间。由于 CCD 感光的实质是信号电荷的积累，则感光时间越长，信号电荷的积累时间也就越长，输出信号电流的幅值也就越大。通过调整光生信号电荷的积累时间（即调整时钟脉冲的宽度），即可实现控制 CCD 感光时间的功能。

⑩ 白平衡

白平衡是彩色摄像机的一个极重要的概念。所谓白平衡，就是摄像机对白色物体的还原。摄像机没有人眼的适应性，在不同的光线下，由于 CCD 输出的不平衡性，造成摄像机彩色还原失真，图像偏蓝或者偏红。白平衡就是对不同的色温进行补偿，从而真实地还原拍摄物体的色彩。

⑪ 宽动态范围

即 WDR（Wide Dynamic Range）。当在强光源照射下的高亮度区域及阴影、逆光等相对亮度较低的区域在一幅图像中同时存在时，摄像机输出的图像会出现明亮区域因曝光过度成为白色，而黑暗区域因曝光不足成为黑色，严重影响图像质量。动态范围就是指摄像机对拍摄场景中景物光照反射的适应能力，具体指亮度反差及色温反差的变化范围。

传统摄像机的动态范围只有 3:1，现在的宽动态摄像机动态范围超出了几十倍。宽动态范围使用的技术有：数字拐点技术、双速 CCD 技术、超级背光补偿技术等。

4. 监控摄像机类型及适用场合

在视频监控行业，最典型的摄像机分类方式是从外形上分：枪机、半球、快球（又称高速球或智能球）和 PTZ 枪式摄像机。各种类型摄像机的特点、基本功能和使用场合如下表 3－3。

表 3－3　　监控摄像机分类及特点、适用场合

种类	特　点	重点指标	适用场所	备注（图片）
固定枪机	机身、镜头和防护罩均独立，通用性和灵活性最强，可灵活选择合适镜头、护罩等外设。	和镜头的接口类型、自动光圈的驱动方式。	室内/室外均可，常用于走廊、电梯厅、各类出入口、银行柜台、地下停车场、道路交通等固定方向和视野的场景； 配合调焦镜头，可用于局部细节要求高的场合； 配合云台，可增大摄像机拍摄视野。	需配支架，美观、安装简便 
半球	机身、镜头和防护罩成一体。	镜头焦距范围（决定拍摄距离和视野范围）。	适用于有吊顶的室内场所。 固定方向或要求美观或隐蔽的场景。	无需配支架安装 

续表

种类	特　点	重点指标	适用场所	备注（图片）
快球	机身、镜头、云台、防护罩成一体； 根据云台转速分低\中\高速球机； 镜头可变倍变焦、可自动聚焦。	云台转速、预置位\巡航点位数、镜头变焦范围、智能视频功能。	一般用于室内外大范围、情况复杂的监控场所； 需要摄像机转动和跟踪的场景； 大堂\出入口等重要位置和讲究美观的户外场景。	配合支架安装 
PTZ枪机	机身、镜头、云台、防护罩、云台成一体； 镜头可变倍变焦、可自动聚焦。	云台转速、镜头变焦范围、红外夜视功能。	一般用于超大范围的室外监控，如铁路、机场、公路、码头等； 具有红外补灯的防护罩，可以实现昼夜监视。	配合支架安装 

（二）网络摄像机

网络摄像机（简称 IPC），是一种结合传统摄像机与网络技术所产生的新一代摄像机，通常采用嵌入式架构，集视音频采集、信号处理、编码压缩、智能分析、缓冲存储及网络传输等多种功能，结合录像系统及管理平台，可以构成大规模、分布式的智能网络视频监控系统。

1. IPC 功能

网络摄像机通常都具备以下功能：

◇ 视音频编码：采集并编码压缩视音频信号；

◇ 网络功能：编码压缩的视音频信号经过网络进行传输；

◇ 云台、镜头控制功能：通过网络控制云台、镜头的各种动作；

◇ 缓存功能：把压缩的视音频数据临时存在本地的存储介质中；

◇ 报警输入输出：接受、处理报警输入/输出信号，具备报警联动功能；

◇ 移动检测报警：检测场景内的移动并产生报警；

◇ 视频分析：自动对视频场景进行分析、比对预设原则并触发报警；

◇ 视觉参数调节：饱和度、对比度、色度、亮度等视觉参数的调整；

◇ 编码参数调节：帧率、分辨率、码流等编码参数可以调整；

◇ 系统集成：可以与视频管理平台集成，实现大规模系统监控。

2. IPC 技术特点

网络摄像机是在模拟摄像机的基础上集成了视频压缩和网络处理模块，兼具模拟摄像机和视频服务的技术特点。

① 视频压缩

视频压缩是网络摄像机最基本的技术要求，通常采用 MPEG－2、MJPEG、MPEG－4 和 H. 264 等标准，其中以 H. 264 为主流。

② 高度集成

网络摄像机已不仅仅具备传统模拟摄像机图像采集功能，它已经是一个前端处理系统，具备相当丰富的异构总线接入功能，如 VOIP、报警器、RS－232/485 串行设备的接入等等，除此以外，还可以将移动侦测、视频丢失、镜头遮盖、存储异常等报警信号通过网络发送给后端。网络摄像机可内嵌存储系统 SD 卡，SD 卡可作为网络故障时图像的暂存设备。SD 卡的另外一个用处是将重要的报警图像进行本地存储，同时上传后端，这样不会因为网络的不可靠传输导致视频数据的丢失。

③ 以太网供电（PoE）

PoE（Power Over Ethernet）是指在现有的以太网 Cat. 5 布线基础架构不作改动的情况下，除了为一些基于 IP 的终端（如 IP 电话机、网络摄像机等）传输数据信号的同时，还能为此类设备提供直流电的技术。通过集中使用 UPS（不间断电源）的方式可确保设备在一段时间内（根据 UPS 而定）不间断的运行，同时也简化了管理。现在，大多数厂商提供的网络交换机都支持 PoE 功能。如果已经装了相应的普通交换机设备，只需通过给交换机增加中跨（Midspan），即可实现 PoE 的功能。其中，中跨的主要作用是给网线加载电源。

④ 安全性

网络摄像机可提供三种形式的安全特性。第一种是用户安全管理，如用户注册、权限管理等；第二种是 IP/MAC 地址绑定，只允许绑定 IP/MAC 地址的电脑访问；第三种是根据安全等级，利用通用的网络安全技术。

⑤ 高清化

受制于 PAL/NTSC 技术本身的限制，模拟摄像机的最高分辨率为 D1（即 PAL 制下 720×576 或 NTSC 制下 720×480 像素），模拟摄像机最高像素仅仅为 40 万像素。网络摄像机可以提供高清晰度的图像，图像分辨率可达到 720P

(1 280×720)、UXGA (1 600×1 200)、1 080P (1 920×1 080) 等。

3. IPC 主要技术指标

除了模拟摄像机一些的通用技术指标外，IPC 还要考虑一些自有的指标。

① 图像传感器

模拟摄像机主要采用 CCD 作为核心的光电转换器件。而目前市场中出现了以 CMOS 为图像传感器的高清网络摄像机。图像传感器直接决定了摄像机的性能和价格。

② 视频压缩算法

网络摄像机里最重要的关键因素，其直接决定了视频清晰度、视频流畅度和视频存储空间。目前市面上的网络摄像机主要有 H.264 与 MPEG4 两种视频压缩算法。前者压缩能力更强，视频损耗更少，因此更清晰并更流畅。

③ 图像格式

图像格式是决定了视频图像的实际像素，分 DVD 格式和 CIF (352×288) 格式两种，DVD 图像格式家族里包含 D1 (720×576 隔行扫描)、D2 (1 048×720)、D3 (1 920×1 080 隔行扫描)、D4 (1 280×720 逐行扫描) 和 D5 (1 920×1 080 逐行扫描) 五种图像格式，目前市面上主流的为 D1。支持 D3 和 D4 的百万像素也上市了，只是由于其占用带宽较多，应用还不广泛。

④ 双码流

双码流即支持两条视频信号。双码流的好处是用一路码流观看、一路码流存储比观看和存储都用一路码流能更有效地防止网络阻塞，从而能更好地保障视频在有效的网络带宽上的流畅性。

⑤ 前端存储

有些网络摄像机上带有 SD 卡插槽或 USB 移动存储接口，称为前端存储。前端存储常被应用于带宽不是很足的监控环境中。有些环境不便装宽带，利用前端存储的功能，保存监控的录像从而起到一定的监控效果。

⑥ 软件功能

IPC 除了硬件部分外，还有自带的管理软件。因此视频管理软件的功能是否强大，界面是否友好也是在产品选型时必须考虑的问题。

(三) 镜头

“摄像机”一般是指不含镜头的裸摄像机，在实际使用中需根据应用的具体需求，选择一个合适的镜头与裸摄像机配套。

1. 功能

镜头是视频监控系统的关键器件，它的质量优劣直接影响到摄像机的整机性能指标。镜头的主要功能是集聚光线，使摄像机感光器件能获得清晰影像的结构。

2. 镜头主要指标

镜头主要包括成像尺寸、焦距、相对孔径、视场角、景深、倍率和接口等参数。

(1) 焦距

光学系统的焦距指的是从组合光组主点到焦点的距离，因此镜头的焦距指的就是构成镜头的组合光组的焦距。镜头的焦距决定了摄像机可能摄取图像的大小，当用不同焦距的镜头对同一位置的某物体摄像时，配长焦距镜头的摄像机所摄取的景物尺寸就大，但视场较窄；反之，配短焦距镜头的摄像机所摄取的景物尺寸就小，但视场较宽（在闭路监控系统中，由于图像传感器靶面面积很小，一般将焦距在4mm以下的镜头称为广角镜头，而将焦距在80mm以上的镜头称为长焦镜头）。当已知被摄物体的大小及该物体到镜头的距离时，可根据以下公式（3-1）和公式（3-2）估算所选配镜头的焦距。

$$f = wD/W \tag{3-1}$$

$$f = hD/H \tag{3-2}$$

式中，D为镜头中心到被摄物体的距离，W和H分别为被摄物体的水平尺寸和垂直尺寸，w和h分别为CCD靶面的水平和垂直尺寸。

(2) 镜头尺寸

镜头的成像尺寸是相对于摄像机的CCD或CMOS图像传感器靶面尺寸（对角线方向的尺寸）来说的，一般可分为25.4mm（1in）、16.9mm（2/3in）、12.7mm（1/2in）、8.47mm（1/3in）和6.35mm（1/4in）等几种规格。这些参数实际上是镜头可成像的最大光斑直径，表明了镜头可成像光斑对图像传感器靶面的覆盖程度。因此，选用镜头时，应使镜头的标称成像尺寸大于或等于摄像机的靶面尺寸，否则，会因镜头成像光斑直径不足而使图像四周（特别是角部）出现阴影。表3-4为几种常见CCD芯片的靶面尺寸。

表3-4　　几种常见CCD芯片的靶面尺寸　　（单位：mm）

标称芯片尺寸 / CCD靶面尺寸	25.4 (1in)	16.9 (2/3in)	12.7 (1/2in)	8.47 (1/3in)	6.35 (1/4in)
对角线	16	11	8	6	4.5
垂直（h）	9.6	6.6	4.8	3.6	2.7
水平（w）	12.7	8.8	6.4	4.8	3.6

（3）光圈

在镜头内，一系列的叶片组成一个“透光阀门”，通过叶片的调节来控制进光量，这一叶片组称之为光圈。光圈的大小称为光圈系数，用 F1.4…F32 表示，以镜头焦距 f 和光通量（通光孔径）的比值来衡量。每个镜头上都标有最大 F 值，例如 6mm/F1.4 代表最大孔径为 4.29 毫米。光通量与 F 值的平方成反比关系，F 值越小，光通量越大。也即光圈系数越小，则通光孔径越大，成像靶面上的照度也就越大。完整的光圈系数值有，f1，f1.4，f2，f2.8，f4，f5.6，f8，f11，f16，f22，f32，f44，f64。

（4）视场角

一个摄像机视场角主要是由镜头的焦距和 CCD 靶面尺寸决定的。镜头焦距的改变，摄像机的视场角也会随之改变；镜头焦距长短与视角大小成反比：焦距越长，视角越小，观察范围越小，只要焦距选择合适，即使距离很远的物体也可以看得清清楚楚；焦距越短，视角越大，所观察的范围也大，但距离远的物体分辨不很清楚；焦距和视场角是一一对应的，一个确定的焦距就意味着一个确定的视场角。变焦比越大，视场角变化范围越大。视场角公式：水平视场角 = 2arctg（靶面宽/（2 × 焦距）），垂直视场角 = 2arctg（靶面高/（2 × 焦距））。镜头有一个确定的视野，镜头对这个视野的高度和宽度的张角称为视场角。视场角与镜头的焦距 f 和摄像机靶面尺寸（水平尺寸 w 和垂直尺寸 h）的大小有关，镜头的水平视场角 aw 及垂直视场角 ah 可分别由以下两式来计算：aw = 2arctg（w/2f），ah = 2arctg（h/2f）。

由以上两式可知，镜头的焦距 f 越短，其视场角越大；摄像机靶面尺寸 w 或 h 越大，其视场角也越大。如果所选择的镜头的视场角太小，就会出现监视死角；而若所选择的镜头的视场角太大，又可能造成被监视的主体画面尺寸太小，难以辨认，且画面边缘出现畸变。因此，必须根据具体的应用环境选择视场角合适的镜头，才能保证既不出现监视死角，又能使被监视的主体画面尽可能大而且清晰。几种常用镜头的水平视场角见表 3－5。

表 3－5　　几种常用镜头的水平视场角

焦距/mm 镜头尺寸/in	2.8	3.5	4.0	4.8	6.0	8.0	12.0	16.0	25.0
1/3	86.3	67.4	62.0	52.2	42.3	32.6	22.1	17.1	10.6
1/2		94.6		69.4	57.1	42.6	29.7	22.6	14.2

续表

焦距/mm 镜头尺寸/in	2.8	3.5	4.0	4.8	6.0	8.0	12.0	16.0	25.0
2/3						59.2		30.8	19.4
1									27.8

(5) 聚焦

聚焦功能是指将被摄物体在画面里清晰成像。摄像机有两种聚焦方式：自动聚焦和手动聚焦。一种是自动聚焦即摄像机自动地根据摄取的画面情况判断聚焦主体并进行聚焦，其整个过程不用操作者的干预，聚焦速度快而平稳，一般摄取的时候应使用自动聚焦。自动聚焦多用于镜头一体化摄像机。另一种是手动聚焦，自动聚焦尽管使用方便，但有一定的局限性，如光线太暗无法自动聚焦，画面内有强光或闪烁时干扰自动聚焦造成无法聚焦、被摄物体没有层次时无法聚焦，使用夜视等特定功能时无法聚焦等，此时就应使用手动聚焦。同时，手动聚焦也可以实现自动聚焦无法实现的一些效果，比如前景模糊的同时背景清晰等。

(6) 变焦

要改变视角必然有两种办法，一种是改变镜头的焦距，这就是光学变焦；另一种就是改变成像面的大小，即成像面的对角线长短，这就叫做数码变焦。实际上数码变焦并没有改变镜头的焦距，只是通过改变成像面对角线的角度来改变视角，从而产生了"相当于"镜头焦距变化的效果。

(7) 倍率

倍率（变倍比）是相对于变焦距镜头而言的，它与焦距是两个不同的概念。倍率是变焦镜头的最长焦距与最短焦距之比，是一个相对值。例如，同样是6倍镜头，市面上常见的就有6－36mm、7－42mm、8－48mm和8.5－51mm等多种不同厂家的不同品种，其中8.5－51mm镜头的远视特性显然比6－36mm镜头的远视特性要好，但它的近视（广角）特性却不如6－36mm镜头好。

(8) 景深

景深的含义为摄像机对一定深度范围内的空间物体的成像能力，或者说是摄像机对不同距离远处的各空间物体能同时在传感器靶面上成清晰像的能力。它包括后景（远景）深度与前景（近景）深度，两者的差便是最大景深范围。

(9) 接口

镜头的接口指的是将镜头安装于摄像机上的方式，常规镜头有C型安装

（C-Mount）和 CS 型安装（CS-Mount）两种。图 3－4 为 C 型安装镜头和 CS 型安装镜头的接口部位示意图。在视频监控系统中常用的镜头是 C 型安装镜头（1in 32 牙螺纹座），这是一种国际公认的标准。这种镜头安装部位的口径是 25.4mm（1in），从镜头安装基准面到焦点的距离是 17.526mm。大多数厂家摄像机的镜头接口则做成 CS 型，因此将 C 型镜头安装到 CS 接口的摄像机时需增配一个 5mm 厚的接圈，而将 CS 型镜头安装到 C 接口的摄像机时就不需要接圈。在实际应用中，如果误对 CS 型镜头加装接圈后安装到 CS 型接口摄像机上，会因为镜头的成像面不能落到摄像机的 CCD 靶面上而不能得到清晰的图像。

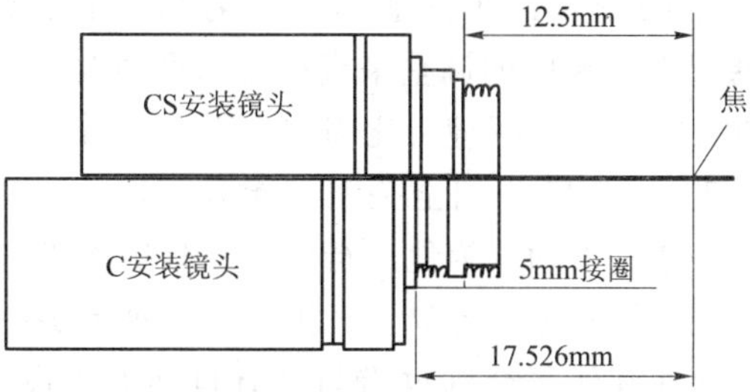

图 3－4　C 型安装镜头和 CS 型安装镜头

3. 镜头分类

镜头的关键指标就是焦距，焦距决定留人镜头拍摄的物体在 CCD 上所形成影像的大小。焦距越短，拍摄范围越大。

① 根据焦距不同，镜头分为：

广角镜头：视角在 50 度以上，一般用于电梯轿厢内、大厅等小视距大视角场所；

标准镜头：视角在 30 度以上，一般用于走廊、通道即小区周界等场所；

长焦镜头：视角在 20 度以内，焦距的范围从几十毫米到上百毫米；

② 按焦距尺寸是否可变分为：

固定焦距镜头：是相对较为简单的一种镜头，该镜头上只有一个可手动调整的对焦调整环，左右旋转该环可使成在 CCD 靶面上的像最为清晰，此时在监视器屏幕上得到图像也最为清晰。镜头焦距一般分为 2.8mm、3.6mm、6mm、8mm、12mm 等不同级别。

手动可变焦距镜头：手动变焦镜头的焦距是可变的，它有一个焦距调整环，可以在一定范围内调整镜头的焦距，其变比一般为 2－3 倍，焦距一般在 3.6－8mm。如图 3－5。

电动可变焦距镜头：受控的微型电动机与镜头的变焦环啮合，当其受控而转动时可改变镜头的焦距。

图 3－5　手动可变焦距镜头

③ 按光圈的调整方式划分：

固定光圈镜头：这类镜头不能通过简单地改变镜头因素而改变光通量，而只能通过改变被摄现场的光照度来调整，如增减被摄现场的照明灯光等。这种镜头一般应用于光照度比较均匀的场合，如室内全天以灯光照明为主的场合，在其他场合则需与带有自动电子快门功能的 CCD 摄像机合用，通过电子快门的调整来模拟光通量的改变。

手动可变光圈镜头：手动光圈镜头比固定光圈镜头增加了光圈调整环，其光圈调整范围一般可从 Fl. 2 或 Fl. 4 到全关闭，能方便地适应被摄现场的光照度，然而由于光圈的调整是通过手动人为地进行的，一旦摄像机安装完毕，位置固定下来，再频繁地调整光圈就不那么容易了，因此，这种镜头一般也是应用于光照度比较均匀的场合，而在其他场合则也需与带有自动电子快门功能的 CCD 摄像机配合使用。

电动可变光圈镜头：电动可变光圈镜头相当于在手动光圈镜头的光圈调整环上增加一个微型电动机，此电机与光圈调整环啮合，当其受控而转动时可改变镜头的光圈。

自动可变光圈镜头：自动光圈镜头在结构上有了比较大的改变，它相当于在手动光圈镜头的光圈调整环上增加一个由齿轮啮合传动的微型电动机。当进入镜头的光通量变化时，摄像机 CCD 靶面上产生的电荷也相应发生变化，使得视频信号电平或其整流滤波后的平均电平发生变化，产生一个控制信号，并通过自动光圈接口传送给自动光圈镜头，至使镜头内的微型电动机相应做正向或反向转动，从而调整光圈的大小。

④ 根据镜头接口可分为：

C 接口和 CS 接口。区别在于镜头与摄像机接触面至镜头焦平面的距离不同，C 型接口距离为 17. 5mm，CS 型接口距离为 12. 5mm。现在的摄像机和镜头通常都是 CS 型接口，CS 型摄像机可以和 CS 型、C 型镜头配接，但和 C 型镜头接配时，必须在镜头和摄像机之间加接配环，否则可能碰坏 CCD 成像面的保护玻璃，造成 CCD 摄像机的损坏。C 型摄像机不能和 CS 型镜头配接。

4. 镜头种类

在实际产品中，一个镜头的命名中包括了上述的几个方面，光圈是否可变、焦距是否可变、聚焦是否可控等，如：固定光圈定焦镜头、手动光圈定焦镜头、自动光圈定焦镜头、手动变焦镜头、电动三可变镜头、电动二可变镜头、针孔镜头、一体机专用镜头等。镜头的种类繁多，它们的成像效果不尽相同，价格差异也较大。特别是在实际应用中，如果摄像机需选配电动变焦镜头，则还需配用相应的镜头控制器或解码器。因此，只有正确解各种镜头的特性，才能在实际应用中根据实际需要灵活地选配镜头。

① 固定光圈定焦镜头

固定光圈定焦镜头是相对较为简单的一种镜头，该镜头上只有一个可手动调整的对焦调整环（环上标有若干距离参考值），左右旋转该环可使成在 CCD 靶面上的像最为清晰，此时在监视器屏幕上得到的图像也最为清晰。

由于是固定光圈镜头，因此在镜头上没有光圈调整环，即该镜头的光圈是不可调整的，因而进入镜头的光通量不能通过简单地改变镜头因素而改变，而只能改变被摄现场的光照度来调整，如增减被摄现场的照明灯光等。这种镜头一般应用于光照度比较均匀的场合，如室内全天以灯光照明为主的场合，在其他场合则需与带有自动电子快门功能的摄像机合用（大多数的 CCD 或 CMOS 摄像机均带有自动电子快门功能），通过电子快门的调整来模拟光通量的改变。由于结构简单，因此这种镜头的价格最便宜。

② 手动光圈定焦镜头

手动光圈定焦镜头比固定光圈定焦镜头增加了光圈调整环，其光圈调整范围一般可从 F1.2 或 F1.4 到全关闭，能很方便地适应被摄现场的光照度，然而由于光圈的调整是通过手动人为进行的，一旦摄像机安装完毕位置固定下来，再频繁调整光圈比较麻烦，因此这种镜头一般也应用于光照度比较均匀的场合，而在其他场合则也需与带有自动电子快门功能的 CCD 摄像机合用，如早晚与中午、晴天与阴天等光照度变化比较大的场合，通过电子快门的调整来模拟光通量的改变。

③ 自动光圈定焦镜头

自动光圈定焦镜头在结构上有了比较大的改变，它相当于在手动光圈定焦镜头的光圈数调整环上增加了一个由齿轮啮合传动的微型电动机，并从其驱动电路上引出 3 芯或 4 芯的屏蔽线，接到摄像机的自动光圈接口座上。当进入镜头的光通量变化时，摄像机图像传感器靶面的照度就发生变化，使传感器的光生电荷也相应变化。这一变化会导致视频信号电平发生变化（其整流滤波后的平均电平也发生变化），因而可将这一变化的电压作为自动光圈镜头的控制信号，并通过摄像机上的自动光圈接口座经 3 芯或 4 芯线传送给自动光圈镜头，进而使镜头内的微型电动机相应做正向或反向转动，达到自动调整光圈大小的目的。

自动光圈镜头分为视频驱动型 DD（内含视频信号整流放大电路，引出3芯线）与直流驱动型 DC（内部不含放大器，引出4芯线）两种规格。由于增加了微型电动机以及光圈控制电路，自动光圈镜头的价格一般要比同等参数的手动光圈镜头的价格高，而视频驱动型自动光圈镜头由于内含视频信号整流放大电路，其价格又比 DC 驱动型自动光圈镜头的价格高。

④ 手动变焦镜头

手动变焦镜头的焦距是可变的，它有一个焦距调整环，可以在一定范围内调整镜头的焦距，焦距一般为3.6－8mm，因而在实际应用中可以方便选择被监视现场的视场角。当对于实际监视现场的环境情况不太了解时，可采用这种镜头。

手动变焦镜头中也有带自动光圈的，并且也有视频驱动和直流驱动两种。其自动光圈部分的原理与操作和自动光圈定焦镜头的原理与操作完全一样。

⑤ 电动三可变镜头

三可变指光圈、焦距、聚焦三者均可变。该种镜头与上一种电动两可变镜头结构差不多，只是将对光圈调整电动机的控制由自动控制方式改为由控制器来手动控制。

镜头中有3个微型电动机，分别和镜头的变焦环、对焦环、光圈调整环啮合，从镜头中引出一组6芯控制线与云镜解码器（或镜头控制器）相连，6芯线分别对应着光圈的开（Open）、关（Close），变焦的广角（Wide）、长焦（Tele），聚焦的远（Far）、近（Near），当按下远程变焦、对焦、光圈按钮时，就会在此变焦、对焦、光圈的控制线上施加一个或正或负的直流电压，该电压加在相应的微型电动机上，使镜头完成变焦、对焦、光圈调整功能。常见的有6倍、8倍、10倍和12倍等几种规格。

⑥ 自动光圈电动变焦镜头（两可变镜头）

与电动三可变镜头不同的是，光圈不是电控的而是自动的，所以从镜头中的引出线比电动三可变镜头多一组多芯线，为自动光圈控制线，接到摄像机的自动光圈接口座上。电动二可变镜头的性能要比电动三可变镜头好，价格也高。

（四）其他设备

1. 防护罩

防护罩是为保证摄像机正常工作而装配的具有多种保护措施的外罩。在室内使用时，防护罩的主要作用是摄像机的密封防尘，并兼起隐蔽摄像机镜头的作用；在室外使用时，防护罩的主要作用是保护摄像机不受自然环境的侵蚀，如雨雪风霜、烟雾等的侵蚀，并在高温或严寒环境中自动调节温度，保证摄像机在合适的环境中工作。在一些特殊环境中，防护罩还附加防爆、防砸、防腐蚀、防冲击、防辐射等特殊功能。

通常防护罩按照其外形进行分类，如枪式、球型等，按其使用地点划分为室内防护罩和室外防护罩，用于室外的防护罩多采用双层壳体、密封结构。

2. 云台

云台是承载摄像机和防护罩并能够远程进行上下左右全方位控制的装置，从而给摄像机全方位、多角度的视野。

云台内装有两个电机，一个负责水平方向的转动，另一个负责垂直方向的转动。水平转动的角度一般为350°，垂直转动的角度则可以±45°、±35°、±75°、±90°等等。水平及垂直转动的角度可通过限制位开关进行调整。

从不同的角度可以将云台如下分类：从供电角度分为交流云台和直流云台；从使用条件分为室内云台和室外云台；从承重量分为轻型云台、中型云台、重型云台；从运动速度划分为匀速云台和变速云台；从云台与护罩的相对位置分为外置云台、内置云台等等。

3. 解码器

解码器是为带有云台、变焦镜头等可控设备提供驱动并与控制设备如矩阵进行通讯的设备。解码器可以控制云台的上下左右旋转，控制变焦镜头的变焦、光圈以及控制防护罩雨刷器、摄像机电源、灯光等辅助设备，还可以提供若干个辅助开关，以满足不同应用的实际需要。

解码器将控制码进行解码，将矩阵或其他控制设备发送过来的控制信号转换成实际的电压信号，来驱动相关设备，通常解码器在前端摄像机附近安装。

二、传输设备

传输部分是将监控系统的前端设备与终端设备联系起来的物理通道。前端设备产生的视频信号、音频信号、报警信号通过传输系统送到控制中心，并反向将控制中心的控制命令传送到前端设备。

（一）光端机

基带视频信号的传输一般采用同轴电缆，当前端摄像机距离监控中心超过1 000米时，一般通过光端机进行光电信号转换，采用光纤方式传输。

1. 概念

光端机是光信号传输的终端设备。监控用光端机通常都成对使用，分为光发送机和光接收机。光发送机负责将电信号变换为光信号，并耦合进光纤线路中进行传输。光接收机负责将经过光纤传输后幅度被衰减、微弱的光信号变换为电信号，并对电信号进行放大、整形、再生后，生成与发送端相同的电信号并输出。

2. 分类

监控用光端机分为两类：

① 模拟光端机：主要是采用模拟调频、调幅、调相的方式将基带的视频、音频、数据等信号调制在某一载频上，通过发射光端机进行传输。模拟光端机发射的光信号是模拟光调制信号，它随输入的模拟载波信号的幅度、频率、相位变化引起光信号幅度、频率、相位的变化。

② 数字光端机：将多路模拟基带的视频、音频、数据等信号进行高分辨率数字化，形成高速数字流，然后将多路数字流进行复用，通过发射光端机进行传输。数字光端机发射的光信号是数字信号，即0和1对应光信号强、弱两种状态，不同0和1的组合代表不同幅度的视频、音频和数据信号。模拟、数字光端机的区别如下表3－6。

表3－6　　模拟与数字光端机性能比较

	模拟光端机	数字光端机
传输信号	模拟光调制信号，它随输入的模拟载波信号的幅度、频率、相位变化引起光信号幅度、频率、相位变化而分别称为调幅、调频、调相光端机。	光信号是数字信号即0或1对应光信号强、弱两种状态，不同的0和1组合代表不同幅度的视频、音频、数据信号。
信号输入和输出处理方式	将视频、音频、数据的幅度对一高频载波信号进行调制，使高频载波信号的幅度随视频、音频、数据的幅度变化而变化。	对输入的基带的视频、音频、数据进行高分辨率的模拟－数字转换，如1Vp－p幅度范围的幅度信号利用12bits的数字6号来表示，1V等分成4096，数字编码信号直接控制光头发射的光信号的强、弱两种状态（对应0或1），接收光端机再将数字编码进行数字－模拟转换，恢复成原始的基带的视频、音频、数据信号。
信号的失真、变畸变、干扰	输视频图像、音频质量、数据调幅、调频、调相都会引起非线形失真。	数字式光端机仅只有模数转换的量化误差（如1V视频信号12bits时仅为2.5mv），不足以引起信号畸变。

续表

	模拟光端机	数字光端机
稳定性	模拟调制光端机由于采取载波调制方式，载波及光头很容易受环境温度影响。出现传输质量随环境变化而变化的缺点。	稳定性好，一些重要的工程最好选用数字光端机。
价格	单路视频、音频、数据模拟光端机较便宜。	四路以上视频、音频、数据数字光端机比模拟光端机便宜得多，而传输后的视频效果远高于模拟产品。所以，数字光端机的性价比要高于模拟光端机。

3. 技术指标解析

目前模拟光端机已逐步退出市场应用，数字光端机得到大量使用，下面只介绍数字视频光端机的技术指标。

（1）视频带宽

视频带宽是视频传输中非常重要的指标。若带宽不够，画面细节部分就不够清晰，水平分辨率就低，甚至出现了色彩失真或丢失。常规视频带宽在 8M 以上，要求低一些也要在 6.5M 以上。对数字光端机来说，视频带宽主要是指数字化的采样频率。光端机采样频率越高，处理及传输的数据量越大，光端机的成本越高。

（2）信噪比

信噪比是指传输处理过程中信号噪声增加的程度，也是反映信号质量很重要的指标。数字光端机对模拟信号的前置放大、滤波、电源纹波的大小、数字量化的级别、电路处理的水平等都会影响信噪比。

（3）微分增益和相位

微分增益（DG）是由于图像亮度信号幅度变化引起的色度信号幅度的失真，用“%”比表示。微分相位（DP）是由于图像亮度信号幅度变化引起的色度信号相位的失真，用“°”表示。微分增益和相位是亮度信号对色度信号影响有多大的一个指标。如果用户感觉色度有失真，特别是随着亮度有明显变化，有可能与这个指标有关。

（4）可靠性

安防监控工程中，基本上是连续 24 小时工作，设备的长期稳定可靠工作是非常重要的环节。

（5）供电范围和功耗

电源是保证视频光端机可靠性的首要考虑要素。在监控设备连续工作状态下，供电电源的变化是很正常的，如果设备要求电源输入范围很窄，难免在供电发生变化时设备不能工作、甚至造成损坏。设备的功耗大，内部温度高，在温度较高的场合，特别夏天室外使用时，容易加速设备的老化、甚至损坏。因此宽供电范围、低功率损耗的设备，一般可靠性较高一些。

（6）输入输出端口

数字光端机的视频、音频、数据、电源输入输出端口是很容易遭受损害的部位，静电、浪涌、感应雷击都有可能造成这些端口的损坏，都应该提供端口保护，选择光端机时，应特别关注生产厂家的端口是否采取了保护措施。

（二）光纤

光纤是由中心的纤芯和外围的包层所构成的光的传输介质，一般为双层或多层的同心圆柱形细丝，为轴对称结构。光纤分为：

单模光纤（SMF）：只传输一种模式的光纤，即只能传输基模（最低阶模），不存在模间时延差，具有比多模光纤大的多的传输带宽，适合大容量、长距离通信。

多模光纤（MMF）：在一定的工作波长上，有多个模式在光纤中传输。传输波长为850nm；模间色散较大，传输距离一般只有几公里。

光纤接口分为FC、SC和ST结构，各种接口特点及图片如表3－7所示。

表3－7　　光纤接口分类及特性

接口	特　　性
FC接口	圆形带螺纹，外部采用金属套，紧固方式为螺丝扣
SC接口	卡接式方形，外壳呈方形，紧固方式采用插拔式
ST接口	卡接式圆形，外壳呈圆形，紧固方式为螺丝扣

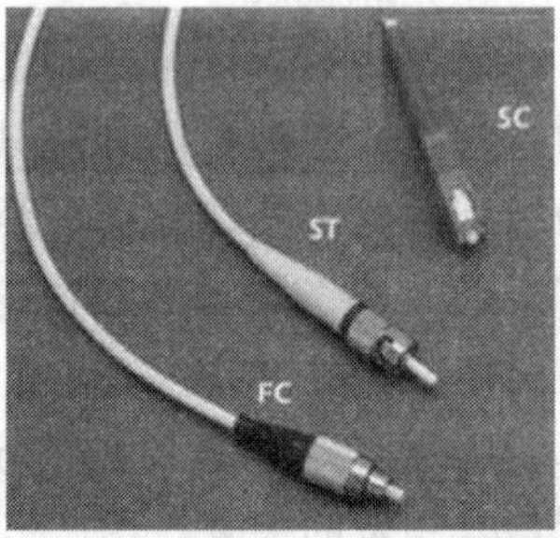

（三）光收发器

1. 基本概念

光纤收发器是一种将短距离的双绞线电信号和长距离的光信号进行互换的以太网传输媒体转换单元，在很多地方也被称之为光电转换器。传统的5类线电缆只能将以太网电信号传输 100 米，在传输距离和覆盖范围方面已不能适应实际网络环境的需要，光纤收发器应用在以太网电缆无法覆盖、必须使用光纤来延长传输距离的实际网络环境中。

2. 分类

（1）按速率分

可以分为单 10M、100M、1 000M 的光纤收发器、10/100M 自适应、10/100/1 000M 自适应的光纤收发器。

（2）按工作方式分

可以分为工作在物理层的光纤收发器和工作在数据链路层的光纤收发器。

（3）按结构分

可以分为桌面式（独立式）光纤收发器和机架式光纤收发器。

（4）按光纤分

可以分为多模光纤收发器和单模光纤收发器。由于使用的光纤不同，收发器所能传输的距离也不一样，多模收发器一般的传输距离在 2 公里到 5 公里之间，而单模收发器覆盖的范围可以从 20 公里至 120 公里。需要指出的是因传输距离的不同，光纤收发器本身的发射功率、接收灵敏度和使用波长也会不一样。

（5）按光纤数量分

可以分为单纤光纤收发器和双纤光纤收发器。单纤设备可以节省一半的光纤，即在一根光纤上实现数据的接收和发送，在光纤资源紧张的地方十分适用。这类产品采用了波分复用的技术，使用的波长多为 1 310nm 和 1 550nm。

（6）按电源分

可以分为内置电源和外置电源两种。其中内置开关电源为电信级电源，而外置变压器电源多使用在民用设备上。前者的优势在于能支持超宽的电源电压，更好地实现稳压、滤波和设备电源保护，减少机械式接触造成的外置故障点；后者的优势在于设备体积小巧和价格便宜。

（7）按设备供电电压类型分

有交流 220V、110V、60V；直流 48V、24V 等。

（8）按网管分

可以分为网管型光纤收发器和非网管型光纤收发器。随着网络向着可运营可管理的方向发展，大多数运营商都希望自己网络中的所有设备均能做到可远程网管的程度，光纤收发器产品与交换机、路由器一样也逐步向这个方向发展。

3. 功能

本质上光纤收发器只是完成不同介质间的数据转换，可以实现 0 - 120Km 内两台交换机或计算机之间的连接，但实际应用却有着更多的扩展。

(1) 实现交换机之间的互联；

(2) 实现交换机和计算机之间的互联；

(3) 实现计算机之间的互联；

(4) 传输中继：当实际传输距离超过收发器的标称传输距离，特别是实际传输距离超过120Km 的时候，在现场条件允许的情况下，采用2台收发器背对背进行中继或采用光－光转换器进行中继，是一种很经济有效的解决方案；

(5) 单多模转换：当网络间出现需要单多模光纤连接时，可以用1台多模收发器和1台单模收发器背对背连接，解决了单多模光纤转换的问题；

(6) 波分复用传输：当长距离光缆资源不足，为了提高光缆的使用率，降低造价，可将收发器和波分复用器配合使用，让两路信息在同一对光纤上传输。

4. 指标解析

(1) 光纤收发器的吞吐

吞吐量是指光纤收发器的包转发能力。吞吐量与光纤收发器的端口速率、数据包长度、数据包类型以及测量方法有关。一般泛指处理器处理数据包的能力。

(2) 光纤收发器的时延

这是指需转发的数据包最后一比特进入光纤收发器端口到该数据包第一比特出现在端口链路上的时间间隔。时延与数据包的长度、链路速率及吞吐量都有关。

(3) 光纤收发器的丢包率

丢包率是指光纤收发器在稳定的持续负荷下由于资源缺少，在应该转发的数据包中不能转发的数据包所占的比例。丢包率通常用作衡量在超负荷工作时光纤收发器的性能。

(4) 背靠背帧数

光纤收发器能够处理的最大背靠背帧数。背靠背帧是指一组固定长度的帧，帧间间隔是系统所允许的最小帧间隔。

(5) 平均发送光功率测试

光纤收发器在所规定比特率信号的调制下，正常工作时的输出平均光功率。

(6) 光接收灵敏度测试

在相应的调制速率下，在满足随机误码率为 1×10^{-10} 要求时，光纤收发器接收模块所需要的最小平均光功率。

(四) 网络交换机

1. 基本概念

交换 (Switching) 是按照通信两端传输信息的需要，用人工或设备自动完成的方法，把要传输的信息送到符合要求的相应路由上的技术统称。广义的网络交换机（Switch）就是一种在通信网络中完成信息交换功能的设备。

2. 功能

交换机的主要功能包括物理编址、网络拓扑结构、错误校验、帧序列以及流控。目前交换机还具备了一些新的功能，如对VLAN（虚拟局域网）的支持、对链路汇聚的支持，甚至有的还具有防火墙的功能。

3. 分类

从广义上来看，交换机分为两种：广域网交换机和局域网交换机。广域网交换机主要应用于电信领域，提供通信基础平台。而局域网交换机则应用于局域网络，用于连接终端设备。

按照网络构成方式，网络交换机又被划分为接入层交换机、汇聚层交换机和核心层交换机。

从传输介质和传输速度上看，局域网交换机可以分为以太网交换机、快速以太网交换机、千兆以太网交换机、FDDI 交换机、ATM 交换机和令牌环交换机等多种，这些交换机分别适用于以太网、快速以太网、FDDI、ATM 和令牌环网等环境。

从规模应用上又有企业级交换机、部门级交换机和工作组交换机等。

按照 OSI 的七层网络模型，交换机又可以分为第二层交换机、第三层交换机、第四层交换机等，一直到第七层交换机。

根据是否支持网管功能划分分网管型交换机和非网管理型交换机。

4. 局域网交换机技术指标

（1）机架插槽数

这是指机架式局域网交换机所能安插的最大模块数。

（2）扩展槽数

这是指固定配置式带扩展槽局域网交换机所能安插的最大模块数。

（3）最大可堆叠数

这是指可堆叠局域网交换机的堆叠单元中所能堆叠的最大局域网交换机数目。

（4）最小/最大 10 兆以太网端口数

这是指一台局域网交换机所支持的最小/最大 10 兆以太网端口数量。

（5）最小/最大 100 兆以太网端口数

这是指一台局域网交换机所支持的最小/最大 100 兆以太网端口数量。

（6）最小/最大 1 000 兆以太网端口数

这是指一台局域网交换机所能连接的最小/最大 1 000 兆以太网端口数量。

（7）支持的网络类型

一般情况下，固定配置式不带扩展槽局域网交换机仅支持一种类型的网络，机架式局域网交换机和固定配置式带扩展槽局域网交换机可支持一种以上类型的网络，如支持以太网、快速以太网、千兆以太网、ATM、令牌环及 FDDI 等。一台局域网交换机所支持的网络类型越多，其可用性、可扩展性将越强。

（8）最大 ATM 端口数

最大 ATM 端口数是指一台 ATM 局域网交换机或一台多服务多功能局域网交换机所支持的最大 ATM 端口数量。

（9）最大 SONET 端口数

SONET（同步光传输网络）是一种高速同步传输网络规范，最大速率可达 2.5Gbit/s。一台局域网交换机的最大 SONET 端口数是指这台局域网交换机的最大下联 SONET 接口数。

（10）最大 FDDI 端口数

这是指一台 FDDI 局域网交换机或一台多服务多功能局域网交换机所支持的最大 FDDI 端口数量。

（11）背板吞吐量

其也称背板带宽，是局域网交换机接口处理器或接口卡和数据总线间所能吞吐的最大数据量。一台局域网交换机的背板带宽越高，所能处理数据的能力就越强，但同时设计成本也将会越高。

（12）缓冲区大小

有时又叫做包缓冲区大小，是一种队列结构，被局域网交换机用来协调不同网络设备之间的速度匹配部件。

（13）最大 MAC 地址表大小

连接到局域网上的每个端口或设备都需要一个 MAC 地址，其他设备要用到此地址来定位特定的端口及更新路由表和数据结构。MAC 地址有 6 字节长，由 IEEE 来分配，又叫物理地址。一个设备的 MAC 地址表大小反映了连接到该设备能支持的最大节点数。

（14）最大电源数

一般地，核心设备都提供冗余电源供给，在一个电源失效后，其他电源仍可继续供电，不影响设备的正常运转。在接有多个电源时，要注重用多路市电供给，这样，在一路线路失效时，其他线路仍可供电。高端局域网交换机是大型网络的核心设备，必须确保它的可用性，因而都有电源冗余。

（15）支持协议和标准

局域网交换机所支持的协议和标准内容，直接决定了局域网交换机的网络适应能力。这些协议和标准一般是指由国际标准化组织所制订的联网规范和设备标准。

（五）路由器

1. 概念

所谓路由就是指通过相互连接的网络把信息从源地点移动到目标地点的活动。路由器英文名 Router，是互联网络的枢纽，连接因特网中各局域网、广域网的设备，它会根据信道的情况自动选择和设定路由，以最佳路径、按前后顺序发送信号。

2. 功能

路由器的主要作用包括以下三方面：

（1）实现网络的互连和隔离

路由器工作在 OSI 模型中的第三层，即网络层。路由器利用网络层定义的“逻辑”上的网络地址（即 IP 地址）来区别不同的网络，实现网络的互连和隔离，保持各个网络的独立性。路由器不转发广播消息，而把广播消息限制在各自的网络内部。发送到其他网络的数据先被送到路由器，再由路由器转发出去。

（2）根据 IP 地址来转发数据

通信只能在具有相同网络号的 IP 地址之间进行，要与其他 IP 子网的主机进行通信，则必须经过同一网络上的某个路由器或网关（gateway）出去。不同网络号的 IP 地址不能直接通信，即使它们接在一起，也不能通信。

路由器有多个端口，用于连接多个 IP 子网。每个端口的 IP 地址的网络号要求与所连接的 IP 子网的网络号相同。不同的端口为不同的网络号，对应不同的 IP 子网，这样才能使各子网中的主机通过自己子网的 IP 地址把要求出去的 IP 分组送到路由器上。

（3）选择数据传送的线路

在网络通信过程中，选择通畅快捷的近路，能大大提高通信速度，减轻网络系统通信负荷，节约网络系统资源，提高网络系统畅通率，从而让网络系统发挥出更大的效益来。

路由器的主要工作就是为经过路由器的每个数据帧寻找一条最佳传输路径，并将该数据有效地传送到目的站点。由此可见，选择最佳路径的策略即路由算法是路由器的关键所在。

路由器除了上述的功能外，还具有数据包过滤、网络流量控制、地址转换等功能。

3. 分类

(1) 根据使用级别分类

① 接入路由器：连接家庭或 ISP 内的小型企业客户；

② 企业级路由器：接许多终端系统，其主要目标是以尽量便宜的方法实现尽可能多的端点互连，并且进一步要求支持不同的服务质量；

③ 骨干级路由器：实现企业级网络的互联。

(2) 按功能级别分类

① 宽带路由器

宽带路由器是近几年来新兴的一种网络产品，它伴随着宽带的普及应运而生。宽带路由器在一个紧凑的箱子中集成了路由器、防火墙、带宽控制和管理等功能，具备快速转发能力，灵活的网络管理和丰富的网络状态等特点。

② 模块化路由器：主要是指该路由器的接口类型及部分扩展功能是可以根据用户的实际需求来配置的路由器，这些路由器在出厂时一般只提供最基本的路由功能，用户可以根据路由器所要连接的网络类型来选择相应的模块，不同的模块可以提供不同的连接和管理功能。

③ 非模块化路由器

非模块化路由器都是低端路由器，平时家用的即为这类非模块化路由器。该类路由器主要用于连接家庭或 ISP 内的小型企业客户。

④ 虚拟路由器

虚拟路由器以虚求实最近，一些有关 IP 骨干网络设备的新技术突破，为将来因特网新服务的实现铺平了道路。虚拟路由器就是这样一种新技术，它使一些新型因特网服务成为可能。通过这些新型服务，用户将可以对网络的性能、因特网地址和路由以及网络安全等进行控制。

⑤ 核心路由器

核心路由器又称"骨干路由器"，是位于网络中心的路由器。位于网络边缘的路由器叫接入路由器。核心路由器和边缘路由器是相对的概念。它们都属于路由器，但是有不同的大小和容量。某一层的核心路由器是另一层的边缘路由器。

⑥ 无线路由器

无线路由器就是带有无线覆盖功能的路由器，它主要应用于用户上网和无线覆盖。

4. 技术指标

(1) 接口种类

路由器能支持的接口种类体现路由器的通用性。常见的接口种类有：通用串行接口（通过电缆转换成 RS 232 DTE/DCE 接口、V. 35 DTE/DCE 接口、X. 21 DTE/DCE 接口、RS 449 DTE/DCE 接口和 EIA530 DTE 接口等）、10M 以太网接口、快速以太网接口、10/100 自适应以太网接口、千兆以太网接口、ATM 接口（2M、25M、155M、633M 等）、POS 接口（155M、622M 等）、令牌环接口、FDDI 接口、E1/T1 接口、E3/T3 接口、ISDN 接口等。

（2）用户可用槽数

该指标指模块化路由器中除 CPU 板、时钟板等必要系统板及/或系统板专用槽位外用户可以使用的插槽数。根据该指标以及用户板端口密度可以计算该路由器所支持的最大端口数。

（3）CPU

CPU 都是路由器的心脏。通常在中低端路由器中，CPU 负责交换路由信息、路由表查找以及转发数据包。CPU 的能力直接影响路由器的吞吐量（路由表查找时间）和路由计算能力（影响网络路由收敛时间）。在高端路由器中，通常包转发和查表由 ASIC 芯片完成，CPU 只实现路由协议、计算路由以及分发路由表。由于技术的发展，路由器中许多工作都可以由硬件实现（专用芯片）。CPU 性能并不完全反映路由器性能。路由器性能由路由器吞吐量、时延和路由计算能力等指标体现。

（4）内存

路由器中可能由多种内存，例如 Flash、DRAM 等。内存用作存储配置、路由器操作系统、路由协议软件等内容。在中低端路由器中，路由表可能存储在内存中。通常来说路由器内存越大越好（不考虑价格）。但是与 CPU 能力类似，内存同样不直接反映路由器性能与能力。因为高效的算法与优秀的软件可能大大节约内存。

（5）端口密度

该指标体现路由器制作的集成度。由于路由器体积不同，该指标应当折合成机架内每英寸端口数。但是出于直观和方便，通常可以使用路由器对每种端口支持的最大数量来替代。

（6）路由协议支持

① 路由信息协议（RIP）

RIP 是基于距离向量的路由协议，通常利用跳数来作为计量标准。RIP 是一种内部网关协议。由于 RIP 实现简单，是使用范围最广泛的路由协议。该协议收敛较慢，一般用于规模较小的网络。RIP 协议在 RFC 1058 中规定。

② 路由信息协议版本 2（RIPv2）

该协议是 RIP 的改进版本，允许携带更多的信息，并且与 RIP 保持兼容。在

RIP 基础上增加了地址掩码（支持 CIDR）、下一跳地址、可选的认证信息等内容。该版本在 RFC 1723 中规范化。

③ 开放的最短路径优先协议版本 2（OSPFv2）

该协议是一种基于链路状态的路由协议，由 IETF 内部网关协议工作组专为 IP 开发，作为 RIP 的后继内部网关协议。OSPF 的作用在于最小代价路由、多相同路径计算和负载均衡。OSPF 拥有开放性和使用 SPF 算法两大特性。

④“中间系统 - 中间系统”协议（ISIS）

ISIS 协议同样是基于链路状态的路由协议。该协议由 ISO 提出，起初用于 OSI 网络环境，后修改成可以在双重环境下运行。该协议与 OSPF 协议类似，可用于大规模 IP 网作为内部网关协议。

⑤ 边缘网关协议（BGP4）

BGP 协议是用于替代 EGP 的域间路由协议。BGP4 是当前 IP 网上最流行的也是唯一可选的自治域间路由协议。该版本协议支持 CIDR，并且可以使用路由聚合机制大大减小路由表。BGP4 协议可以利用多种属性来灵活地控制路由策略。

（7）802.3、802.1Q 的支持

802.3 是 IEEE 针对以太网的标准。支持以太网接口的路由器必须符合 802.3 协议。802.1Q 是 IEEE 对虚拟网的标准。符合 802.1Q 的路由器接口可以在同一物理接口上支持多个 VLAN。

三、处理/控制设备

（一）模拟矩阵切换器

1. 矩阵切换器的概念及分类

矩阵切换器是模拟视频监控系统的核心控制设备，最重要的功能是实现对输入视频图像的切换输出，即视频图像从任意一个输入通道切换到任意一个输出通道显示。M×N 矩阵：表示它可以同时支持 M 路图像输入和 N 路图像输出，且必须要做到任意，即任意的一个输入和任意的一个输出。另外，视频矩阵通过控制键盘，可以对前端摄像机、镜头及辅助设备进行远程操作控制。

按实现视频切换的不同方式，视频矩阵分为模拟矩阵和数字矩阵。视频切换在模拟视频层完成，信号切换主要是采用单片机或更复杂的芯片控制模拟开关实现。

2. 组成结构

视频矩阵通常是基于微处理器的全矩阵视频切换控制系统，所有管理和控制功能由菜单编程设置，也可以采用 Microsoft Windows 操作系统的人机界面。矩阵系统必须采用模块化结构设计，系统的扩展仅仅增加相应的机箱和模块即可实现平滑升级。主要模块包括：视频输入模块 VIM、视频输出模块 VOM、音频输入模块 AIM、音频输出模块 AOM、报警模块 ARM、CPU 模块。

3. 主要功能

（1）视频矩阵为视频切换设备，矩阵系统中任一输入图像可以切换至任一输出通道；

（2）可以通过键盘或人机界面，实现对所有前端 PTZ 摄像机的各种控制功能；

（3）视频矩阵采用组合式结构，可以随时扩充输入输出通道容量；

（4）矩阵间可以联网，通过建立双向视频干线实现矩阵间的互联；

（5）可以接受其他系统（如门禁、入侵报警系统、消防报警系统等）和设备（如用户控制界面、可编程逻辑控制器等）发来的事件信息来实现触发报警、摄像机调用、联动相应的操作，如使摄像机移动到预置位、控制辅助设备（录像开启、灯光开启等）、执行宏操作等；

（6）具有字符叠加功能，叠加项目包括：年、月、日、时、分、秒、摄像机编号、摄像机注释、摄像机标识、监视器编号，叠加的内容和叠加的位置可以编程选择。

4. 主要技术指标

（1）切换比例

这是指矩阵切换器的输入路数及切换后输出的路数。

（2）隔离度

这是指各路视频信号之间以及它们与切换后输出的信号之间隔离的程度。一般用分贝表示。此项指标值越高越好。

（3）微分增益 DG、微分相位 DP

微分增益是指被切换后输出的视频信号与切换前的信号在幅度上的失真程度：此指标值越小，表明失真越小。微分相位是指被切换后输出的视频信号与切换前的信号在相位上的失真。此指标值越小，表示在相位上失真越小。一般要求电视监控系统中使用的视频切换器的 DG $<8\%$、DP $<8^{\circ}$。

（4）输入电平与输出电平

输入电平是指矩阵输入端对输入视频信号电压幅度的要求，一般为 0.8－1.2Vpp；输出电平是指视频切换器输出端输出电压的幅度标准，一般为 1－1.2Vpp。

(5) 机信噪比

信号通过任何设备，都会因为引入“噪声”而使质量变差，信噪比就是指信号与所产生的噪声的比，该值越大，表示引入噪声越小。

(6) 幅频特性

信号通过设备时，各种频率的信号会有不同的衰减，一般是频率越高，衰减越大，对视频信号而言，一般不用带宽的概念（衰减3db时的频率），而是采用在6MHz的频谱内（视频信号的频谱都在6MHz以内）最大的衰减量。

(7) 路间串扰

多路信号在同一设备中，由于空间的辐射与电源的波动，彼此之间会形成干扰，称为串扰。

上述一些技术指标是衡量矩阵切换器质量的关键性内在指标，还有一些用户使用时的常见指标，如最大输入视频数、最大输出视频数、最大输入报警数、通讯接口、波特率、连接方式、工作模式、复位功能、地址码输出、供电方式、环境温度、湿度等。

(二) 视频编码器

1. 概念

视频编码器又叫视频服务器，简称DVS（Digital Video Server），主要用来对模拟视频信号进行压缩编码并提供网络传输功能。

2. 功能

视频服务器可以看作是不带硬盘的DVR，由多个模拟视频输入口、数字图像处理器、压缩芯片和一个具有网络功能的服务器构成。由于视频服务器将模拟摄像机“转化”为网络摄像机，因此它也是网络视频监控系统与传统模拟视频监控系统进行整合的最佳途径。

3. DVS硬件配置及接口（技术指标）

(1) 视音频压缩编码

目前视频服务器一般采用H.264或MPEG-4等压缩编码器，用户可根据实际情况选择压缩码率和压缩结构。

(2) 大容量存储设备

视频服务器通常使用高速、宽带的SCSI接口硬盘或最先进的FC接口硬盘作为存储介质。

(3) 输入/输出通道

视频服务器具备多通道输入/输出系统，使多路录入、输出能同时进行，实现多任务。

（4）网络接口

视频服务器都带有网络接口，方便组网，实现数据共享。一般视频服务器都带有 FC 和以太网接口。FC 光纤网采用 IP 协议作为视频服务器之间快速、实时复制和移动素材的交换网络，以太网用于传送控制数据和状态检测的信息。

（5）视音频接口

视频服务器都带有标准视音频接口和模拟监视视频接口，方便监视各通道的视频信号。输入/输出信号可以在模拟、分量和 SDI 中选择。

（6）RS－422 串行接口

视频服务器都带有多个 RS－422 串行通讯接口，每个接口均可通过 RS－422 通讯线由外部计算机控制实现记录与播放。

（7）协议接口

视频编码器除提供各种控制硬件接口外，还提供协议接口。如 RS－422 接口除支持 RS－422 的 Profile 协议外，还支持 Louth、Odetics、BVW 等通过 RS422 控制的协议。

（8）软件接口

视频服务器提供开放的软件接口，供用户或第三方厂商开发和构建新的应用方式。

（三）视频解码器

1. 概念

视频解码器通常应用在监控中心，一端连接网络，一端连接显示设备，主要功能是将数字信号转换成模拟信号，然后输出到电视墙上进行视频显示。

2. 分类

解码器分为硬解码和软解码。硬解码器又分为 DSP Based 解码器和 PC Based 解码器。软解码器通常是基于计算机、运行解码程序实现视频的解码。硬解码器处理速度快，而软解码兼容性好，可以同时支持多个厂家的编码设备。

3. 技术要点

解码器主要有以下技术考核点：

◇ 解码过程的延时；

◇ 支持多种视频输入格式，如 CIF、2CIF、4CIF、D1、VGA 等；

◇ 支持多个厂家的编码设备、支持多种编码格式；

◇ 支持多种分屏显示方式，如全屏或多画面等；

◇ 支持复合模拟视频输出、支持 DVI/VGA 视频输出以实现高质量显示；

◇ 支持单播、组播、TCP、UDP 等多种网络协议。

(四) 视频分配器

视频分配器，主要实现一路视频输入、多路视频输出的功能，且信号无扭曲或清晰度损失。通常视频分配器除了提供多路独立视频输出外，兼具视频信号放大功能，故也称为视频分配放大器。通常是一分二、一分四等。

(五) 多画面分割器

多画面分割器主要实现多路视频信号合成为一路输出，从而可以在一个屏幕上显示多个画面或同时录制多路画面。常见的有四画面分割器、九画面分割器、十六画面分割器等。

四、存储设备

(一) 数字硬盘录像机 (DVR)

1. DVR 功能

数字硬盘录像机，简称 DVR (Digital Video Recorder)，是基于图像存储处理的计算机系统，具有对图像/语音进行长时间录像、录音、远程监视和控制的功能，同时 DVR 也集合了画面分割器、云台镜头控制、报警控制、网络传输等功能。

2. DVR 的分类

根据 DVR 系统结构可以分为两大类：基于 PC 架构的 PC 式 DVR 和嵌入式 DVR。

(1) PC 式硬盘录像机 (PC - DVR)

PC 式 DVR 以传统的 PC 机为基本硬件，以 Win98、Win2000、WinXP、Vista、Linux 为基本软件，配备图像采集或图像采集压缩卡，编制软件成为一套完整的系统。PC 机是一种通用的平台，PC 机的硬件更新换代速度快，因而 PC 式 DVR 的产品性能提升较容易，同时软件修正、升级也比较方便。PC - DVR 各种功能的实现都依靠各种板卡来完成，比如视音频压缩卡、网卡、声卡、显卡等，这种插卡式的系统在系统装配、维修、运输中很容易出现不可靠的问题，不能用于工业控制领域，只适合于对可靠性要求不高的商用办公环境。

(2) 嵌入式硬盘录像机 (EM - DVR)

嵌入式 DVR 是指基于嵌入式处理器和嵌入式实时操作系统的嵌入式系统，它采用专用芯片对图像进行压缩及解压回放，嵌入式操作系统主要是完成整机的控制及管理。EM - DVR 没有 PC - DVR 那么多的模块和多余的软件功能，在设计制造时对软、硬件的稳定性进行了针对性的规划，因此性能稳定，不会有死机的问题产生，而且在视音频压缩码流的储存速度、分辨率及画质上都有较大的改善。嵌入式DVR系统建立在一体化的硬件结构上，整个视音频的压缩、显示、网络等功能全部可以通过一块单板来实现，大大提高了整个系统硬件的可靠性和稳定性。

3. DVR硬件配置及接口

DVR的配置及接口决定了DVR的功能是否强大，如支持的分辨率、硬盘数量及容量、视频输入输出数量、报警接口数量等。

（1）通道数量

通道数量包括视频及音频通道数量，通常一台设备支持4－16个视频通道输入，但由于视频编码工作由编码芯片完成，因此，不同的分辨率及帧率下，实际支持的通道数量是不同的，如一个支持16路CIF实时分辨率的DVR，可能只可以支持4路4CIF格式的实时录像。

（2）存储空间

存储空间是早期DVR设备的一个重要指标，DVR本地存储空间不大，通常最多支持8块IDE硬盘接入。现在的DVR都支持扩展存储功能，可以利用DAS来进行大容量的本地存储扩展。目前通过SCSI接口（或USB、1394等接口）扩展存储，一台DVR最多可以连接30T以上的外挂阵列，还支持SAN、NAS等存储方式。

（3）报警输入输出

输入输出功能主要实现报警输入联动及现场辅助设备的输出控制。报警输入端通常是开关量形式，通常每台DVR设备配置4－8个输出接口。

（4）联网功能

通过局域网或者广域网经过简单身份识别可以对主机进行各种监视录像控制的操作，相当于本地操作。

（5）PTZ接口

DVR具有控制与其连接的摄像机的PTZ及辅助设备的功能，目前DVR控制PTZ多采用RS－485通讯方式。

4. DVR软件功能

通常DVR具有良好的人机界面（GUI），通过DVR系统的人机界面或客户端应用程序，DVR可以提供丰富、方便、灵活的应用功能。具体功能包括：设备配置及管理、录像管理、报警管理、视频浏览与回放、设备网管维护、用户管理、用户操作日志审计等。

5. 术语解释

（1）双码流技术

双码流技术将使每个视频通道支持同时生成两路码流（或者更多），两路视频码流独立配置，可以分别为不同的分辨率、不同帧率、不同的压缩比率或者不同的编码方式，以满足不同的应用需求（如本地 PC 浏览、PDA 浏览、大屏幕显示、远程网络浏览、存储归档等）。

双码流一般采用一路高码率的码流用于本地高清存储，例如 QCIF/CIF/2CIF/DCIF/4CIF 编码，一路低码率的码流用于网络传输，例如 QCIF/CIF 编码，同时兼顾本地存储和远程网络传输。双码流能实现本地传输和远程传输两种不同的带宽码流需要，本地传输采用高码流可以获得更高的高清录像存储，远程传输采用较低的码流以适应 CDMA/ADSL 等各种网络而获得更高的图像流畅度。

（2）透明通道

这是将 IP 数据报文解析后直接发送到串口的一种技术。实际上起到了延伸串行设备控制距离的作用，可利用 IP 网络控制多种串行设备，对用户来说，只看到点对点传输，无须关心网络传输过程，所以称为串口透明通道。

（3）DHCP

DHCP 是 Dynamic Host Configuration Protocol 的缩写，它是 TCP/IP 协议簇中的一种，主要是用来给网络客户机分配动态的 IP 地址。

（4）NTP

NTP（Network Time Protocol）即网络校时协议，是用来使计算机时间同步化的一种协议，它可以使计算机对其服务器或时钟源（如石英钟，GPS 等等）做同步化，可以提供高精准度的时间校正（LAN 上与标准时间差小于 1 毫秒，WAN 上小于几十毫秒），且可通过加密确认的方式来防止恶毒的协议攻击。

（5）PPPoE

PPPoE 是 point-to-point protocol over ethernet 的简称，即在以太网上传输 PPP（点对点协议）协议。与传统的接入方式相比，PPPoE 具有较高的性能价格比，它在包括小区组网建设等一系列应用中被广泛采用，目前流行的宽带接入方式 ADSL 就使用了 PPPoE 协议。

（6）DDNS

DDNS（Dynamic Domain Name Server）是动态域名服务的缩写。DDNS 是将用户的动态 IP 地址映射到一个固定的域名解析服务上，用户每次连接网络的时候客户端程序就会通过信息传递把该主机的动态 IP 地址传送给位于服务商主机上的服务器程序，服务项目器程序负责提供 DNS 服务并实现动态域名解析。

（7）MTU

MTU 是 Maximum Transmission Unit 的缩写，即网络上传送的最大数据包。MTU 的单位是字节。大部分网络设备的 MTU 都是 1 500。如果本设备的 MTU 比网关的 MTU 大，大的数据包就会被拆开来传送，这样会产生很多数据包碎片，增加丢包率，降低网络速度。将本设备的 MTU 设成比网关的 MTU 小或相同，就可以减少丢包。

6. DVR 产品选型要点

DVR 设备直接关系到存储视频的清晰度、图像检索的方便快捷等，另外，随着 DVR 产品的网络功能的不断增强，系统可以凭借 DVR 构成大型联网系统、进行系统的集中管理与应用。因此，DVR 设备的选型至为重要，通常需要考虑以下因素。

（1）系统稳定性

系统的稳定性是 DVR 设备选型的重点考虑因素。一般用户考察 MTBF（平均无故障时间）来衡量设备的稳定性，MTBF 涉及了操作系统、磁盘、软件程序、电源、板卡等的综合性能。

（2）图像清晰度

图像当然是越清晰越好，但这关系到设备成本、带宽、存储等因素，因此需选择合理的清晰度（图像分辨率）。考核 DVR 清晰度，主要考核 DVR 的芯片处理能力和算法，在同等码流下能达到何种清晰度至为关键。通常，能否在较低码流下达到较高清晰度和图像综合质量，是考核算法先进性的重要方面。

（3）图像压缩算法

关注图像压缩算法不是要求去研究复杂的编码算法，但可以把编码器看作“黑盒子”，用户关注的是设定一定码流后，考察图像的清晰度、实时性、马赛克效应、平滑性等。对于编码算法，低码流、更好的网络适应性、更好的图像表现是其核心要素。

（4）网络功能

目前对 DVR 的需求，已经不是简单的数字化及存储功能，DVR 的网络功能得到越来越多的需求。而网络功能也不是简单的配置一个网路接口以实现远程配置、访问、升级，而是需要与平台软件的配合、以网络为架构形成真正的网络化系统，从而实现视频远程调用、联网报警、网络回放、集中存储等功能。因此，不仅要看产品是否提供以太网接口，还要看是否提供配套的集中监控管理软件及相应的功能支持。

（5）存储和备份

早期的 DVR 产品自成系统，通常仅仅考虑一台 DVR 能够安装几块硬盘，后来，可以通过扩展接口扩展本地化的硬盘。发展到现在，DVR 通常需要将全部或部分视频资料进行集中备份存储，将有价值的数据进行归档存储。因此，网络集中备份存储对于管理、成本考虑都是重要因素。在选购时应重视 DVR 产品的存储和备份性能，对存储方式的支持，如 DAS、NAS、SAN 的架构支持，并考虑存储归档的灵活性，如是否具备按时间段归档、报警自动归档、全部视频归档等多种模式。

（6）图像检索功能

在大型系统应用中，通常通道数量多、存储时间要求长，因此视频录像海量。如何快速地对视频检索是对 DVR 的重要考核指标。通常，可以按时间索引、按照报警索引、按标签索引、通过智能回放检索或结合人脸识别功能检索等。

（7）报警联动

DVR 一定要具备报警和联动接口，一旦报警信息传到 DVR，通过事先编程的函数关系可实现相应的联动动作。在报警开启录像模式下，系统要能够对收到的报警信号前的一段时间的视频数据进行录像或高分辨率格式录像，以便日后取证时的全过程分析。也有的 DVR 产品支持短信报警功能。

（8）操作便利性

PC 式 DVR 通常具有良好的人机界面，而嵌入式 DVR 要注意：① 设备前面板上的按键设计和布局是否清晰合理；② 软件菜单是否直观友好，是否方便用户的设定和浏览；③ 嵌入式 DVR 是否支持鼠标、遥控等多种操作方式。

7. 典型设备举例：海康威视 DS－9000 硬盘录像机

海康威视 DS－9000 系里硬盘录像机是海康威视自主研发的混合型硬盘录像机，它融合了多项专利技术和 IT 高新技术，如视频编解码技术、嵌入式系统技术、存储技术、网络技术和智能技术等，即可本地独立工作，也可联网组成一个强大的安全防范系统。

（1）主要特性

◇ 支持同时接入模拟摄像机和 IP 摄像机，并均可实现预览、控制、录像、回放等操作；

◇ 支持高清摄像机接入、支持高清 HD720P 全实时浏览、录像、回放；

◇ 支持 1 280 ×1 024 高清输出；

◇ 支持多种模式智能分析；

◇ 支持双码流技术，同一通道可配置两套编码参数，并支持动态切换。

（2）产品主要功能

◇ 支持复合视频流编码和视频流编码；

◇ 支持视频双码流功能；

◇ 支持远程 JPEG 抓图；

◇ 指定通道写到指定的硬盘，方面事后查询和取证；

◇ 不同通道可以有不同的录像保存时间；

◇ 支持录像码流加密；

◇ 支持录像文件的锁定/解锁；

◇ 可以设置冗余盘和只读盘；

◇ 支持多路同步回放；

◇ 多种智能视频分析功能。

（二）混合式 DVR（Hybird-DVR）

混合 DVR，即 Hybird-DVR，可在不必淘汰既有模拟设备的前提下，也能同步享用 IP 监控的好处，简单地说，就是 DVR 支持 IP 设备如编码器或网络摄像机的接入，也同时支持模拟摄像机的接入。

混合 DVR 的产生是为了迎合 DVR 到 NVR 的过渡问题，对于一些改建、扩建项目，如果原来系统是 DVR 存储设备，而想重新部署 IP 摄像机，那么在不改变系统架构、不升级设备情况下，混合 DVR 是不错的选择。

（三）网络硬盘录像机（NVR）

网络录像机，全称“Network Video Recorder”，是通过 IP 网络接入前端视音频采集设备和报警装置，实现监控图像浏览、录像、回放、摄像机控制和报警功能的监控主机设备。

1. NVR 功能

在 NVR 系统中，NVR 与前端视频编码器或网络摄像机协同工作，前端监控点安装网络摄像机或模拟摄像机加视频编码器，模拟视频、音频及其他辅助信号经视频编码器数字化处理后，以 IP 码流形式传到 NVR，由 NVR 进行集中录像存储、管理和转发，NVR 不受物理位置制约，可以在网络任意位置部署。NVR 核心价值在于视频中间件，通过视频中间件的方式广泛兼容各厂家不同数字设备的编码格式，从而实现网络化带来的分布式架构、组件化接入的优势。

2. NVR 分类

NVR 有嵌入式及 PC 式两种，而 PC 式 NVR，目前的产品形态有两种，一种是一体化的 NVR，厂家提供软硬件整体解决方案；另外一种是纯软件形态。

3. NVR 设备典型参数

（1）支持的视频通道数量：目前主流 NVR 应该支持 30 路以上 4CIF 实时视频；

（2）压缩方式：目前主流为 MPEG－4 及 H. 264 编码方式；

（3）双码流：为解决存储质量和浏览矛盾而产生的技术（参见 DVR）；

(4) 报警输入输出：支持多路干节点报警输入，多路继电器输出；

(5) 视频分析：将视频分析功能集成在 NVR 中可以实现更好的灵活性。

除了以上参数外，NVR 还包括其他一些参数，如：单机 NVR 能够支持的最多并发用户访问数量、单机 NVR 能够支持的最大存储空间、NVR 能够支持的 IP 摄像机或编码器列表等。

4. NVR 典型产品举例

DS－9600N－SH 为海康威视自主研发的新一代 NVR（Net Video Recoder）产品，支持主流品牌网络摄像机的预览、存储和点播。它融合了多项专利技术，采用了多项 IT 高新技术，如视音频编解码技术、嵌入式系统技术、存储技术、网络技术等。

(1) 主要特性

◇ 可接驳网络摄像机、网络快球和网络视频服务器；

◇ 可接驳第三方网络摄像机；

◇ 可接驳支持 ONVIF、PSIA 标准的网络摄像机；

◇ HDMI 视频输出分辨率最高达 1 920 ×1 080；

◇ VGA 视频输出分辨率最高达 1 280 ×1 024；

◇ 支持 200 万像素高清网络视频的预览、存储与回放；

◇ 支持按事件查询、回放、备份录像文件；

◇ 支持最大 16 路同步回放；

◇ 支持录像文件倒放功能；

◇ 支持硬盘盘组管理，不同通道可设定不同的录像保存周期；

◇ 支持冗余录像；

◇ 支持 8 个 SATA 接口；

◇ 支持网络检测（网络流量监控、网络抓包、网络通畅）功能；

◇ 支持 NTP（网络校时）、SADP（自动搜索 IP 地址）、SMTP（邮件服务）、NFS（接入 NAS）、iSCSI 等协议。

(2) 适用场合

DS－9600N－SH 系列嵌入式网络硬盘录像机可广泛应用于金融、公安、部队、电信、交通、电力、教育、水利等领域的安全防范。

五、显示设备

显示器的作用是对视频信号进行还原显示，供操作人员进行观看。通常，在视频监控系统中，利用各种显示器构成多屏幕的电视墙，显示前端传来的视频信号，也可以利用矩阵切换器或软件对信号进行切换显示、回放、轮询、分组、预案等操作。

根据显示原理不同，目前市场存在的各种显示设备有：CRT 显示器、液晶显示器（LCD）、等离子显示器（PDP）、大屏幕拼接投影等。

（一）CRT 显示器

1. 基本原理

CRT 显示器，即阴极射线管（Cathode Ray Tube），核心部件是 CRT 显像管，CRT 显像管使用电子枪发射高速电子，经过垂直和水平的偏转线圈控制高速电子的偏转角度，最后高速电子击打屏幕上的磷光物质使其发光，通过电压来调节电子束的功率，就会在屏幕上形成明暗不同的光点形成各种图案和文字。

2. 参考指标

（1）清晰度（分辨率）

衡量监视器性能质量的一个非常主要的技术指标。通常给出的指标常以“中心水平清晰度（或分辨率）”为多见。

（2）灰度等级

衡量监视器能分辨亮暗层次的一个技术指标，最高为 9 级。一般要求≥8 级。

（3）通频带（通带宽度）

衡量监视器信号通道频率特性的技术指标。因为视频信号的频带范围是 6MHz，所以要求监视器的通频带应≥6MHz。

除上述三个主要的技术指标之外，还有亮度、对比度、信噪比、色调及色饱和度、微分相位（DP）、微分增益（DG）、直流分量恢复、γ 校正，几何失真、高频辐射、行频辐射等方面的技术指标与要求。

（二）液晶显示器（LCD）

液晶显示器，简称 LCD（Liquid Crystal Display），具有轻薄短小、低耗电量、无辐射危险，平面直角显示以及影像稳定不闪烁等优势，有逐渐取代 CRT 显示器主流地位的趋势。

1. 基本原理

液晶是一种介于固态和液态之间的物质，具有规则性分子排列的有机化合物。如果把它加热后，液晶会呈现透明状，把它冷却后则会变成结晶颗粒的混浊固体状态，由于液晶具有液体与晶体的特性，故称之为液晶。

LCD 的显像原理，是将液晶置于两片导电玻璃之间，靠两个电极间电场的驱动，引起液晶分子扭曲向列的电场效应，以控制光源透射或遮蔽功能，在电源关开之间产生明暗而将影像显示出来，若加上彩霞色滤光片，则可显示彩色影像。见图 3 - 6 所示。

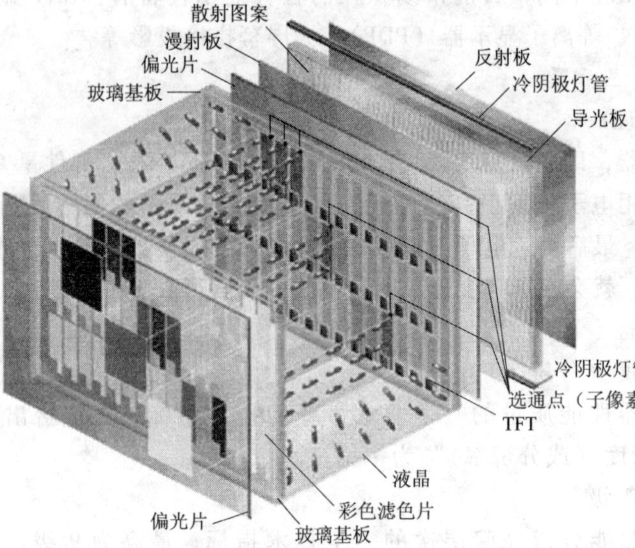

图 3 - 6　TFT 液晶屏的结构

2. 技术指标

（1）尺寸

显示器的尺寸就是显示屏对角线的长度，以英寸（1 英寸 = 2. 539cm）为度量单位。对于液晶显示器也是采用同样的测量标准。

（2）可视角度

可视角度是指站在始于屏幕法线的某个角度的位置时，观察者仍可清晰看见屏幕显示的图像，此时所构成的最大角度就称为可视角度。LCD 的一大缺点就是可视角度小。可视角度这一指标对于液晶显示相当重要。可视角是愈大愈好。通常 LCD 的可视角度都是左右对称。

（3）亮度

亮度是指画面的明亮程度，单位是堪德拉每平米（cd/m^2）或称 nits，也就是每平方公尺分之烛光。目前提高亮度的方法有两种，一种是提高 LCD 面板的光通过率；另一种就是增加背景灯光的亮度，即增加灯管数量。

（4）对比度

对比度指的是屏幕上同一点最亮时（白色）与最暗时（黑色）的亮度的比

值。对比度对视觉效果的影响非常关键，一般来说对比度越大，图像越清晰醒目，色彩也越鲜明艳丽；而对比度小，则会让整个画面都灰蒙蒙的。高对比度对于图像的清晰度、细节表现、灰度层次表现都有很大帮助。

（5）响应时间

响应时间是液晶显示器的重要指标之一。对于液晶显示器而言，其响应时间是愈小愈好，它表现的是液晶显示器各像素点对输入信号的反应速度，即像素点由暗转亮或亮转暗的速度。响应时间越小则使用者在看运动画面时越不容易出现尾影拖拽的感觉。

（6）显示颜色数

目前几乎所有的15英寸LCD都可以显示High Color（256K），因此许多厂商使用了所谓的FRC（Frame Rate Control）技术，以模拟的方式表现出了全彩的画面。当然，这种全彩画面要求与之配合的显卡有足够的显存。

（三）等离子显示器（PDP）

等离子体显示器又称电浆显示器，是继CRT（阴极射线管）、LCD（液晶显示器）后的新一代显示器，其特点是厚度极薄，分辨率佳。等离子体有以下两个显著特点：可以制造出超大尺寸的平面显示器（50英寸甚至更大）；与阴极射线管显示器不同，它没有弯曲的视觉表面，从而使视角扩大到了160度以上；另外，等离子体显示器的分辨率等于甚至超过传统的显示器，所显示图像的色彩也更亮丽，更鲜艳。

1. 基本原理

等离子体显示技术（Plasma Display）的基本原理是利用惰性气体（Ne、He、Xe等）放电时所产生的紫外光来激发彩色荧光粉发光，然后将这种光转换成人眼可见的光。工作原理见图3－7所示。

2. 技术特点

（1）具有体积小、重量轻、无X射线辐射的特点，由于各个发光单元的结构完全相同，因此不会出现CRT显像管常见的图像几何畸变。

（3）屏幕亮度非常均匀，没有亮区和暗区，不像显像管的亮度——屏幕中心比四周亮度要高一些，而且，等离子体显示器不会受磁场的影响，具有更好的环境适应能力。

（3）高亮度、大视角、全彩色和高对比度，意味着等离子体显示器图像更加清晰，色彩更加鲜艳，感受更加舒适，效果更加理想。

（4）与LCD液晶显示器相比，等离子体显示器有亮度高、色彩还原性好、灰度丰富、对快速变化的画面响应速度快等优点。由于屏幕亮度很高，因此可以

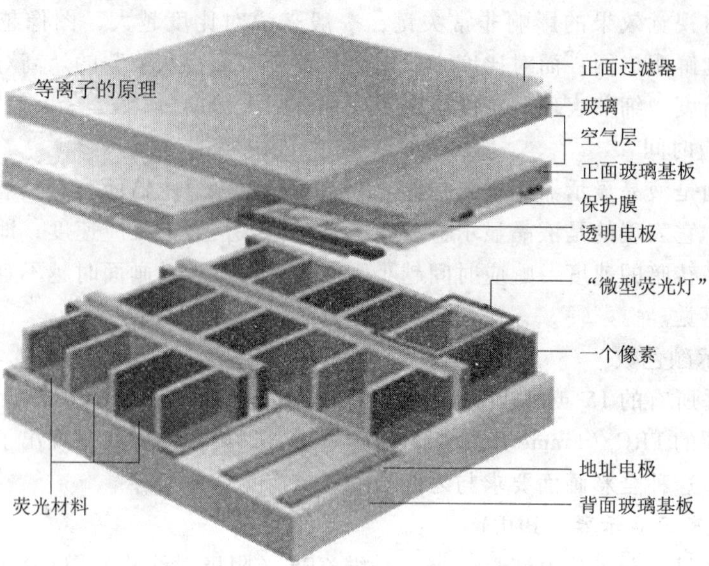

图 3－7 等离子显示的工作原理

在明亮的环境下使用。

（5）另外，等离子体显示器视野开阔，视角宽广（高达 160 度），能提供格外亮丽、均匀平滑的画面和前所未有的更大观赏角度。

（6）由于其显示是平面设计，其显示屏上的玻璃极薄，所以表面不能承受太大或太小的大气压力，更不能承受意外的重压。

（7）每一个像素都是独立地自行发光，相比显示器使用的电子墙而言，耗电量自然大增。一般等离子体显示器的耗电量高于 300 瓦，所以等离子体显示器背板上装有多组风扇用于散热。

（四）DLP 数字投影机

1. 基本原理

DLP（Digital Light Processor）数字光处理器是一项全新的投影显示技术，它以 DMD（Digital Micromirror Device）数字微反射器作为光阀成像器件，采用数字光学处理技术调制视频信号，驱动 DMD 光路系统，通过投影透镜获取大屏幕图像。工作原理见图 3－8 所示。

数字微反射器是 DLP 数字投影机的核心，可被简单描述成为半导体光开关，是将几十万到几百万个微小的正方形反射镜片按行列紧密排列在一起，微镜数目决定了 DLP 投影机的物理分辨率。

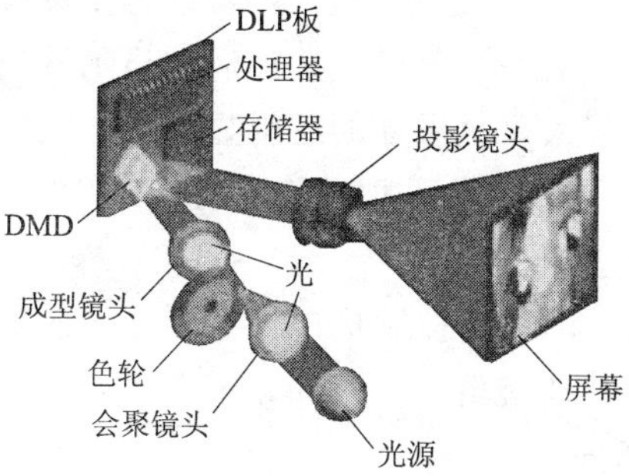

图 3-8　DLP 显示单元工作原理图

2. 技术特点

（1）清晰度

DLP 技术的核心是由数以万计的镜片组成的数字显微镜系统，每块镜片之间的距离不到 1 微米，从而可以达到极高的占空因数。最大限度地缩小投影图像像素之间距离，可以生成无缝的数字化图片，在任何尺寸下都可以保持良好的锐度，不会出现其他技术造成的像素痕或“筛孔”。DLP 技术生成原始资料镜像的准确性方面优于其他显示系统。

（2）亮度

由于以镜片为基础，提高了光通效率，因此 DLP 投影系统比所有其他显示系统具有更强的亮度。

（3）色彩

DLP 技术的色彩范围的丰富性可还原 350 万亿种色素。

（五）大屏幕拼接系统

大屏幕拼接显示是由多个显示单元以及图像控制器构成的大屏幕显示系统，一般用于一个画面的超大屏幕显示以及多个画面的多窗口显示。输入信号全部通过图像控制器处理后分别输出到每个投影单元，每个显示画面可以跨越显示单元的边界，但通常保证图像单元之间最小的缝隙。

1. 系统组成

大屏幕拼接墙的系统架构主要分为四个部分。

（1）拼接墙显示单元：即 DLP/LCD/PDP 显示终端设备，一般有 2×2、2×3、3×3 等多种拼接形式，当然显示单元也包括相关的拼接箱体和支撑件等。

（2）拼接墙处理器部分

处理器是拼接墙的核心，是将一个完整的图像信号划分后分配给视频显示单元，完成多个普通视频单元组成一个超大屏幕动态图像显示屏。电视墙处理器可以实现多个物理输出组合成一个分辨率叠加后的显示输出，使拼接墙构成一个超高分辨率、超高亮度、超大显示尺寸的逻辑显示屏，完成多个信号源在屏幕墙上的开窗、移动、缩放等方式的显示功能。

（3）拼接墙接口设备部分

包含音视频、VGA、网络、控制接口，主要连接各类输入及输出设备，对拼接墙的显示内容进行控制和编辑。

（4）拼接墙软件部分

管理控制软件来实现拼接墙的画面显示及各种功能，以及显示内容的编辑处理，甚至是内容的在线更新。

2. 分类及比较

目前常用三大的拼接技术为：DLP、LCD（DID）和 PDP，其中 DLP 技术占有大部分市场，三大技术的基本系统架构是类似的，但 LCD 和 PDP 的拼接系统在拼接处理器、多屏卡等处理部分相对 DLP 要简单些，是因为 LCD、PDP 显示屏本身带有信号处理功能。

三种技术的综合比较见下表 3－8。

表 3－8　三种拼接技术参数性能比较

参数	DLP	LCD	PDP
亮度	800－1 000lm（实际衰减）	700－1 000lm	1 000ml（实际半衰）
对比度	2 000:1	1 000:1－1 500:1	5 000:1－10 000:1
色彩饱和度	70%	92%（DID）	93%
分辨率	1 024×768（50－60″） SXGA（80 英寸）	1 366×768（40/46″）	852×480（42″）
功能	300W（50 英寸）	200W（46 英寸）	350W（42 英寸）
寿命	10 000 小时（灯泡）	50 000 小时（背光）	50 000 小时
灼伤	基本不会灼伤	不会灼伤	容易灼伤 （但可以通过软件减弱）
厚度	20cm 以上	10－15cm	10－15cm
拼缝缝	1mm	6.7mm（DID） 10mm 以上（普通）	2－3mm（MPDP） 10mm 以上（普通）
亮度均匀性	一般	一般	较好

从以上对比表不难发现，从技术层面来看，LCD 技术占有综合优势的地位，主要弱势是拼接缝较宽，而 DLP 主要优势则在拼接缝最小，在色彩表现、分辨率、寿命等方面都有着较为明显的缺陷。PDP 则在防灼伤、分辨率方面相对较弱。

3. 大屏幕显示系统功能

（1）单屏独立显示功能

每个拼接单元单独显示，各单元显示不同图像。见图 3－9，图中共有 12 个显示单元，每单元单独显示，共显示了十二路视频信号。

图 3－9　拼接屏各单元独立显示

（2）环通显示功能

多个单元显示相同的图像。见图 3－10，图中共有 12 个显示单元，其中 9 个显示单元显示同一路视频信号。

图 3－10　拼接屏环通显示

（3）任意组合显示

任意相邻单元拼接显示一路图像。见图 3－11，图中右上角的 4 个显示单元显示一路视频信号，左下方的 3 个显示单元显示了另一路视频信号。

（4）全屏拼接显示，高分辨率应用

全部单元拼接显示一幅大画面，总个大屏显示系统的分辨率等于各个拼接单元的分辨率之和。见图 3－12。

图 3－11 拼接屏任意组合显示

图 3－12 拼接屏全屏拼接显示

（5）单屏多画面分割

单屏幕视频多分割输入显示，需外置控制器支持。图 3－13 中左下角的 2 个显示单元中均显示了四路视频信号，实现了多画面分割功能。

图 3－13 拼接屏单屏多画面分割

（6）网络信号显示

大屏幕除了可以显示视频信号之外，还可以显示计算机信号，用来显示多个计算机的屏幕，这些计算机可以是连接在网络上的任何一台计算机或者服务器。

大屏幕可以显示程序的界面、可以打开网络进行浏览。总之普通计算机显示器可以显示的信号都可以在拼接大屏幕上显示。

（7）各类信号混合显示

大屏幕除了可以单独显示视频信号和网络信号外，还可以混合显示各种信号，见图 3－14，同屏显示地图、摄像机视频、计算机信号等。

图 3－14　拼接屏各类信号混合显示

第四节　视频监控系统主流应用模式分析

目前主流应用的视频监控系统主要有基于 DVR 的模拟视频监控系统、数字控制的模拟视频监控系统和网络数字视频监控系统三大类。前两者技术发展已经非常成熟、性能稳定，在实际工程应用中得到广泛应用；后者是以计算机技术及视频压缩为核心的新型视频监控系统，该技术因解决了模拟系统部分弊端而迅速崛起，但仍需进一步完善和发展。目前，视频监控系统正处在数控模拟系统与网络数字系统混合应用并将逐渐向数字系统过渡的阶段。

一、模数结合式视频安防监控系统（模拟摄像机＋模拟视频矩阵＋DVR）

1. 系统结构

该系统前端采用模拟摄像机，通过同轴电缆或光缆，把信号送到监控中心，监控中心通常采用视频分配器把视频输入信号分成相同两路，一路送给矩阵切换器作为核心的信号切换控制设备，另外一路送给数字硬盘录像机（DVR）作为视频存储设备。系统结构如图 3 –15。

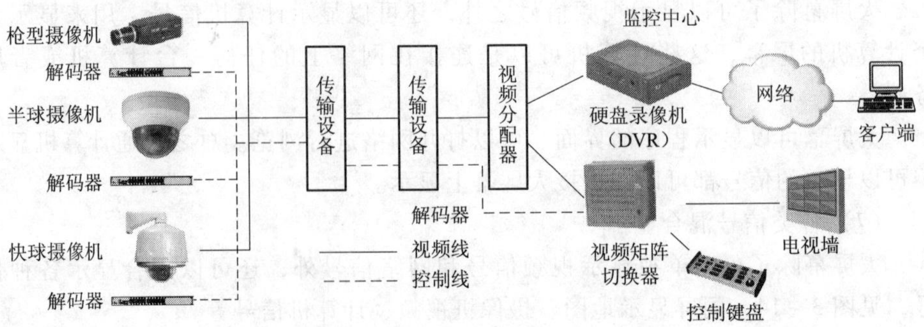

图 3 –15　基于 DVR 的模拟视频监控系统组成结构图

系统的信号采集、传输、控制、显示均为模拟形式，视频信号存储为数字形式。系统从监控点到监控中心为一般采用同轴电缆传输，远距离传输需要敷设或租用光缆设备。前端摄像机、云台设备的控制通过矩阵、解码器设备实现。

2. 系统组成设备

系统由前端设备、传输设备和监控中心三部分组成。控制中心包括：控制切换设备、存储设备、显示设备及其他设备。

（1）前端设备包括：模拟摄像机、云台、防护罩、支架、云镜解码器；

（2）传输设备包括：同轴电缆、控制电缆、光端机、光纤；

（3）控制切换设备包括：模拟视频矩阵切换器；

（4）存储设备包括：数字硬盘录像机（DVR）；

（5）其他设备包括：视频分配器、画面分割器等。

设备基本功能见表 3 –9。

表 3 –9　系统设备功能

	设备	功　能
前端设备	摄像机	视频信号采集
	云台	承载摄像机进行上下左右转动、扩大摄像机视野
	防护罩	保护摄像机
	支架	承载摄像机安装
	解码器	一端连接控制中心的控制主机，接收控制主机的控制信号，另外一端连接云台和摄像机镜头，把控制信号解码为云台、镜头可接收的电机信号，使云台上下左右转动、镜头实现变焦、聚焦、对焦等操作

续表

	设备	功　能
传输设备	同轴电缆	基带视频信号的电传输，最大传输距离 300 - 500 米
	视频放大器	视频信号功率补偿，可以使基于同轴电缆传输的视频信号传输距离更远，一般可以补偿 1 000 米
	光端机和光纤	基带视频信号的光传输，传输距离可达几公里
控制中心	视频分配器	视频信号的一分二或一分四，同时进行功率补偿使得输出信号和输入信号一样
	视频矩阵	视频信号的切换、前端设备的控制
	硬盘录像机	视频信号的数字化存储
	画面分割器	将几路视频信号合成一路，以节省显示器或存储器数量

3. 系统特点

该系统技术成熟、性能稳定，并在实际工程中得到广泛应用。系统特点分析如下。

（1）从监控点到监控中心为模拟同轴电缆方式传输，要实现远距离视频传输需铺设（租用）光缆、在光缆两端安装视频光端机设备，从这点讲系统建设成本高、布线工作量大、不易维护、且维护费用较大；

（2）以 DVR 为核心存储设备，存储规模大，而目前 DVR 具有强大的网络功能，可以支持远程网络的视频检索、访问、回放、下载等；

（3）系统一般以矩阵切换器为核心的控制切换设备，矩阵通常通过 RS - 485 总线接口与前端设备相连，不支持从网络的任意客户端访问前端设备，因此控制能力有限，受地域限制，但可以通过 DVR 设备经网络进行远程控制；

（4）矩阵、DVR 设备均有报警输入输出接口，可以实现与其他系统（如入侵报警系统、消防系统等）的报警联动，且 DVR 设备有强大的网络功能，可以与其他信息系统可以交换数据，应用的灵活性较好；

（5）系统技术成熟、稳定，与网络视频监控系统相比，建设和维护费用低、操作简便。

4. 系统适用场合

该系统适用于小范围内、监控点数不多、传输距离较近（几公里内）、控制中心固定的场合。由于该系统技术成熟稳定，相对于网络视频监控系统，投资规模小。

二、数控模拟视频监控系统（模拟摄像机 + DVR + 控制软件）

1. 系统结构

该系统前端采用模拟摄像机，通过同轴电缆或光缆接入硬盘录像机，硬盘录像机对采集图像进行本地编码，编码数据存储在硬盘录像机的本地硬盘中，编码后产生网络视频流，通过 IP 网络接入到远程监控中心，监控中心安装客户端软件，使用软件将远程视频流进行本地显示，或通过监控中心的解码器解码后直接输出到电视墙上。监控中心还可以安装 NVR 等网络存储设备，作为前端 DVR 存储的扩展和备份。系统组成如图 3－16。

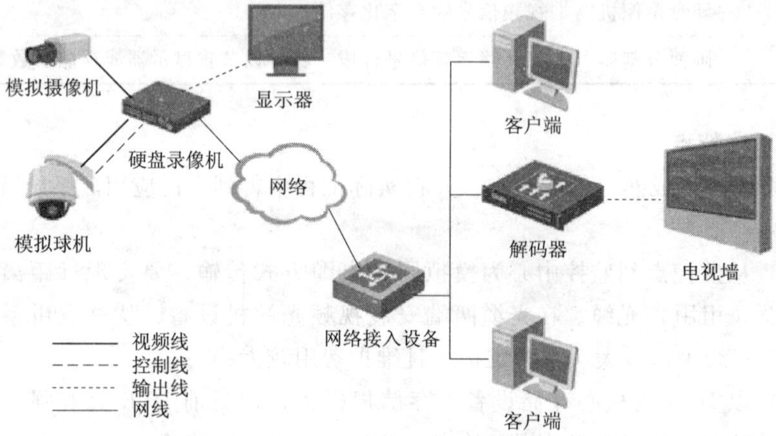

图 3－16　数控模拟视频监控系统组成结构图

2. 系统组成与设备

（1）前端设备包括：模拟摄像机、云台、防护罩、支架、云镜解码器；

（2）传输设备包括两部分：

摄像机到 DVR 的传输：同轴电缆、控制电缆、光端机、光纤；

DVR 到远程控制中心：网络；

存储设备：DVR；

控制中心：控制管理软件、解码器、（NVR）。

设备基本功能见表 3－10。

表 3 - 10　　系统设备功能

	设备	功　能
前端设备	同上	
传输设备	同上	
存储设备	DVR	视频信号存储、摄像机/云台的控制
控制中心	视频解码器	把网络视频信号解码还原成模拟视频信号，输出给显示系统
	控制软件	对系统设备的管理、对前端设备的控制、视频信号的切换等
	NVR	可以作为前端 DVR 的扩展存储与备份

3. 系统特点

该系统特点如下。

（1）系统的前端信号采集、传输为模拟形式，控制、存储为数字形式。系统从监控点到 DVR 设备采用同轴电缆传输，要实现远距离视频传输需铺设（租用）光缆；

（2）前端摄像机、云台设备的控制通过硬盘录像机实现，也可通过远程监控中心的客户端软件执行。可以实现从网络的任意客户端访问前端设备，因此控制能力不受地域限制；

（3）基于硬盘录像机的本地存储方式，存储风险低，网络传输开销小。远程监控中心不需要很高的传输带宽即可实现其管理职能。依靠网络硬盘录像机的本地功能，前端监控点可方便快捷地实现本地化监控管理功能；

（4）远程监控中心可以利用 NVR + SAN 等设备对前端 DVR 存储数据的扩展和备份。

4. 系统适用场合

该系统实际有两级控制中心，一级是基于 DVR 的本地控制中心，另一级是基于控制管理软件的远程控制中心。所以该系统较适合于应用在一些监控点数量众多且分布较广、传输成本受到限制、网络带宽有限、控制中心不固定或多个控制中心的应用中。

三、前端模拟的数字视频监控系统（模拟摄像机 + 视频编码器 + NVR + 控制软件）

1. 系统结构

该系统前端采用模拟摄像机，通过视频编码器对模拟视频信号进行数字转换和压缩编码后，直接接入 IP 网络；远程监控中心通过 NVR 对前端的信号流进行下载并存储，通过解码器解码后直接输出到电视墙上，也可使用控制管理软件将远程视频流进行本地显示。对前端摄像机、云台设备的控制通过视频编码器实现。系统组成如图 3－17。

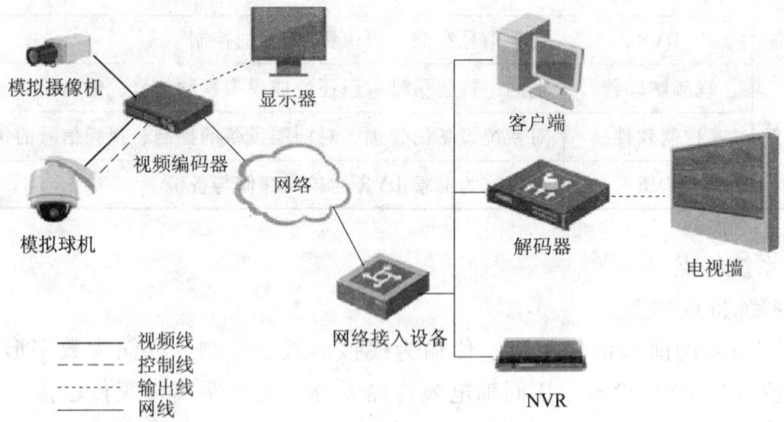

图 3－17　数控模拟视频监控系统组成结构图

2. 系统特点

该系统特点如下。

（1）前端摄像机、云台设备的控制通过视频编码器实现，通过安装编码器的控制软件可以实现从网络的任意客户端访问前端设备，因此控制能力不受地域限制，但网络控制会有一定的时延；

（2）本地不进行视频信号的存储，编码器把模拟视频信号数字编码后通过网络转发，远程监控中心利用 NVR 对所有视频信号进行集中存储、集中管理，这种存储方式扩展性好、系统功能强大、维修维护方便。

3. 系统适用场合

该系统较适合于应用在网络带宽充足、对数据安全性要求高、系统规模大的应用场合。

四、模数结合视频监控系统（模拟摄像机＋矩阵＋视频编码器＋NVR＋控制软件）

1. 系统结构

该系统前端采用模拟摄像机，通过同轴电缆或光端机和光缆进入本地监控中心，监控中心通过视频分配器把视频信号一分二，一路送给视频矩阵切换器，实现本地信号的切换和控制；另外一路输入给视频编码器，编码器对模拟视频信号进行数字转换和压缩编码后，直接接入 IP 网络；远程监控中心通过 NVR 对前端的信号流进行下载并存储，通过解码器解码后直接输出到电视墙上，也可使用控制管理软件将远程视频流进行本地显示。对前端摄像机、云台设备的控制通过本地视频矩阵实现。系统组成如图 3－18。

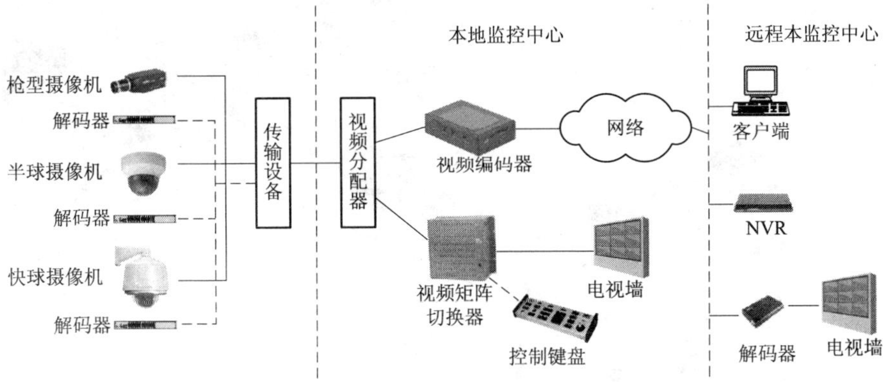

图 3－18　半数字半模拟视频监控系统组成结构图

2. 系统特点

该系统特点如下。

(1) 前端摄像机、云台设备的控制通过本地视频矩阵实现，矩阵控制方式比网络客户端控制方式速度快、操作便捷，尤其对于快球摄像机的控制，可以满足一些特殊场合的需要，如嫌疑人跟踪等。远程监控中心通过安装编码器的控制软件也可以实现从网络的任意客户端访问前端设备。

(2) 该系统兼具模拟和数字系统的优点。

3. 系统适用场合

该系统前端到本地监控中心的传输采用模拟传输方式，本地监控中心到远程监控中心的传输采用数字网络形式，前端设备的控制采用模拟矩阵方式，数据存储集中在远程监控中心。目前这种系统架构在应用中大量存在，适合于光缆、网络都发达的地区，满足对于集中存储、便捷控制、集中管理的需求。

五、全数字视频安防监控系统（IPC＋NVR＋中央管理软件）

1. 系统结构

全数字视频监控系统即网络视频监控系统，该系统前端采用网络摄像机，直接编码产生网络视频流，通过以太网接入到监控中心。根据任务职责，监控中心可分为多级：一级监控中心可以配置各种服务器及管理主机等网络设备，用来对整个系统进行设备集中管理与控制，并在一级监控中心实现图像的冗余存储与浏览；二级监控中心可以根据需要选择配置各种服务器及管理主机等网络设备，用来对本区域的网络设备进行集中存储与视频的浏览控制。系统组成如图 3－19。

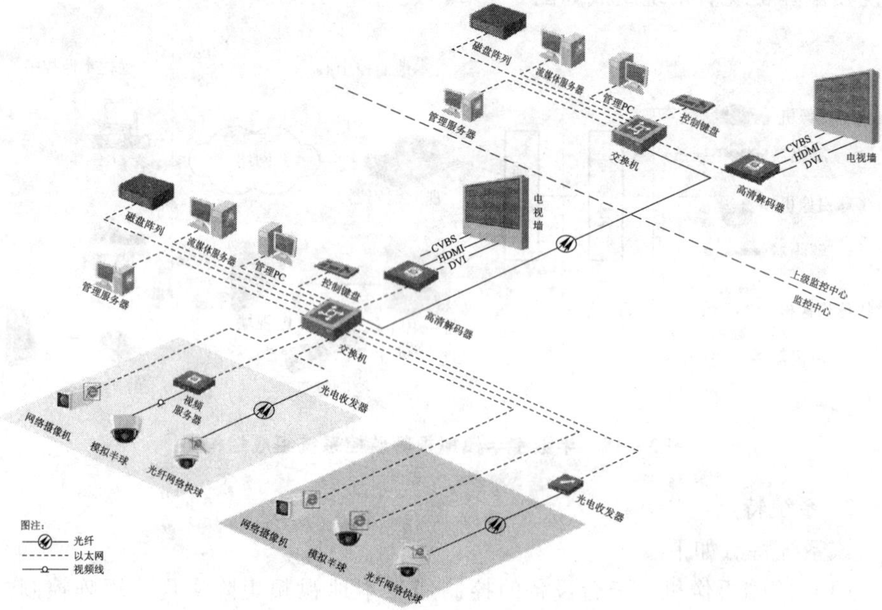

图 3－19　网络视频监控系统组成结构图

2. 主要组成设备

组成网络视频监控系统的主要设备包括：

前端设备：网络摄像机；

传输：TCP/IP 网络；

控制中心：各种服务器、存储设备、视频解码器、中央管理软件等。

设备基本功能见下表 3－11。

表 3－11　　系统设备功能

	设备	功　能
前端设备	网络摄像机	视频信号采集、A/D 转换、压缩编码、TCP/IP 封装
传输设备	同上	TCP/IP 网络

续表

	设备	功 能
控制中心	NVR + SAN（NAS）、媒体服务器 + SAN（NAS）等多种组合方式	数字视频信号存储
	视频解码器	把网络视频信号解码还原成模拟视频信号，输出给显示系统
	中央管理软件	对系统设备的管理、对前端设备的控制、视频信号的切换等
	各种服务器	各种应用服务

3. 系统特点

（1）视频信号的采集、传输、存储与控制，全部为数字形式，实现了真正的纯数字视频监控系统。

（2）网络视频监控系统采用完全分布式的架构，系统架设在网络上，不受地域空间的限制，利用中央管理软件可以实现视频资源的管理、整合、配置、传输、调用、存储、报警、集成等。

（3）由于前端采集设备为 IP 摄像机，而 IP 摄像机才能达到真正意义的百万像素高清摄像机，因此网络视频监控系统可以实现高清视频监控系统，但尚处在起步阶段，芯片处理能力、编码算法、带宽资源、存储成本、显示环节诸多因素有待于进一步发展。

（4）数字监控系统因为其传输的优势，传输介质可复用，并且在网络触及的地区都可以安装，这样在前端扩展就很少要考虑传输的问题。而在后端的管理平台、存储系统扩展也只需要在网络中增加相应的管理、存储设备即可实现系统的扩展。传统的模拟系统相比数字监控系统设备而言，扩展容量必须建设一条传输线路，后端扩展管理、存储平台可能会涉及矩阵扩容、硬盘录像机扩容等，需要对系统做很大的改动。

（5）数字监控系统的管理系统是基于开放式的操作平台开发的，一般通过软件的开发可以增加新的功能，无需增加新的硬件，可以充分满足客户的所需。相比而言，模拟监控系统的功能限制是相当严格的，因为一般都使用固件，所以升级或者改造增加新功能是很困难的。

（6）网络视频监控系统的控制采用客户端软件方式实现，相对于传统的模拟矩阵控制方式，时间上会有时延。

(7) 网络视频监控系统的建设费用，相对于模拟系统要高。

4. 适用场合

系统分散监控、集中管理、组网灵活，适合于网络资源发达、大区域大规模监控。

第五节 视频监控系统典型设备

一、普通摄像机

1. 枪式摄像机

(1) 主要特性

◇ 采用高性能 SONY CCD；

◇ 分辨率高，彩色 540 TVL，黑白 600TVL，图像清晰、细腻；

◇ 低照度，彩色 0.02Lux@ (F1.2，AGC ON)，0.000 12Lux@ (F1.2，AGC ON，感光度 ×256)，黑白 0.002Lux@ (F1.2，AGC ON)，0.000 007Lux@ (F1.2，AGC ON，感光度 ×256)；

◇ 支持 ICR 红外滤片式自动切换，自动彩转黑功能，实现昼夜监控；

◇ 支持 OSD 菜单控制，适合客户自定义设置；

◇ 支持自动光圈功能（直流驱动或视频驱动）；

◇ 方便的背焦调节方式。

(2) 应用场景

适用于金融、超市、电信、政府、学校、机场、工厂、酒店等要求高清画质的场所；尤其适用于仓库、地下停车场、酒吧、管道、博物馆等对低照度特别有要求的场所。

2. 半球摄像机

(1) 主要特性

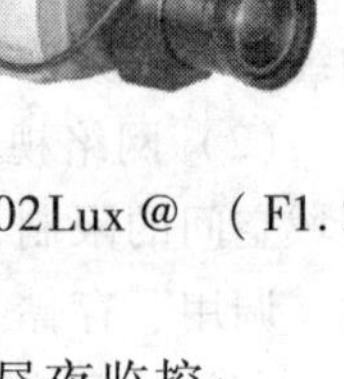

◇ 采用高性能 SONY CCD；

◇ 分辨率高，彩色 540TVL，黑白 600TVL，图像清晰、细腻；

◇ 低照度，彩色 0.02Lux@ (F1.2，AGC ON)，0.000 12Lux@ (F1.2，AGC ON，感光度 ×256)，黑白 0.002Lux@ (F1.2，AGC ON)，

0.000 007Lux@（F1.2，AGC ON，感光度×256）；

◇ 支持 OSD 菜单，可通过遥控器控制；

◇ 支持 ICR 红外滤片式自动切换；

◇ 配备 DC 2.8～11mm 自动光圈镜头（2.5～6mm 镜头可选）；

◇ 工程设计先进，三轴旋转，可靠性高。

（2）应用场景

适用于金融、超市、电信、政府、学校、机场、工厂、酒店等要求高清画质的场所；另外尤其适用于仓库、地下停车场、酒吧、管道、博物馆等对低照度特别有要求的场所。

3. PTZ 枪式摄像机

（1）主要特性

◇ 采用高性能 SONY CCD；

◇ 分辨率高，图像清晰、细腻；

◇ 低照度，0.1Lux @（F1.2，AGC ON），0 LUX with IR；

◇ 采用遥控调焦，同步聚焦技术；

◇ 支持自动彩转黑功能，实现昼夜监控；

◇ 符合 IP66 级防水设计，可靠性高。

（2）应用场景

适用于道路、仓库、地下停车场、酒吧、管道等光线较暗或无光照环境。

二、网络摄像机

1. 高清网络摄像机

（1）主要规格

◇ SVAC/H.264 视频编解码标准可选；

◇ 200 万像素 CMOS，1 080P@25fps，720P@50fps；

◇ 支持 HDMI 接口；

◇ 支持码率、I 帧间隔、编码质量等编码参数动态配置；

◇ 支持亮度、对比度、饱和度、AE/ME 等图像参数动态调整；

◇ 支持 POE 或 DC12V 供电；

◇ 支持红外滤光片的自动、手动切换模式；

◇ 支持 OSD 叠加，支持双向语音对讲；

◇ RS－485 接口，1 路报警输出和 2 路报警输入；

◇ 支持 PPPoE、SMTP、RTSP、UpnP、NTP 等多种网络协议。

（2）产品特性

◇ 最低照度 0.5Lux，支持昼夜模式切换，在白天和夜晚等不同环境下都能提供高质量视频采集；

◇ SVAC ROI：1 080P 及 720P 支持至少 2 个 ROI 区域，区域内外图像参数可配置；

◇ SVAC SVC：支持图像基本层和增强层设置；

◇ 支持 SVAC 监控专用信息（绝对时间）及 SVAC 加密和认证。

（3）产品主要定位：数字化网络下的高清视频采集、编码与传送。

2. 高清半球形网络摄像机

（1）主要特点

◇ 高品质图像；

◇ 提供 720P/30fps 全实时高清视频图像；

◇ 广播级图像 Main Profile @ lever 4 级 H.264；

◇ 支持自动日夜转换功能（ICR）；

◇ 丰富的网络特性；

◇ 支持全网统一网管，适合各种规模组网；

◇ 支持以太网供电（PoE）；

◇ 支持 iSCSI 直存；

◇ 丰富的报警功能；

◇ 提供视频运动检测（Motion－Detect）、设备温度、开关量输入、光模块故障及传感联动等多种可选报警联动方式；

◇ 支持智能报警业务，报警存储、报警联动。

（2）主要性能指标

◇ 成像器件：1/2.7 Inch 逐行扫描 200 万像素 CMOS 图像传感器；

◇ 日夜切换方式：自动红外滤片切换彩转黑；

◇ 彩色最低照度：0.5 Lux（30IRE，F1.2）；

◇ 焦距：3.2mm－12mm，3 倍光变；

◇ 水平控制范围：水平：0°－360°；

◇ 垂直控制范围：0°－75°；

◇ 视频编码格式：H.264，最大分辨率 1 280×720；

◇ 网络接口：10/100base －T 自适应电口；

◇ SD 卡：标准 SD/SDHC 插槽；

◇ 电源：支持 PoE（802.3af）。

（3）使用注意事项

◇ 在高反差场合，请注意调整相应的参数；

◇ 如果需要夜视模式，请注意选择内置补光的设备，外置补光比较复杂。

3. 高清高速球型网络摄像机

（1）主要特性

◇ 采用 130 万像素 CCD，18 倍光学变焦高清一体机芯；

◇ 精密电机驱动，反应灵敏，运转平稳，精度偏差少于 0.1 度，在任何速度下图像无抖动；

◇ 支持三维智能定位功能，配合 IMOS 客户端软件可实现拉框光学放大；

◇ 支持断网前端缓存，和网络恢复自动缓存补录；

◇ 支持断电状态记忆功能，上电后自动回到断电前的云台和镜头状态；

◇ 室外球达到 IP66 防护等级；

◇ 支持定时任务预置点/花样扫描/巡航扫描/水平扫描/垂直扫描/随机扫描/帧扫描/全景扫描等功能；

◇ 报警功能丰富；

◇ 提供视频运动检测（Motion-Detect）、隐私遮盖、设备温度、开关量输入、光模块故障及传感联动等多种可选报警联动方式；

◇ 支持智能报警业务，报警存储、报警联动；

◇ 提供标准 GPIO 报警接口、双向音频和模拟输出接口；

◇ 提供 1 路模拟音频输入输出接口，提供一路 BNC 模拟视频输出；

◇ 提供 1 个 10M/100M Base-Tx 自适应以太网电口；

◇ 提供 2 路报警输入接口，1 路报警输出接口，提供 RS485 串口用于告警扩展。

（2）主要性能指标

◇ 机芯：130 万像素 1/3 inch CCD；

◇ 焦距：4.7 －84.6mm，变倍范围：1 －18 倍；

◇ 视频压缩格式：H.264，视频最大分辨率 1 280 ×720；

◇ 音频压缩格式：G.711u，单声道，码率 64kbps；

◇ 水平范围控制：360°，水平速度 0.01°/s ~ 300°/s；

◇ 垂直范围控制：0° ~ 180°（自动镜像），垂直速度 0.01° ~ 240°/s；

◇ 预置位数量：254；

◇ 音频输入输出：单声道输入/输出接口；

◇ 语音对讲接口：line in 接口 line out 接口；

◇ 告警接口：2 路告警输入，1 路告警路输出；

◇ 串口：1 路 RS485 串口；

◇ 网口：10Base-T / 100Base-TX，RJ45 头；

◇ 电源：支持 PoE（802.3af）。

4. 720P 高端球型网络快球摄像机

（1）主要特性以及功能

◇ 支持自动跟踪功能，触发跟踪的模式有报警触发和手动触发两种跟踪模式，可结合巡航扫描方式对不同场景进行轮巡监控；

◇ 支持 RS - 485 控制下对 HIKVISION、Pelco-P/D 协议的自动识别；

◇ 支持三维智能定位功能，配合 DVR 和客户端软件可实现点击跟踪和放大；

◇ 支持内置温度感应器，可显示机内温度；

◇ 支持定时任务预置点/花样扫描/巡航扫描/水平扫描/垂直扫描/随机扫描/帧扫描/全景扫描等功能；

◇ 水平方向 360°连续旋转，垂直方向 -5°-185°，无监视盲区；

◇ 水平预置点速度最高可达 540°/s，垂直预置点速度最高可达 400°/s；

◇ 水平键控速度为 0.1° -300°/s，垂直键控速度为 0.1° -240°/s；

◇ 支持 256 个预置位，并具有预置点视频冻结功能；

◇ 支持 8 条巡航扫描，每条可添加 32 个预置点；

◇ 支持 4 条花样扫描，每条路径记录时间大于 10 分钟；

◇ 支持报警功能，内置 7 路报警输入和 2 路报警输出，支持报警联动，可在报警后触发调用预置点/巡航扫描/花样扫描/SD 卡录像/触发开关量输出/客户端电子地图。

（2）产品适用场所

可广泛应用于需要大范围高速自动跟踪监控的场所，如：河流、森林、公路、铁路、机场、港口、岗哨、广场、公园、景区、街道、车站、大型场馆、小区外围等场所；自动跟踪功能可应用于周界防范场所，如机场、港口、小区外围等。

三、矩阵切换器

某品牌系列矩阵切换器

1. 主要特性

◇ 能支持现在的各种制式的视频信号，也能满足将来的高清晰电视（HDTV）的带宽要求；

◇ 矩阵切换器带有单色或彩色液晶显示，RS232 通讯接口，带有断电现场保护功能；

◇ 可以与计算机、遥控系统或各种远端控制设备配合使用。系统配备了多套串口指令，兼容主流矩阵的串口指令集；

◇ VGA 切换器的信号带宽为 350MHz（－3db），能支持分辨率为 2 048 × 1 536 60hz 的刷新频率和 1 024 × 768 100Hz 的刷新频率，完全能满足各种严要求，高品质的场合；

◇ 支持一路输入信号输出到多路输出通道输出。

2. 参考指标

规格	4 × 4 至 128 × 128 视频矩阵切换器
信号类型	复合视频、S－视频、分量视频
连接器	BNC 插座
同步信号电平	—
切换类型	场消隐期间切换
带宽	100M（－3dB），满载
串扰	－50dB@5Mhz
阻抗	75Ω
串口控制	RS－232 或 RS－422
控制协议	9 600 波特率，8 位数据位，1 个停止位，无奇偶校验
连接器	9 针 D 形插座
电源	220VAC—240VAC，50/60Hz

续表

功率	100 W
尺寸	48cm×30cm×（8—44）cm
重量	5.5—15kg
防震等级	纸箱中 ISTA / NSTA 1A
MTBF	30 000 小时

3. 适用场所

该系列矩阵主要应用于广播电视工程、多媒体会议厅、大屏幕显示工程，电视教学、指挥控制中心、各种监控中心等场合。

四、编码设备（视频服务器）

某品牌系列编码器基于 TI 最新平台开发 1U 机架式多路视频服务器，采用 Linux 操作系统，Davinci 处理器，运行稳定可靠。采用标准 H.264 压缩算法，支持多种分辨率实时编码，支持多种网络协议，可以应用于多种不同领域的安防防范。

◇ 支持 H.264 视频编码标准，最高支持 4CIF（704×576）、DCIF（528×384）、2CIF（704×288）、CIF（352×288）、QCIF（176×144）多种分辨率编码，每个通道支持双码流编码；

◇ 支持单播和组播，单播支持 TCP、UDP、RTP、RTSP 协议，支持 RTSP/RTP 的标准流媒体协议；

◇ 远程 JPEG 抓图，用户可以远程抓取 JPEG 图片，图片的分辨率和质量由用户指定；

◇ 支持多种主流的 PTZ 协议，具有报警联动 PTZ 功能；

◇ 具有报警输入输出口；

◇ 异常报警处理情况，包括：网线断报警、IP 地址冲突报警、硬盘满报警、硬盘错报警、视频信号异常报警、非法访问报警，支持多种处理方式，开关量报警输出、蜂鸣器报警、上传报警中心等；

◇ 异常重启：软件看门狗功能，用于检测重要的线程和设备的系统资源，当出现异常时，自动重启设备；硬件看门狗，实时对硬件设备进行探测，当系统任务调度出现异常时，自动重启设备；

◇ 用户管理和日志记录；

◇ SDK 接口：提供 Windows、Linux 系统下的 SDK 软件开发包、提供演示的应用软件源码、提供应用系统的开发支持。

五、存储设备

1. 硬盘录像机

某品牌系列硬盘录像机融合了视频编解码技术、嵌入式系统技术、存储技术、网络技术和智能技术等，即可本地独立工作，也可联网组成一个强大的安全防范系统。

（1）主要特性

◇ 支持同时接入模拟摄像机和 IP 摄像机，并均可实现预览、控制、录像、回放等操作；

◇ 支持高清摄像机接入、支持高清 HD720P 全实时浏览、录像、回放；

◇ 支持 1 280 × 1 024 高清输出；

◇ 支持多种模式智能分析；

◇ 支持双码流技术，同一通道可配置两套编码参数，并支持动态切换。

（2）产品主要功能

◇ 支持复合视频流编码和视频流编码；

◇ 支持视频双码流功能；

◇ 支持远程 JPEG 抓图；

◇ 指定通道写到指定的硬盘，方面事后查询和取证；

◇ 不同通道可以有不同的录像保存时间；

◇ 支持录像码流加密；

◇ 支持录像文件的锁定/解锁；

◇ 可以设置冗余盘和只读盘；

◇ 支持多路同步回放；

◇ 多种智能视频分析功能。

2. 网络硬盘录像机（NVAR）

某品牌网络硬盘录像机 NVR（Net Video Recoder）产品，支持主流品牌网络摄像机的预览、存储和点播。它融合了多项专利技术，采用了多项 IT 高新技术，如视音频编解码技术、嵌入式系统技术、存储技术、网络技术等。

(1) 主要特性

◇ 可接驳网络摄像机、网络快球和网络视频服务器；

◇ 可接驳第三方网络摄像机；

◇ 可接驳支持 ONVIF、PSIA 标准的网络摄像机；

◇ HDMI 视频输出分辨率最高达 1 920 ×1 080；

◇ VGA 视频输出分辨率最高达 1 280 ×1 024；

◇ 支持 200 万像素高清网络视频的预览、存储与回放；

◇ 支持按事件查询、回放、备份录像文件；

◇ 支持最大 16 路同步回放；

◇ 支持录像文件倒放功能；

◇ 支持硬盘盘组管理，不同通道可设定不同的录像保存周期；

◇ 支持冗余录像；

◇ 支持 8 个 SATA 接口；

◇ 支持网络检测（网络流量监控、网络抓包、网络通畅）功能；

◇ 支持 NTP（网络校时）、SADP（自动搜索 IP 地址）、SMTP（邮件服务）、NFS（接入 NAS）、iSCSI 等协议。

(2) 适用场合

可广泛应用于金融、公安、部队、电信、交通、电力、教育、水利等领域的安全防范。

第六节 视频监控系统典型案例

一、平安城市视频监控联网系统建设方案

“平安城市”监控系统是一个覆盖整个城市的大型综合监控系统，业务范围涵盖治安、交管、消防、刑侦、内保等多个公安警种，包括社会面治安监控系统、交通智能卡口系统、电子警察系统、社会重点防范单位的监控系统等独立而又互相协作的子系统。“平安城市”监控系统需要整合公安和社会报警与监控资源，加强信息在产生、存储、传输、处理过程中的安全措施，实现公安机关和政府有关部门对报警与图像信息的共享。

系统需要全年 7 ×24 小时实现重要场所和道路的实时监控。这对于城市安全的管理有着十分重要的意义：以公共场所、重点要害部位、道路、社区、卡口、机动车为重点防护目标，逐步建立了固定点报警系统、图像监控系统、卡口系

统、移动目标报警系统、电子巡更系统等安防系统，实现无人值守，可以最大限度节省人力物力，用有限的人力物力做最大最有效的工作；还可以有效地预防和控制城市突发事件的发生，保障人民生命财产的安全；所提供的录像资料还可以对突发事件的处理提供强有力的证据和材料。

因此，整体系统应当满足以下的应用需求特点：

（1）各种监控系统产品应用平台的统一，实现监控信号的编码、存储、传输、控制采用统一化标准，实现互联互通。

（2）具备实时图像和历史图像回放质量符合城市监控实际应用要求，在传输流程中保证信号的传输及时性、可靠性、保密性。

（3）平台预留相应接口，可与现有的公安接警指挥系统在同一平台上运行，实现报警信息与图像信息有机联动。

（4）具有良好的扩展性，能在规模、监控层次和功能等方面进行扩展。

（5）具有良好的设备可维护性，实现设备的自动巡检。

（6）充分利用已建成的网络、设备等资源。

1. 系统组成

系统的组成庞大且复杂，但是从应用角度来看，可以将整体系统分为三大部分，即：

（1）前端采集传输部分。主要包括多个子系统前端音视频、控制、报警信号的采集、处理、传输设备。

（2）信号传输部分。

（3）后端监控管理部分。主要是指公安、政府的各级、各职能部门所设立的多级监控中心，实现对前端各类信号的处理、响应。

2. 多级系统架构

（1）系统分级

整体系统的架构是依据各级监控中心的部署而定的。在公安各个业务部门中，如治安、交管、内保、消防等部门，这些业务部门已经建有大量的前端监控资源，公安监控中心是这些监控资源的共享平台。

公安监控中心是整个城市监控系统的核心部分，汇接各种监控资源，将所需的视频、音频、数据信息进行编码和存储，并根据授权进行实时播放、检索和浏览，是实现互联、互通、互控和满足实际应用的共享平台，为各级公安机关、政府相关职能部门和各级领导决策、指挥调度、取证提供及时、可靠的报警和监控信息。

监控中心采用分级设置，依据管理权限的不同可以分为一级、二级、三级监控中心，各个城市可以根据本地区的行政区划、治安状况、城市地域范围、经济发展状况，合理选择适合本城市的公安监控中心的分级架构，如大型省会城市、直辖市可建立三级监控，中型地级城市可建立两级体系，而一般小型城市可直接建立一个级别的监控体系。

每一级的监控中心配有独立的监控管理服务器，实现对本级所管辖的监控点或下级监控中心进行管理和授权。

（2）三级系统架构

如图3－20。

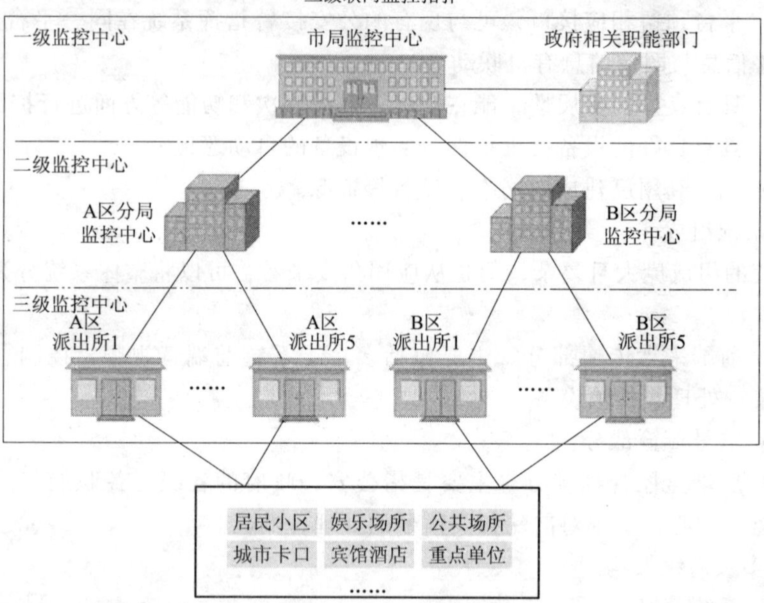

图3－20　平安城市监控系统两级系统架构图

共包含三级控制中心：市监控中心、分局监控中心、派出所监控中心。

首先是基层派出所建立对所辖区域负有直接责任的监控中心，将所有前端监控信息资源进行整合、共享、控制、管理。再向作为二级监控中心的区分局上传图像信息，并接受来自上级监控中心监管服务器的管理。同样，二级监控中心汇总后向一级中心上传。

（3）两级系统架构

相对三级架构，二级监控体系一般只建立从基层派出所到市局的传输管理关系，即系统中包含市局监控中心和派出所监控中心。

而对于小型城市，可直接建立从前端监控点到市局监控中心的结构，即一级架构。如图 3 - 21。

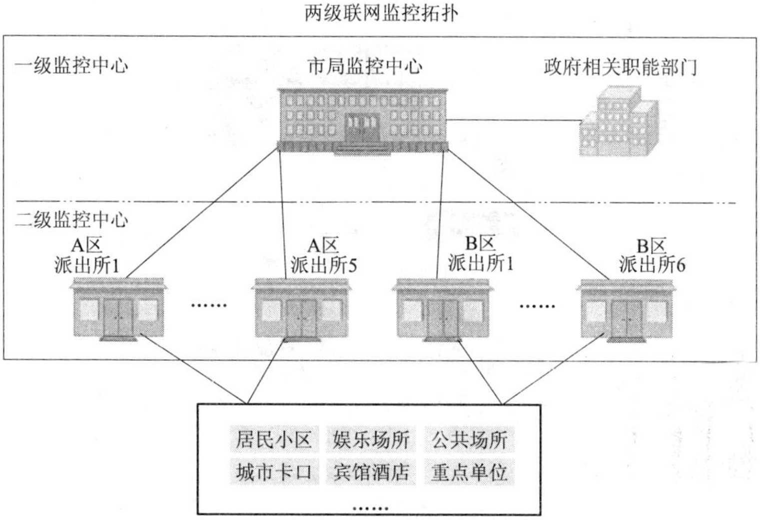

图 3 - 21　平安城市监控系统两级系统架构图

3. 系统组成

在“平安城市”监控系统的建设规划中，由于资金投入、系统规模等多种原因，各个地方的建设速度和规划方案不相同，从技术角度考虑投入的设备也不同。这些方案中有采用矩阵，也有采用 DVR，还有采用网络视频监控产品的，每种方案都有其优势之处，但均相对独立，同时由于不同生产厂商的监控设备之间协议的不统一，常常使得多种设备方案不能很好地使用。因此，怎样将这些相对孤立的系统整合成能够共享资源、统一调度的系统，是城市监控系统建设需要解决的一个重要问题。

城市安防监控应本着“先进、可靠、经济、实用、长久”的方针，即：第一，无论在软件设计上还是在硬件结构及性能指标上，要具有比较突出的特点；第二，质量要得到可靠的保证，减少故障的发生，保证使用效率；第三，要本着“少花钱、多办事、办好事”的原则，尽量减少不必要的投资；第四，要保证系统长期不落后，就要产品提供厂商完善的后期服务，不断进行软件升级，使各个系统的综合水平长期保持在先进的水平上。

发挥“数字化、网络化、集成化、行业化”的产品发展思路，并且基于自主研发的丰富产品线，针对以上的问题，有以下三种解决方式：

(1) 模拟数字结合方式

如图 3－22。

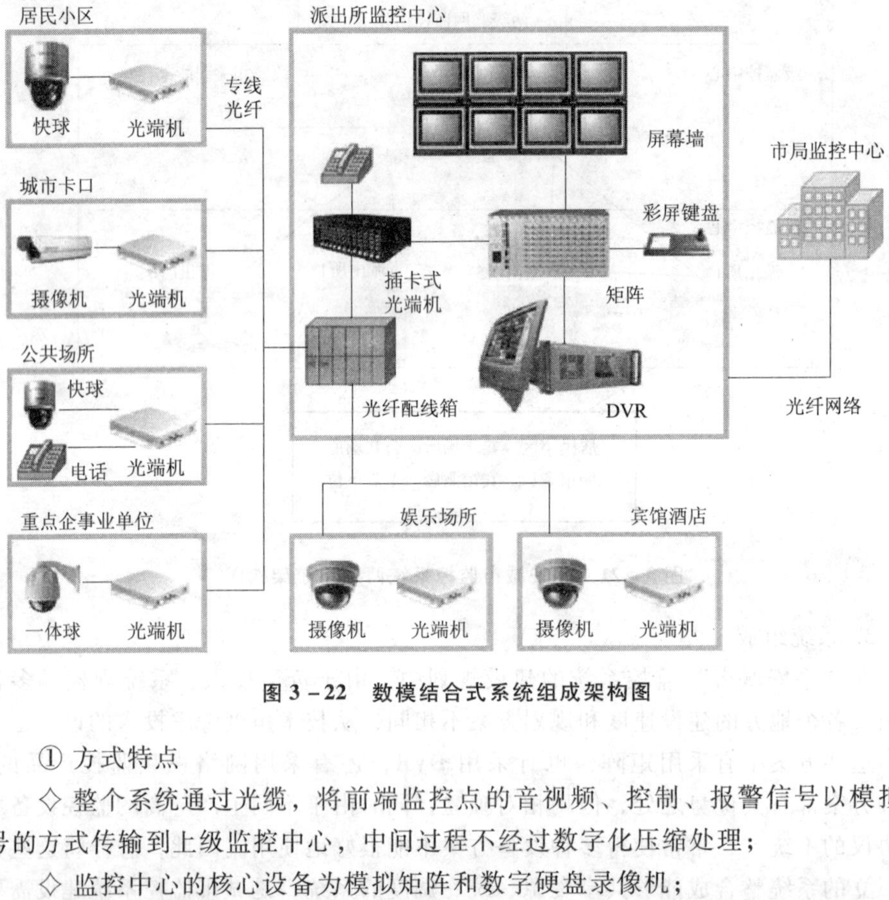

图 3－22　数模结合式系统组成架构图

① 方式特点

◇ 整个系统通过光缆，将前端监控点的音视频、控制、报警信号以模拟信号的方式传输到上级监控中心，中间过程不经过数字化压缩处理；

◇ 监控中心的核心设备为模拟矩阵和数字硬盘录像机；

◇ 矩阵系统对模拟信号进行切换上墙监控，DVR 则将传统的模拟视频信号转换为数字信号，通过计算机网络来传输，通过智能化的计算机软件来处理，这就形成了模数结合的监控系统。实现了视频/音频的数字化、系统的网络化、应用的多媒体化和管理的智能化。

② 实现过程

如图 3－23。

◇ 前端分布于城市各个道路、商业区、重点监护场所、重点企事业单位的监控设备，如摄像机、快球等，通过相应路数的光端机接入专用光纤网络，进入

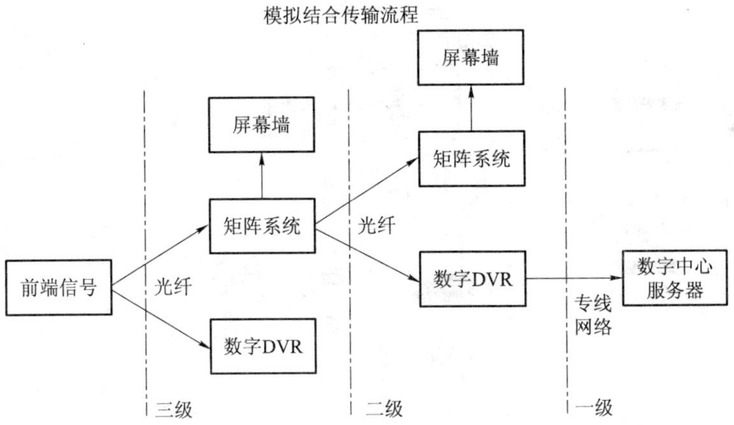

图 3－23　数模结合式系统实现示意图

到基层派出所监控中心；

◇ 以各个派出所为基层监控中心，接入的信号一分为二，其一进入矩阵系统切换上屏幕墙，其余的连到数字 DVR 主机，进行本地独立实时存储。各派出所可以分散控制处理自己区域内的视频、报警信号，能够方便直观对前端监控点进行操控、记录；

◇ 经各派出所汇集后的视频信号，可通过级联设备上传视频给上一级的分局监控中心，分局监控中心通过零延时的级联设备可以跨级切换控制任意区域内的任意一路图像，并可进行跨级编程，保证系统中的视频信息、控制信息、系统信息等可以进行交互控制和传输。既实现各派出所的分散控制，做到及时的警务处理，又实现分局的集中控制，做到警务的总体管理；

◇ 在各中心报警部分采用了手动按钮加报警地址发生器的方式，各地发生警情时，视频系统，报警系统，前端输出系统（灯光系统或警号系统）同步联动。矩阵会自动在屏幕墙上切换报警现场的图像，并叠加报警地址信息，报警点附近的快球会按照预先设定好的预置位定位到相应的区域。还可以将与报警现场关联的多个前端图像一起切换到屏幕墙，有针对性地布控追踪。上传到中心的同时在当地实现联动报警输出，保证每一处警情的及时发现，迅速处理。

（2）全数字网络方式

如图 3－24。

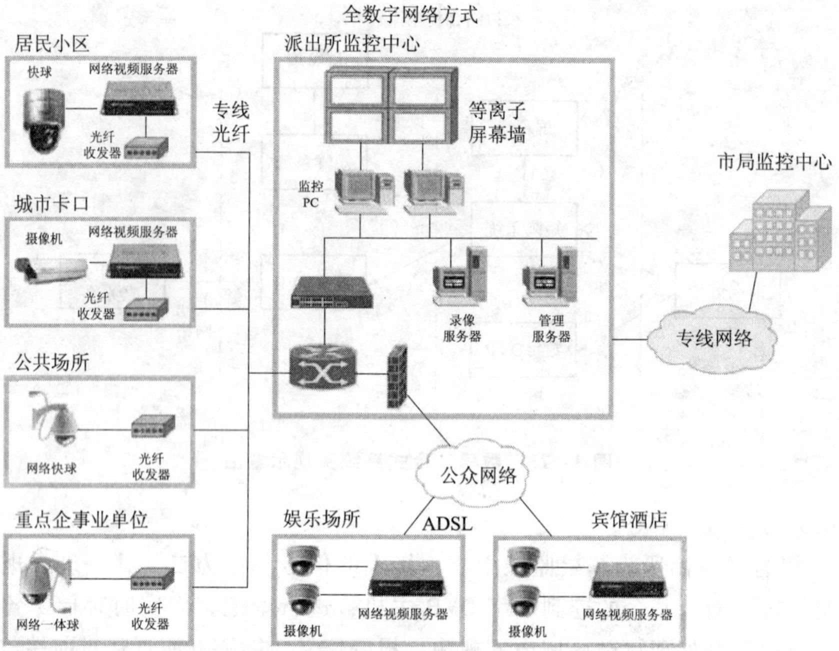

图 3－24 全数字式视频监控系统组成架构图

① 方式特点

全数字网络方式的特点体现在：

◇ 整个系统全部基于 TCP/IP 网络进行系统传输，在各级系统间传输全部为数字化信号。

◇ 前端直接采用数字化监控设备，如网络摄像机、网络一体球、网络快球等，或使用传统。

◇ 综合多种数据接入方式，包括 ADSL 线路、E1 线路、DDN 线路、固定 IP、各种专线等等。

◇ 便于构成统一的大规模的监控系统。网络可以承载各种数据的传输，系统可以将各地的监控系统级联起来，实行统一有效的管理。

◇ 便于系统集成。在城市安防体系中，包含智能交通、小区监控、工厂监控、学校科研院校监控等，目前各系统大部分采用数字设备，容易通过网络方式构成城市安防监控系统。

◇ 便于用户访问。在城市安防系统当中，用户分布广泛，包括公安部门、社区、火警部门、等相关单位，采用网络方式可以很容易地实现这些用户的接入，只要能上网就可以访问整个监控系统。

◇ 便于系统扩容。基于网络的系统搭建，各设备基于网络协议通讯，只要有 IP 地址资源，就可以在任意的位置添加任何设备，各子系统相对独立有彼此联系。

◇ 便于工程施工。全数字的网络监控系统，只需要考虑网络接入方式，无需考虑视频线缆、控制线缆的施工，不会存在干扰问题，方便系统施工、调试，提高系统的可靠性、稳定性。

② 实现过程

前端通过网络视频服务器、网络一体器、网络摄像机、网络矩阵等产品将信号传输至三级监控中心，实现本地的监控、录像。同时在本地设置代理转发服务器，由他们向远程用户提供数据转发。这样既可以为远程用户提供访问，又可以节省本地带宽。同时，代理转发服务器具备用户权限认证的功能，保证系统的安全性。同理，二级监控网络在收到数据后，依然可以实现本地的监控和录像，再通过代理转发服务器向更高级用户提供转发服务。如图 3－25。

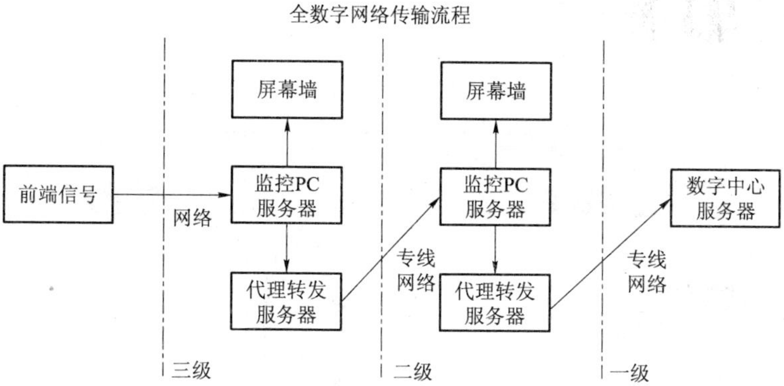

图 3－25　全数字式视频监控系统实现示意图

二、数模混合式视频监控系统建设方案

分析当前视频监控系统应用的现状，急需解决以下几方面的问题：

（1）现有视频监控图像品质分辨率低，重点部位不仅需要解决视频监控系统中“看得见”的问题，更要满足监控图像“看得清”的要求，以获取清晰的人员面部特征、车辆车牌及事件细节等信息，从而提高企业的视频监控的品质。

（2）系统组成模式混杂，模拟、数字到高清等多种监控模式混用很难实现系统融合。安防系统应从用户实际需要应用为向导，需要安防系统具备良好的兼容性、扩展性和稳定性，合理选用构架，并实现各种模式的综合集成和应用管理。

(3) 目前现有监控系统大多不能联网管理，对设备的设置管理、配置均只能在监控室完成。管理人员不能通过网络远程管理系统，单位领导也不能实时有效地了解前端情况和各类紧急事件，迫切需要联网管理应用，提高整体安防管理水平。

随着多媒体通信技术发展迅速，视频监控领域正处于数控模拟视频监控与数字视频监控共存阶段，模拟视频监控技术已经相对成熟，应用也较广泛，稍具规模的监控系统多数都是以数控模拟切换矩阵为核心来构建。随着网络技术的发展。DVR 系统又进一步发展成为具有网络摄像机接入功能的混合型 NVR（H－DVR）系统。与 DVR 系统相比，混合型 NVR 系统不但可以接入模拟摄像机，还可以接入网络摄像机。通过混合型 DVR 极大节约单位监控点投资经济、整合利旧原有监控系统，具有极高的性价比。

1. 混合式监控系统构架

如图 3－26。

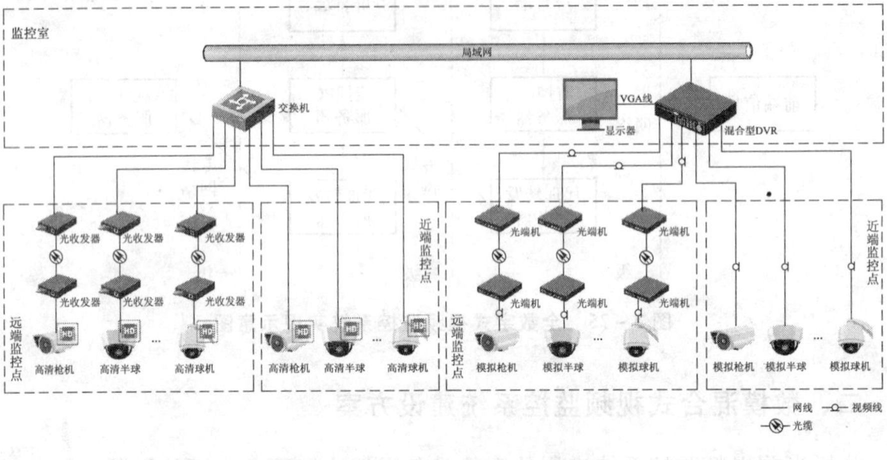

图 3－26 混合式视频监控系统构架图

2. 系统描述

模数混合模式可有选择地部署模拟摄像机，根据需要选择红外、枪机、智能球等视频采集终端，通过模拟光端机或传输线缆传输至视频汇聚点，接入混合型 DVR 中。混合型 DVR 可以实现数字信号与模拟信号的并行接入，它集音频编解码技术、嵌入式系统技术、存储技术、网络技术、智能分析技术于一体，为新一代网络监控录像产品，符合前端产品数字化、高清化的发展趋势。它既可作为DVR、混合DVR进行本地独立工作，也可联网组成一个强大的安全防范系统。中心通过使用高清解码器或视频综合平台输出到电视墙显示，存储方式为前端硬盘录像直接存储，中心通过存储服务器对重点视频选择性地实现集中存储，将分布式存储与集中存储相结合。

模数混合模式解决了新建系统对原有系统的集成和利旧，可充分接入前端模拟视频，保护已有投资。

3. 系统特点

（1）基层监控中心的模拟、数字设备相结合，数字图像易于存储、视频监控专网内传输、共享。

（2）基层监控中心和主控中心之间双备份互联，主控中心既可以通过视频监控专网管理、浏览、查询基层监控中心数字的图像和录像，又可以通过矩阵级联切换和控制基层监控中心矩阵，从而实现图像在电视墙上切换显示。

（3）同时具备了模拟系统和数字系统的优势，将二者相结合，模拟系统中视频图像无延时，控制实时流畅；数字系统中扩展灵活，管理统一方便。

（4）适合于监控系统改造或升级项目，轻松地实现对原有系统的兼容，不会造成资源的浪费，实现由原有的监控系统向兼容性、集成性、清晰化更高的安防平台升级。

4. 系统详细设计

（1）前端监控点设计

视频监控系统主要由前端摄像机组成，根据现场不同的环境和应用选用不同的摄像机，对于监控范围较小图像质量要求不高的场所选择标清模拟或网络摄像机；在开阔区域、主要出入口、图像质量要求较高场所设置高清网络摄像机或高清网络球；在光照不良区域选用红外摄像机，利用红外进行补光，提高视频监控效果；在要求跟踪的复杂区域选用网络高速球，对于难于布线的监控点选择无限网络摄像机。应按如下描述来进行确定基本设置及类型选型。见表3－12。

表3－12　　摄像机选择要点

序号	位　　置	分　辨　率	选　　型
1	普通监控点	4Cif（704×576）	固定摄像机
2	要求高清监控点	HD720p（1 280×720）	球形摄像机
3	开阔区域	HD1 080p（1 920×1 080）	

续表

序号	位　置	分 辨 率	选　型
4	光照不良区域	4Cif（704×576）	红外摄像机
5	要求跟踪的复杂区域	4Cif（704×576）	跟踪球
6	难于布线的监控点	4Cif（704×576）	无线网络摄像机

（2）传输网络设计

① 高清摄像机传输方式

高清摄像机在摄像机处就已经为数字信号，因此可以直接采用网线进行传输。但受到网线传输的限制，线路长度不能超过100米。

若高清摄像机到监控室的距离均超过100米，则在每台摄像机处增加光纤收发器，将电信号转换成光信号通过光缆，一对一地从前端布放至监控中心内，然后再通过光纤收发器将信号转成电信号进入混合型DVR进行显示、存储。

② 模拟摄像机传输方式

模拟图像信号由0－6M不同频率分量组成的视频基带信号。其中，低频成分主要影响亮度和对比度，高频分量主要影响色度、清晰度和分辨率。显然，对视频传输的基本要求，不仅是恢复摄像机原信号的亮度、对比度，而且还必须恢复摄像机原信号中各种频率分量的相对比例关系。即要求传输系统的失真度必须在一个标准范围内。一般用于视频信号传输的同轴线缆型号为SYV，按照监控行业视频失真度的应用情况，用SYV同轴电缆进行传输时，其有效传输距离为：SYV－75－5：135米；SYV－75－7：230米。

因此，前端摄像机距离监控终端设备＜230米时采用同轴线传输方式；当前端摄像机距离监控终端设备≥230米时采用光纤方式传输。即在前端摄像机与终端设备之间用光端机转换成光信号后通过光纤传输到终端设备，再由光端机转成模拟信号进入混合型DVR进行显示、存储。

③ 传输带宽

在本方案有高清监控摄像机，其传输采用网络方式。所以传输网络建设应满足系统传输、控制和管理的需要，又符合IT发展的趋势。如果采用光纤由前端单独布线至监控中心则不需要考虑带宽问题。如果是采用借用光纤或者是通过局域网传输，则应保证：带宽容量＝路数×码流，码流大小可以参考如下计算：

CIF：352×288分辨率，1.5Mbps；

4CIF：704×576分辨率，2Mbps；

720P：1 280×720 分辨率，4Mbps；

1 080P：1 920×1 080 分辨率，8Mbps；

并且其网络传输网络的服务质量（QoS）等级要求如下：

◇ 网络时延应小于 200ms；

◇ 时延抖动应小于 50ms；

◇ 丢包率应小于 3×10^{-4}。

（3）存储系统

① 存储架构设计

由于前端既有模拟摄像机，也有网络高清摄像机，因此储存设备采用混合型 DVR 负责本区域的图像存储。通过混合型 DVR 能提供丰富的存储策略，如：中心报警录像、冗余录像、备份录像，并对存储设备产生的报警进行提示，如：录像失败、磁盘坏等，让用户能方便快捷地了解、掌握视频图像情况。

② 混合型 DVR 存储

模数混合的视频监控系统中，采用混合型 DVR 存储稳定，简单可靠。将前端采集的模拟信号直接储存到本地硬盘中，远程客户可以随时进行录像文件的调取。

混合型 DVR 存储特点

◇ 模数混合：同时支持模拟、数字信号的接入存储；

◇ 支持高清应用：支持百万像素级高清 IP 摄像机接入；

◇ 可管理性强：基于网络实现对监控设备的统一管理。基于网络实现对监控数据统一管理；

◇ 安全性好：嵌入式系统稳定，数据安全性好，支持录像冗余功能。网络异常终端不会对存储造成影响；

◇ 成本优势：施工、管理、维护成本，未来扩容、升级成本均低。

③ 存储容量设计

单个通道 24 小时存储 1 天的计算公式 Σ（GB）= 码流大小（Mbps）÷8×3 600 秒×24 小时×1 天÷1 024。

以一路视频图像在 7 天、15 天、30 天所需要的占用空间估算（实际配置时还需要考虑格式化、RAID、热备盘的开销）。见表 3－13。

表 3－13　　存储容量计算表　　单位（GB）

视频规格 \ 存储天数	1 天	7 天	15 天	30 天
1 600×1 200（1 200P），10Mb 码流	105	738	1 582	3 164

续表

视频规格 \ 存储天数	1 天	7 天	15 天	30 天
1 280 × 720（HD720P），4Mb 码流	42	295	633	1 266
704 × 576（4CIF），2Mb 码流	21	148	316	633
352 × 288（CIF），512Kbps 码流	5	35	75	150

（4）监控中心设计

监控中心是集中管理控制系统内所有的监控系统软硬件设备，调用所有监控点的图像。监控中心显示系统由解码器硬解码显示与监控客户端软解码显示两种方式。两种方式均能够授权范围内任意调阅需要查看的图像信息，并能够实现对图像进行分组定义，并具有轮巡功能；在画面上能够定义摄像机的编码和时间、日期显示等信息；可将字符叠加到视频图像，用来指明监区位置、摄像机号、监视器号等，使监控一目了然。

监控中心一般按照显示区、操作区、设备区、配电区四个区域建设。在建设时应遵循以下原则：

◇ 按功能分区安排，整体布局、结构合理，美观大方；

◇ 各功能子系统之间有机结合，做到从信息采集、传输、处理、执行的有机集成；

◇ 可操作性强，能够及时、准确地获得信息、执行命令。

① 显示区

监控中心通过电视墙集中显示监控画面，电视墙的设计主要考虑以下因素：

◇ 监控中心建筑平面布置；

◇ 监控点的数量；

◇ 监视器的选用。

每个监管场所监控中心面积位置都各不相同，结合中心实际情况，设计一套符合日常管理需要的电视墙，并确保电视墙和操作台之间合适的距离。

建议电视墙采用拼接大屏幕的组合方式。拼接大屏幕用以显示重点画面或（轮询）显示多画面，可通过视频综合平台或多路解码器获得输出显示。

② 操作区

操作区用于放置操作台、控制键盘和管理机，实现对前端摄像机、云台、镜头的直观控制操作等和对系统的日常管理。

③ 设备区

设备区用于放置设备机柜。视频管理服务器、数据管理服务器和和流媒体服务器均安置在机柜上。视频管理服务器是用于集中认证、注册、配置、控制、报警转发控制的专用信令服务器，可以实现完善的视频编解码设备网络管理功能，支持多台信令管理服务器相互协同工作组建多级多域的管理平台。数据管理服务器主要功能为管理存储设备、存储资源和视频数据，支持对系统所有存储资源进行全方位的监控和管理，支持不间断的视频检索、回放等业务。客户端可以提供友好方便的人机界面功能，包括监控对象的实时监视监听、查询、云台控制、接警处理，并集成了基本的 GIS 功能方便用户操作。系统管理平台将使用独立的服务器进行部署。

④ 配电区

配电区主要放置监控室内的配电柜、UPS 和电池柜，保证监控中心设备的正常运行。

三、某监狱网络化视频监控系统解决方案

1. 监狱视频监控系统需求分析

监狱场所的视频监控系统应该具备以下功能：

（1）监舍监控：通过安装在各监区的摄像机，对监区内犯人的活动情况进行 24 小时监控，同时将图像、声音、告警等信息通过数据网络，传送到监控中心和上级监狱管理部门；

（2）执勤监控：对监狱警卫人员的工作进行监控和监督；

（3）出入口监控：对监狱的出入口的物流、人流进行记录和监控；

（4）对突发事件进行录像，便于事后查询和取证，提高狱管部门处置突发事件的能力；

（5）通过对以前的模拟监控系统进行网络化改造，使之能够方便地进行全网管理；

（6）信息共享，将监控信息的管理并入狱管部门统一的办公平台中，充分实现信息共享、远程调度，提高管理效率。

2. 网络结构

监狱监控系统从结构上划分，一般可分为三级，从下往上包括：

（1）前端监控点：负责对各监舍、值班室及监狱出入口等重要场所的音视频、告警信息的采集、编码和传送；

（2）监狱本地监控中心：负责监狱中所有监舍、监狱出入口的管理和监控；

（3）监狱上级管理中心：负责对各监狱监控中心实现远程监控、统一调度

和管理。

传统的监控采用的是模拟化的解决方案，即利用模拟摄像头对现场图像进行采集，通过视频线或者光端机进行近远距离传输，在监控中心通过模拟矩阵、DVR 等设备进行信号提取、线路切换、图像存储、上监视器。这种解决方案的主要问题在于：

◇ 无法适应多级网络架构下的集中管理；

◇ 浪费了传输资源，布线、施工成本高；

◇ 基于模拟视频的传输易受干扰，难以保证图像传输质量；

◇ 无法实现远程监控及调度功能。

采用网络化的视频监控技术，就可以解决模拟监控存在的以上问题，大大提高监控效率和管理水平，同时也大大提高了监控系统整体投资的经济性。假设监狱内部已经铺设了数字化的光纤传输网络，在各监控点可以提供 10/100/1 000M 的以太网接口，同时各监狱到上级监狱管理局也有专门的数据传输线路。

3. 系统组成

监狱网络化视频监控系统一般采用模块化分层设计，总体结构分为四层。如图 3－27。

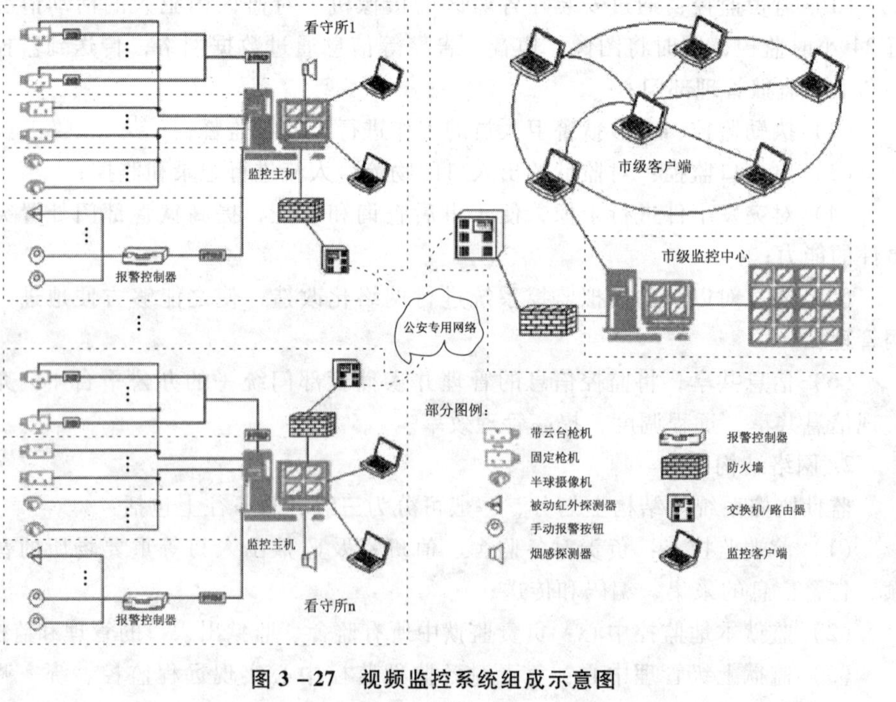

图 3－27 视频监控系统组成示意图

（1）信号采集层

通过大量的摄像机，包括：高清智能球、高清枪机、普通枪击、普通半球摄像机、普通快球智能摄像机、防爆摄像机、针孔摄像机等完成监控现场图像的采集。

（2）传输层

主要通过监狱局域网、3G 无线网、WLAN、光纤等方式将数据传至后端监控中心。

（3）后台监控中心

监控中心主要包括机房装修、配电系统、UPS 不间断电源系统、防雷接地系统、局域网系统、服务器系统、存储系统、综合管理平台系统、大屏显示系统等。

（4）远程访问管理层

远程上级管理中心负责对所管辖的各下级监狱情况进行监控。通过安装系统管理软件，不但可以对任意一个监控点的信息进行实时监控、查询、回放，还可以实现统一的用户管理、设备管理、故障管理、存储管理等功能，真正实现分布式监控，集中化管理。

4. 系统功能

（1）本地监控功能

需要在每个看守所的重要位置安装各种不同种类的摄像机等前端探测设备，在监控中心需要安装相关录像、监控等中心控制设备。具体达到的功能如下：

◇ 图像显示：保证有高清晰的实时图像画面，可单画面、多画面分割、多路轮循，隐藏部分区域等多种显示方式；

◇ 声音采集：保证多路音频与视频同步输入功能，音质清晰流畅，无杂音并可进行同步存储，声音与图像数据同包，回放时音质无失真；

◇ 录像存储：采用新一代 H. 264 高压缩技术，大大提高压缩比及网络传输效果；每路均可达到全实时录像，系统可按日程表设置定时连续录像、视频移动录像、报警联动录像和手动录像等多种模式；

◇ 智能化管理：支持多硬盘循环录像，无需人工换盘；支持开机状态的热插拔；

◇ 检索回放：可以录像的同精确、迅速检索需要的录像资料；

◇ 控制功能：可方便控制前端装有设置高速球、云台的摄像机等；

◇ 报警功能：有视频丢失报警及移动报警录像等功能，与报警设备相关联动；

◇ 电子地图：主机具有电子地图功能，用户可根据实际情况绘制电子地图和设置报警点；报警后电子地图自动弹出，显示报警方位；

◇ 操作系统及软件升级：支持多种操作系统，用户界面友好，支持软件升级。

（2）远程监控功能

◇ 具备强大的联网功能，可以用 PSTN、ISDN、ADSL、DDN、LAN、Internet 等方式进行联网，并提供防火墙穿透，VLAN 穿透，路由器开放端口等各项参数与功能；

◇ 采用先进的网络解压缩格式，自动适应带宽并配置资源，优化网络传输速度快，提高播放画质，减少网络延时；

◇ 系统支持多个分控端对一个主控端的同时远程访问，或多个分控端对多个主控端同时远程访问，各点之间相互独立，互不干扰；

◇ 远程联网具备本机的所有功能，包括远程图像实时监看、远程调看录像资料、远程遥控云台镜头、远程报警接收，还可通过网络对各网点录像主机的系统参数进行设置等；

◇ 可对各网点的不同录像主机进行分组管理，通过点击快捷按钮，可调看同一录像主机上不同画面，也可在同一窗口监看不同录像主机的图像；

◇ 具有异地录像存储功能，可在主控端设置网络分控端的分控权限，通过不同密码使分控端享有不同操作权限，以区分管理层次，加强管理的安全性；

◇ 具有报警上传功能，主机端报警后可自动将画面上传到设定好的分控端并可自动录像。

5. 监控点的选取

将整个监狱按照不同的功能分成不同的区，如主干道、出入口、办公区、监舍区、生产（教学）区、武警生活区等不同的监控区域，根据每个区的特点，设置视频监控点，力求做到全面、无死角，凡是进出的目标均能很清晰地显现出来，当发现异常时，视频监控点能以最快的速度锁定目标并进行定格和记录，对于重点部位要求看清目标的具体特征，例如进出该区的人物面部特征。

（1）出入口、主干道的视频监控点类型

出入口是监狱的咽喉位置，无论进出的目标都需要 24 小时清晰实时地显示图像并记录，要求前端摄像机必须具有高清晰、低照度、防逆光和日夜转换的功能，一般出入口推荐采用定点的方式，主干道采用定点和动点相结合的方式。

（2）办公区、生产教学区、武警生活区的监控点类型

办公区、生产教学区、武警生活区等这些区域可以概括成三种不同的类型，

第一种是楼道监控，楼道监控适合使用低照度半球摄像机或者是枪式摄像机；第二种是室内生产作业区或教学区，这种位置范围比较大，用定点摄像机无法完成整个区域的监控，建议采用一体化云台配装中速云台的方式，或者采用经济型的智能高速球机；第三种是室内电梯、重点办公室、重点库房的监控，这些位置建议采用广角半球形摄像机，力求做到大范围的监控。

（3）监区的监控点类型

监区是监狱关押犯人的位置，图像质量、设备性能非常重要，要做到无死角全方位的监控，监区的走道两边或两头一般设有窗户，存在强逆光的情况，需要使用高清宽动态摄像机；监仓需要做到无死角全方位的监控，同时需要考虑到监控点的隐蔽性，需要采用高清晰的枪式摄像机配上广角针孔镜头实现无死角的清晰监控。

（4）其他特殊的位置

除以上描述的位置外，还有放风场、禁闭室等，这些位置要考虑到摄像机的防破坏、防尘、防水功能，建议考虑使用防暴型半球摄像机。

6. 监狱监控中心

监狱监控中心负责本监狱设备的统一配置、维护、监控。主要是由各种服务器设备组成，包括：管理服务器、存储服务器、流媒体服务器、电视墙服务器等。

（1）管理服务器（安装管理服务模块）具备配置管理服务功能与数据库应用与管理功能，负责所辖监控中心、监控点及系统运行等相关信息的配置与管理。包括：用户、设备、权限、数据库应用等系统运行的配置与管理，以及预案、预案组、报警计划等应用功能配置与管理，是视频监控系统的管理核心。

管理服务器为视频监控系统提供数据库服务，是数据管理的核心平台；支持双机热备或集群管理，确保系统数据服务的不间断工作。

用户只需要登录客户端访问软件，即可以对管理服务器给予他授权的所有设备进行操作，高级别用户享有优先控制权。同时，也可以限定登陆的时间，以控制用户何时能够访问网络资源。

管理服务器主要功能包括：数据库应用、系统运行信息存储、系统配置管理、用户管理、权限管理、设备管理、日志管理、批量配置、信息查询统计以及其他服务功能。

（2）集中存储服务器（安装集中存储模块与集中下载模块）是针对视频监控系统应用环境而配备的存储/下载管理服务器，通过构建统一的存储/下载平台，可以实现图像信息的集中存储与管理。系统存储的对象是大量的音视频监控录像文件，仅使用单一的在线硬盘存储方式会带来很高运营成本。因此，可根据实际情况要求采用集中存储管理与部分监控点本地保存相结合的模式。

在监狱本地集中存储服务器中的存储服务模块可以实现远程图像的实时录像、报警录像、监控中心集中备份等功能；支持远程检索、回放等功能，可以动态分配、调度与管理；支持 N+1 冗余，确保系统运行稳定；支持多种存储方式及存储设备（例如：本地硬盘、数码柜、SAN、NAS 等），具备良好的扩展性能。

(3) 巡检服务器（安装巡检服务模块）可以对所有网络设备进行自动巡检，值班工作人员可以随时查看系统 DVR、DVS、各类服务器、工作站等工作状态以及网络状况。

系统能自动生成各监控点每天工作状况、发生故障的种类和时间等，便于主管部门全面了解监控系统运行状况，及时发现系统中出现的问题，实现高效、智能的系统管理与维护。

巡检服务具备系统手动巡检和定时自动巡检两种方式。手动巡检是由管理人员手动操作，可以根据系统设置检测特定服务器或设备工作状态等；定时自动巡检，能够为系统管理员提供智能化的管理。手动巡检优先级别高于系统定时自动巡检。

(4) WEB 应用服务与巡检服务的是针对视频监控系统应用环境与实际管理需求而配备的服务器。WEB 应用服务模块是向使用视频监控系统的领导以及其他使用本系统的人员提供 IE 浏览服务。在查看图像时，只需在 IE 浏览器内输入 WEB 服务器的 IP 地址，即可以访问前端 DVR 的图像。WEB 服务器基于 WINDOWS 系统的 IIS 之上，通过 NET 技术向用户提供各项服务，方便用户进行图像调用与检索回放，无需安装特殊软件。

(5) 大屏幕电视墙服务器（安装电视墙服务模块的工作站）是专为网络视频联网监控平台监控中心配备的，通过电视墙服务器可以使相关领导和监控管理人员更加方便地对整个系统中的视频图像进行实时监控、应急调度指挥等。

通过电视墙服务器上的输出模块，可以实现将前端任一路图像进行解码上大屏幕，也可以在监控中心大屏幕上，按照实际需要任意组合图像信息。例如：按照报警柱报警、行政村、居委会等进行组合分类；也可以按监控网点、区域等任意组合分类图像；画面可以采用 1、4、9、16、36 以及自定义画面显示，并可以任意的分割实现灵活的切换控制；支持预览组的轮循切换。

在数字视频中，电视墙服务器的主要作用是将网络上传输的数字视频信号进行硬件解码，解码成监视器能够识别的模拟信号并在监视器或大屏幕上显示出来。

支持多路音视同时输出，可根据电视墙的规模的大小来决定同时解码输出的路数。

本章小结

无论何种组网方式的视频监控系统，都可总结为由：摄像、传输、控制、显示、记录5大部分组成。本章主要介绍以下几方面内容：

（一）视频监控系统的组成、发展过程及目前分类情况；

（二）数字视频监控系统的常用技术，包括：数字编码技术、数字传输技术、视频存储技术；

（三）各种组成视频监控系统的常见设备，包括：前端设备设备、传输设备、控制处理设备、存储设备及显示设备；

（四）目前市场上存在的各种视频监控系统的主流应用模式。

本章的重点和难点是熟悉不同设备在系统中发挥的不同功能以及做到灵活应用，要求在熟悉各种设备的主要工作原理和功能基础上，可以为不同功能需求的不同场所设计灵活、实用、先进的视频监控系统。

课后训练

一、填空题

1. 摄像机的动态范围通常是指画面________部分和________部分的比率。

2. 信噪比是指摄像机输出图像信号的信号与________之比。

3. 摄像机灵敏度的单位是________。

4. 最低照度即CCD的________，也就是使摄像机能够正常输出较为清晰图像的最低环境照度。

5. 视频压缩国际标准主要有由ITU－T制定的________、H. 262、H. 263、H. 264和由MPEG制定的MPEG－1、________、MPEG－4。

6. 存储系统的主要性能指标是：________、传输带宽、访问速度、成本等因素。

7. 摄像机根据外形分：________、半球摄像机、快球摄像机。

8. 视频矩阵一般包括以下模块组成：________、视频输出模块VOM、音频输入模块AIM、音频输出模块AOM、报警模块ARM、CPU模块。

9. 数字硬盘录像机，简称DVR（Digital Video Recorder），是图像________

的计算机系统。

二、简答题

1. 简述视频监控系统的主要组成部分。
2. 摄像机的关键技术指标有哪些？
3. 简述数字硬盘录像机的基本指标及在视频监控系统中的作用。
4. 简述视频服务器在视频监控系统中的作用。
5. 网络视频监控系统的三种存储技术：DAS、NAS 和 SAN 有何区别？
6. 试分析全数字视频监控系统的性能特点。

第四章

出入口控制系统

本章任务

◇ 熟悉出入口控制系统的功能及主要组成部分；
◇ 熟悉出入口控制系统的主要识别技术：身份码识别技术、卡片式识别技术、人体特征识别技术；
◇ 熟悉出入口控制系统控制管理部分设备与功能；
◇ 熟悉出入口执行部分的工作原理和主要设备；
◇ 具备对出入口控制系统故障分析判断的能力；
◇ 具备正确维护系统、确保系统正常运行的能力。

第一节　出入口系统概述

出入口控制系统是安全技术防范领域的重要组成部分，是现代信息科技发展的产物，是数字化社会的必然需求，是人们对社会公共安全与日常管理的双重需要，是发展最快的新技术应用之一。从广义上讲，出入口控制系统是对人员、物品、信息、资金的流动的管理，它所涉及的应用领域和产品种类非常多。《安全防范工程技术规范》（GB－50348）中对出入口控制系统的定义为：利用自定义符识别或/和模式识别技术对出入口目标进行识别并控制出入口执行机构启闭的电子系统或网络。它是以识别人或物的数字化编码信息、数字化特征信息为技术核心，具有典型的“数字化安防”技术特征。

出入口控制系统主要由识读部分、传输部分、管理/控制部分和执行部分以及相应的系统软件组成。出入口控制系统有多种构建模式。按其硬件构成模式划分，可分为一体型和分体型；按其管理/控制方式划分，可分为独立控制型、联网控制型和数据载体传输控制型。

各种类型出入口控制系统，虽都具有相同的控制模型，但由于人们对出入口的出入目标类型、重要程度以及控制方式、方法等应用需求千差万别，带来对产品的功能、结构、性能、价格的要求有很大的不同，使得出入口控制系统的产品具有多样性的特点。

一、出入口控制系统组成

出入口控制系统主要包括识读部分、管理与控制部分、执行部分及其运行与管理软件。如图4－1。

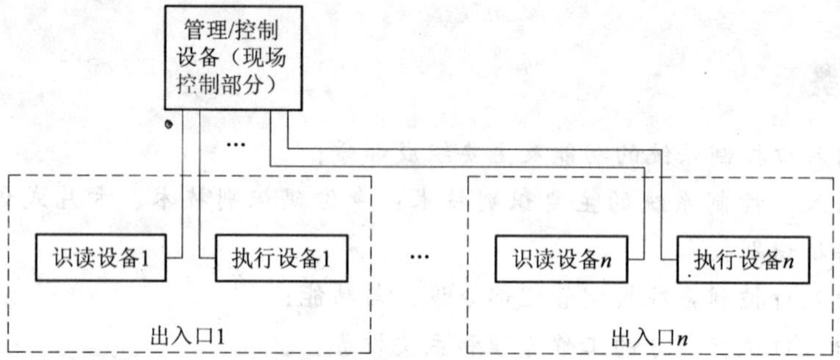

图4－1　出入口系统组成结构示意图

1. 识读部分

识读部分，是通过提取出入目标身份等信息，将其转换为一定的数据格式传递给管理与控制部分，管理与控制部分再与所载有的资料对比，确认同一性，核实目标的身份，以便进行各种控制处理。对人员目标：分为生物特征识别系统、人员编码识别系统两类；对物品目标：分为物品特征识别系统、物品编码识别系统两类。

（1）生物特征识别系统是采用生物测定（统计）学方法，通过拾取目标人员的某种身体或行为特征，提取信息。常见的生物特征识别系统主要有：指纹识别、掌型识别、眼底纹识别、面部识别、语音特征识别、签字识别等。

（2）人员编码识别系统是通过编码识别装置，将目标人员的个人编码信息直接提取。常见的人员编码识别系统有：普通编码键盘、乱序编码键盘、条码卡识别、磁条卡识别、接触式IC卡识别、非接触式IC卡识别等。

（3）物品特征识别系统是通过辨识目标物品的物理、化学等特性，形成特征信息。如：金属物品识别、磁性物质识别、爆炸物质识别、放射性物质识别、特殊化学物质识别等。

（4）物品编码识别系统是通过编码识别装置，提取附着在目标物品上的编码载体所含的编码信息。它有一件物品一码及一类物品一码两种方式。常见的有：应用于超市的防盗标签识别系统等。

2. 管理与控制部分

管理与控制部分是出入口控制系统的管理与控制中心。其具体功能如下：

◇ 是出入口控制系统人机界面。

◇ 负责接收从识读部分发来的目标身份等信息。

◇ 指挥、驱动执行部分的动作。

◇ 出入目标的授权管理（对目标的出入口行为能力进行设定），如：出入目标的访问级别、出入某目标时可出入某个出入口、出入目标可出入的次数等。

◇ 出入目标的出入行为鉴别及核准。把从识别子系统传来的信息与预先存储、设定的信息进行比较、判断，对符合出入口授权的出入行为予以放行。

◇ 出入事件、操作事件、报警事件等的记录、存储及报表的生成。事件通常采用 4W 的格式，即 When（什么时间）、Who（谁）、Where（什么地方）、What（干什么）。

◇ 系统操作员的授权管理。设定操作员级别管理，使不同级别的操作员对系统有不同的操作能力，还有操作员登陆核准管理等。

◇ 出入口控制方式的设定及系统维护。单/多识别方式选择，输出控制信号设定等。

◇ 出入口的非法侵入、系统故障的报警处理。

◇ 扩展的管理功能及与其他控制及管理系统的连接，如：考勤、巡更等功能，与防盗报警、视频监控、消防等系统的连动。

3. 执行部分

执行部分执行从管理与控制部分发来的控制命令，在出入口作出相应的动作，实现出入口控制系统的拒绝与放行操作。

常见的如：电控锁、挡车器、报警指示装置等被控设备，以及电动门等控制对象。

二、出入口控制系统分类

出入口控制系统按其硬件构成模式划分，可分为一体型和分体型。

一体型是指出入口控制系统的各个组成部分通过内部连接、组合或集成在一起，实现出入口控制的所有功能。如图 4-2。

分体型是指出入口控制系统的各个组成部分，在结构上有分开的部分，也有通过不同方式组合的部分。分开部分与组合部分之间通过电子、机电等手段连成

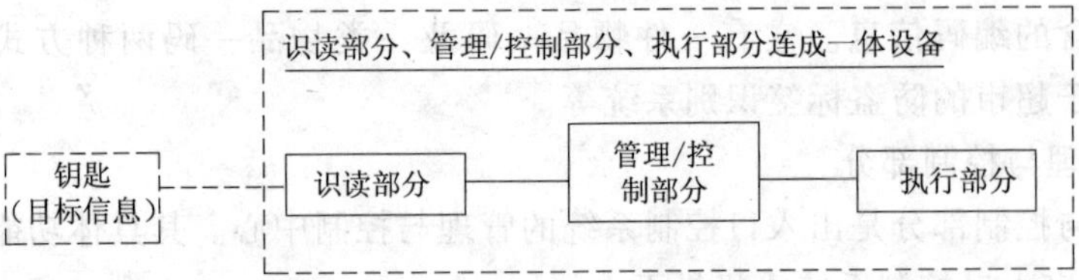

图 4-2　一体型出入口控制系统组成示意图

为一个系统，实现出入口控制的所有功能。如图 4-3。

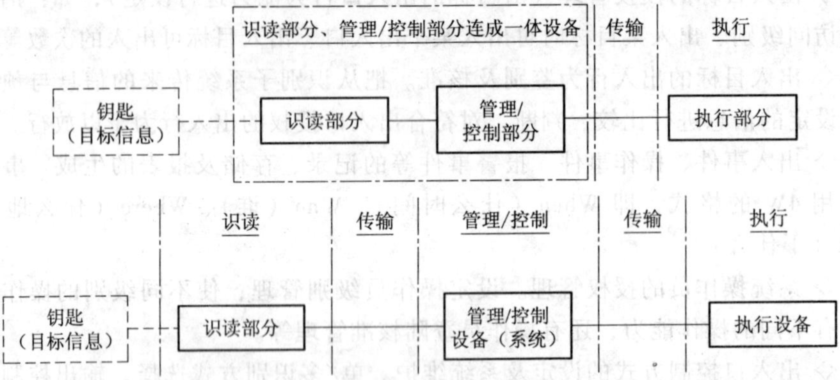

图 4-3　分体型出入口控制系统组成示意图

出入口现场设备连接方式可划分为单出入口控制设备（单门控制器）和多出入口控制设备（多门控制器）。

单出入口控制设备指仅能对单个出入口实施控制的单个出入口控制器所构成的控制设备。多出入口控制设备指能同时对两个以上出入口实施控制的单个出入口控制器所构成的控制设备。如图 4-4、4-5 所示。

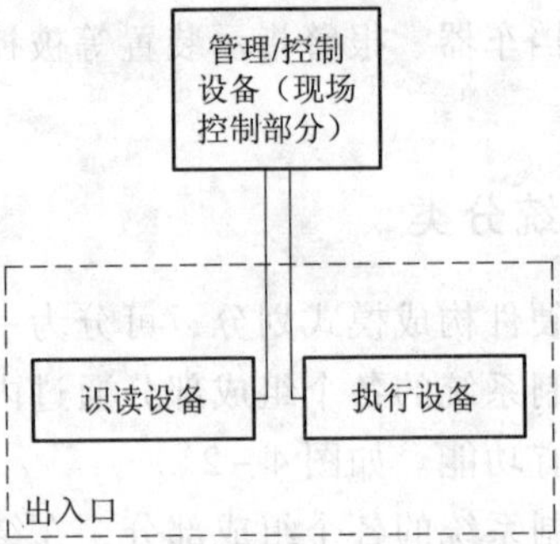

图 4-4　单出入口控制设备

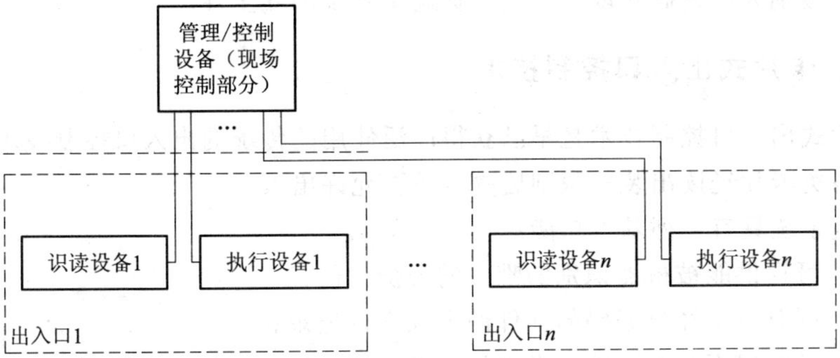

图4-5　多出入口控制设备

第二节　出入口系统主要识别技术

一、个人身份识别码技术

1. 个人身份识别码出入口控制系统

个人身份识别码（PIN）是指每个有权出入的人所对应的一组代码，作为身份识别的依据，这个代码被存储到出入口控制系统中。当用户想进入时，必须在键盘上输入他的身份识别码（PIN）。系统将输入的号码与系统所存储的代码相比较。如结果一致，将允许该人通过。反之则禁止出入。

为了增加保密功能，经常将密码输入与卡片控制方式两者同时使用。在这种情况下通常是要求用户首先插卡，系统将根据卡中信息，调出该用户的有关资料，然后要求用户通过键盘输入他的个人识别代码，并将该代码与个人资料中所存储的代码相比较，一致时才允许通过。这组代码可以由用户选择，也可以由系统来指定。通常使用4-6位数字。这种方式也有它的弱点。个人身份识别码及出入凭证，可以由用户暂借给一个无权出入的人，也可以通过强制手段得到。

2. 固定式与乱序式键盘

在个人身份识别码出入口控制系统中，代码的输入要通过键盘，常用的有两种不同工作方式的键盘：固定式与乱序式，固定式键盘指的是像电话机键盘一样，0-9数字在键盘上的位置是固定不变的。但使用这种键盘的缺点在于当用户输入密码时，容易被他人记住、仿冒，保密性不高，所以现行应用中一般都与卡片机配套使用。而乱序式键盘上0-9共10个数字键，在显示键盘上的位置、排列方式不是固定的，而是随机的，每次使用时显示数字的顺序都不一样，这样就避免了被别人将密码窃取、冒用，提高了系统的安全性。

二、卡片式出入口控制技术

卡片式出入口控制技术是早已获得广泛使用的传统的出入口控制技术。该系统是以各类卡片经读出装置识别后决定是否允许出入。

这类系统具有下列基本功能：

（1）可提供能被机器识别的唯一的身份代码；

（2）可对每个经过编码的证件的出入进行记录；

（3）可实现不必对证件本身操作，即可终止持证人的出入权限；

（4）可提供多级出入权限。例如，只能在指定的出入口出入或只能在当天的特定的时间出入。

系统可在每次有出入请求时查验出入权限记录，并且按要求对每次出入的时间、出入的位置，身份识别号码进行记录，并列表显示。

可对证件进行编码的技术多种多样，最常见的有：条件码技术，内嵌金属丝技术，视觉图样编码技术，磁点技术，磁条技术，感应技术及灵巧卡。依其工作方式可分为两大类：接触式和感应式。

（一）接触式卡片识别技术

1. 条形码识别技术与条形码

条形码是一组彼此间隙很小且本身宽度不同的平行条纹，如图4-6。根据条纹本身宽度及其间隙大小的不同进行编码。条形码阅读机可对条纹进行扫描，并将获取的数据送到译码电路，经译码后，实现编码的识别。一般情况下，条形码是粘在证件上的（目前常置于塑胶卡的夹层中）。由于复制起来相对容易，所以条形码广泛应用于安全性要求不高的出入口控制场所。另外，在使用频率高的地方，读卡器容易磨损，潮湿、肮脏、过冷、过热等恶劣环境也使其应用受到限制。

2. 磁条识别技术与磁卡

磁条识别技术目前已广泛应用于商业及信用卡等系统中，当磁卡从读卡机中划过时，系统便从位于磁卡一侧的磁条中读取数据。如图4-7。

将磁条粘贴在PVC卡基上就构成磁条卡，其优点是成本低廉，缺点也是可用设备轻易复制且易消磁和污损，磁条读卡机磁头也很容易磨损，对使用环境要求较高，常与密码键盘联合使用以提高安全性。

3. 内嵌技术与威根卡（WIEGAND CARD）

威根卡是目前国际上非常流行的。它的输出信号格式已成为事实上的工业标

图 4－6　条形码示意图

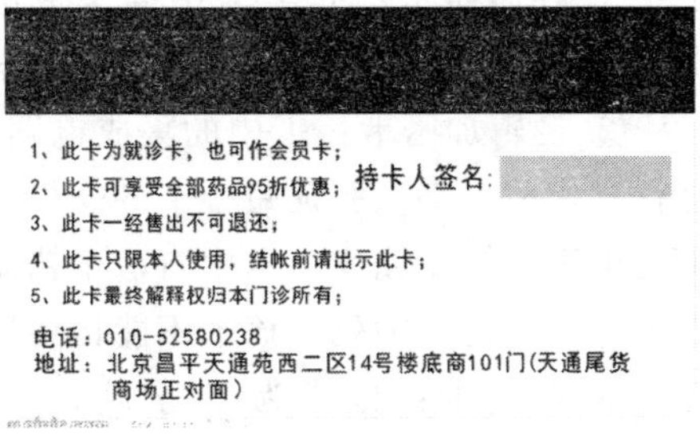

图 4－7　磁条码示意图

准。威根卡也叫铁码卡，卡片中间用特殊的方法将极细的金属线排列编码，其读卡机和操作方式与磁条卡基本相同，但原理不同，具有防磁、防水等能力，环境适应性较强。虽然卡片本身遭破坏后金属线排列即遭破坏，不好仿制，但利用读卡机将卡信息读出，也容易复制一张相同卡片。在国内很少使用，但它的输出数据的格式常被其他读卡器采用。

4. 视觉识别技术与红外线卡

应用视觉识别技术的证件中，内嵌一个含有几何点阵的薄片，读卡机中的探测器通过对点阵的几何图样来确认编码。为了提高防伪性能，在其制作中采用了红外技术，在只有当红外线照射下才透明的基层上，用在红外线照射下不透明的油墨来印制图样。也可将点阵制成在可见光下不透明而在红外光下透明的卡中。这种技术提供了很好的保护方式，使得卡片很难被伪造。

5. 智能卡技术及 IC 卡

IC 卡的应用最早出现于 70 年代，由法国首创。IC 卡的核心是集成电路芯片。IC 卡具有数据的写入和存储能力。IC 卡存储器中的内容根据需要可以有条件地供外部读取，或供内部信息处理和校验用。

IC 卡（Integrated Circuit Card）就是集成电路卡。它是一种随着半导体技术的发展和社会对信息安全性要求的日益提高而应运而生的。它是将集成电路芯片镶嵌在塑料基片之中制成的。并被封装成卡片的形式，其外形与磁卡相似。接触式 IC 卡广泛应用在各种领域，比如加油卡、驾驶员积分卡等，在出入口系统中，主要是用存储卡和逻辑加密卡。还有用带有 CPU 的智能卡，其优点是安全性较高，常用在宾馆的客房锁等处。但接触式操作，容易使卡片和读卡器磨损，必须对设备经常维护。

（1）IC 卡的分类

根据卡中的集成电路不同，IC 卡可分为三类：

① 存储器卡：此类卡中的集成电路为 EEPROM（电擦除可编程只读存储器）。它仅有数据存储能力，没有数据处理功能。

② 逻辑加密卡：卡中的集成电路具有加密逻辑和 EEPROM。对卡中的数据进行操作前，必须验证每个卡的操作密码。密码的验证是由卡中的芯片完成，而不是由读卡终端完成。卡中有一个错误计数器，如果连续三次验证密码失败，则卡中数据被自动锁死，该卡不能再使用。

③ 智能卡：也成为灵巧卡。卡中的集成电路包括 CPU（中央处理器），EEPROM，RAM（随机存储器）以及固化在 ROM（只读存储器）中的 COS（片内操作系统）。分为通用型和专用型两种。专用型是指其中 CPU 为专用的、保密的。与通用型的主要差别在于其有很好的物理保护措施。智能卡的发展方向是保密的专用型。

（2）IC 卡的特点及和磁卡的性能比较

IC 卡采用当今最先进的半导体制造技术和信息安全技术，IC 卡相对于其他种类的卡具有以下四大特点：

① RAM，ROM，EEPROM 等存储器，存储容量可以从几字节到几兆字节。卡上可以存储文字，声音，图形，图像等各种信息。

② 体积小，重量轻，抗干扰能力强，便于携带，易于使用。

③ 安全性高，IC 卡从硬件和软件等几个方面实施其安全策略，可以控制卡内不同区域的存储特性。存储器卡本身有安全密码，如果试图非法对其进行数据存取，则卡片自毁，即不可进行读写。

④ 对网络要求不高，IC 卡的安全可靠性使其在应用中对计算机网络的实时性，敏感性要求降低，十分符合当前国情，有利于在网络质量不高的环境中应用。

IC 卡和磁卡比较有以下四大优点。

① IC 卡的安全性比磁卡高得多，IC 卡内信息加密后不可复制，安全密码核对错误有自毁功能。而磁卡很容易被复制。

② IC 卡的存储容量大，内含微处理器，存储器可分成若干应用区，便于一卡多用，方便保管。

③ IC 卡防磁，防一定强度的静电，抗干扰能力强，可靠性比磁卡高。一般至少可重复读写十万次以上，使用寿命长。

④ IC 卡的读写机构比磁卡的读写机构简单可靠，造价便宜，容易推广，维护方便。

正是由于上述优点，使得 IC 卡应用得到迅速的普及，不仅仅是应用于保安及出入口控制系统，也广泛用于金融、电信、智能大厦等领域。

（3）IC 卡应用系统的典型组成及 IC 卡门控系统简介

从逻辑上来讲，一般的 IC 卡应用系统通常由 3 层组成。如图 4－8。

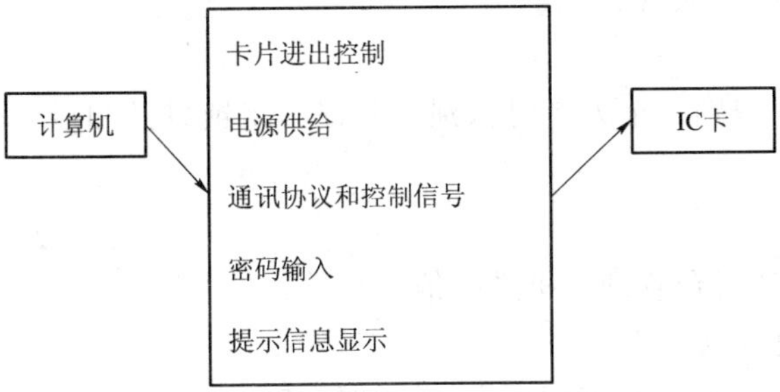

图 4－8　IC 卡应用系统组成示意图

其中各模块主要功能如下：

① 管理主机：负责有关应用信息的集中、处理、存储、显示、打印等，实现某一具体应用的集中管理（称为管理层）。主机可为通用 PC 机，工作站，或高档服务器。

② 接口设备：负责 IC 卡和主机之间的信息传输。其主要功能有：卡进出控制，电源供给，信息联络，与主机进行通讯等（称为接口层）。它是实现 IC 卡和主机之间交互的界面。

③ 智能终端：除实现接口设备的所有功能之外，还具有键盘和显示器，可以和持卡人作简单的信息交互。例如：持卡人通过键盘输入个人密码（PIN）。此外，有的智能卡固化有一个或几个应用程序，可以实现较为简单的应用。因此，在某些情况下，一些较为简单的应用可以不用主机，而只由智能终端实现管理层，接口层的所有功能。也可以形成一个相对简单但较为完整、实用的应用系统。

④ IC 卡门控系统

IC 卡门控系统是利用 IC 卡代替传统的钥匙，进行身份识别，实现一个单位内部（或一个建筑物内）的人员进出控制，及其他人事管理的系统。

IC 卡门控系统因为采用了当代较为先进的信息及电子技术，具有操作简单，安全性高，集中监控，成本适中等一系列优点，已成为现代保安区加强出入人员管理的重要的技术手段。

（4）IC 卡门控系统的组成及结构

系统由下述五个部分组成：

① IC 卡

IC 卡即钥匙卡或称身份识别卡。在卡上，存有个人数据，个人密码，单位数据等信息。印有图形、图像、文字、照片等。在这里作为身份证，出入证使用，由授权出入的个人持有。

② 门控机

执行 IC 卡的识别，个人密码识别，开锁，闭锁以及和后台管理主机实时通讯等功能。

③ 网络

连接门控机和后台管理主机进行信息传递。

④ 后台管理主机

可以为通用 PC 机，用于后台实时监控管理。

⑤ 后台操作权限控制器

通过对系统管理发放系统管理控制卡，控制对后台管理主机的使用。

(5) IC 卡门控系统的功能及管理特点

① 主要功能

◇ IC 卡发行管理功能：为授权出入人员发放 IC 卡；

◇ 对出入人员进出控制区的时间进行管理；

◇ 人员出入区域的控制；

◇ 门锁控制；

◇ 代替出入证、工作证等。

② 管理特点

◇ 管理到人：在 IC 卡上存储单位，姓名，年龄，性别，职称，职务，进出区域，权限等管理信息。如：一般工作人员只给予本部门的权限，中层领导可赋予所管辖部门的权限，高层领导可以赋予全局的超级管理权限。

◇ 管理到房间：可以实现对具体房间等区域的进出控制。如：一般工作人员只可进出其所属房间，中层领导可进出本部的所有房间，单位领导则可进出本单位的所有房间。特殊情况下可由后台管理主机，控制某一房间，而且只许特定的人员进出等等。管理非常灵活。

◇ 责任到人：出现问题易找出责任人。

◇ 安全可靠：因为 IC 卡无法复制，一旦丢失，也不会造成损失。

◇ 提供系统管理设计报表：为管理工作提供重要依据。

◇ 实时动态监控：从后台管理主机，动态监视所有房间的人员进出情况。

（二）感应卡片识别技术

感应卡或出入口控制系统使用了射频（RF）感应识别技术。系统主要由感应卡、读卡机及控制器组成。感应卡中包含有可编程芯片制成的射频电路，该射频电路被非常耐用的塑料外套保护着，可防水及防污，卡片中的IC芯片可以存储资料不容易伪造。

系统的工作过程如下：读卡机发射出射频电磁波RF，在一个范围内产生磁场。当有卡进入该区域范围时。识别卡中的射频电路被磁场激发，从而发出射频电波将该卡的识别码传回读卡机。读卡机将收到的信号送至解码器，经解码后送至主机，进行核查此编码是否正确，完成感应识别功能。

射频系统一个重要的优点是其具有隔墙感应特性，因此读卡机及发射接收天线能被隐蔽安装在墙的建筑结构内，因而不容易遭到破坏。

感应卡可以按多种不同的方式来划分：

◇ 根据卡的能量来源；

◇ 根据卡的工作频率的范围；

◇ 根据卡的编码为只读或可擦写式。

主动式感应卡中的电路依靠与卡片封装在一起的长寿电池供电。一类为只有卡进入检测区后，电池才供电，另外一类则为全天始终供电，一直发射信号，但只有进入检测区后才能被读卡机天线收到。而被动式感应卡的供电是由进入检测区后收到的读卡机发射出的射频信号来提供能量。

读卡机和卡的工作频率对不同的系统来说各有不同。低频卡工作在33KHz－500KHz之间。高频卡则工作在2.5MHz－10GHz之间。随着工作频率的增加，阅读范围和卡与读卡机之间的通信速度将增加。同样，系统的成本也将增加。

感应卡常采用的工作方式是发射和接收频率不同的方式。一般接收频率皆为发射频率的一半。在应用中感应卡一进入检测范围马上发射返回信号。此时返回信号与激发电磁场同时存在，且两组电磁场频率偏差量可保证在一定的范围内。从而保证无论在何种环境中都能正常工作。

只读感应卡的编码通常是在制造时就确定的一组特定的编码，是无法更改的。而可擦写式感应卡的数据区一般比只读卡大，并且可根据系统管理人员的需要编程。

感应式读卡机工作时是非接触性的，即使是频繁的读、写或移动，也不必担心接触不良或数据被损坏。

由于感应式卡或出入口控制系统的保密性强、环境适应性强、工作可靠、稳定、使用方便等特点，正获得越来越广泛的应用。

三、人体特征识别技术

人体特征识别系统是建立在每个人所具有的一些独一无二的生物特征的基础上的。目前已经投入使用的这类设备可实现对手形、笔迹、视网膜、指纹、语音和其他许多特征的识别。

(一) 手形与指纹识别技术

1. 手形识别技术

对于手形进行识别的设备是建立在对人手的几何外形进行三维测量的基础上的。因为每个人的手形都不一样，所以可以作为识别的条件。主要通过确定人手的几个外形上的特征，像手和手指在不同部位的宽度，手指的长度，手指的厚度和手指弯曲部分的曲率等，来实现识别功能。为了测量这些特征，手形检测系统将光束通过一对镜面反射照向手掌（俯视及侧视），投射到一个反射镜面，然后送入一个由光敏二极管组成的阵列。最终结果映像经过数字化作为一个手形样本被存储到设备的存储器中，通常此类设备足以存储上万个样本。

要使用这类设备，使用者必须提供一个经有效编码的卡或四位数的 PIN（个人身份码）。并将手放在测试板上，调准放在测试板上的手指的位置等待扫描。为帮助使用者将手调到合适的位置，在有的仪器上装了 LED，平时常亮，只有手的摆放合乎要求时，LED 熄灭，才可以进行扫描。扫描过后将扫描结果与 RAM 中的样本进行比较，从而实现识别功能。注册过程与识别过程很相似，只不过对注册者的手要检测三次，然后将三次检测结果取平均值来构成样本。

2. 指纹识别技术

指纹识别技术的应用已有一百多年的历史了，而且至今仍然被认做是几种最可靠的识别方法之一。指纹是每个人所特有的东西，在不受损伤的条件下，一生都不会发生变化。近些年来，由于自动化技术的发展，指纹识别系统也有了很大的提高。指纹比对通常采用特征点法，应用于出入口控制的这类系统都依赖于对指纹模式识别和计算机数据处理技术。抽出指纹上山状曲线的分歧点或指纹中切断的部分（端点）等特征来识别。为了提高可靠性，系统对手指的摆放位置及指纹分析与比较的精度要求很高。

这类系统通常辨识速度快。错误拒绝发生率及错误接受发生率都很低。且价格也较低，因此指纹识别系统已经进入广泛应用的阶段。

(二) 视网膜识别技术

人体的血管纹路也是具有独特性的，人的视网膜上面血管的图样可以利用光学方法透过人眼晶体来测定。如果视网膜不被损伤，从三岁起就会终身不变。每个人的血管路径差异很大，所以被复制的机会很少。通常这类系统使用一束低强度的发自红外发光二极管的光束环绕着瞳孔中心进行扫描。根据扫描后得到的不同位置所对应的不同反射光束强度来确定视网膜上的血管分布图样。这种方法在不是生物活体时无法反应，因此不可能伪造。但是在戴眼镜或患某些眼病时（如白内障）无法进行识别。

在注册过程，当进行扫描时，使用者必须注视检测器中的一个用于校准的目标。通常经过几次这样的扫描，按一定规律将几次扫描结果结合起来从而建立起使用者的参考图样数据。然后将这些数据存储于系统的存储器中。

进行识别检测时，只需做一次类似的扫描，并配合应用 PIN 识别码。

目前也有不需输入 PIN 的识别模式，工作在这种模式下，由于识别时要对所有已注册的记录进行搜索，从而使检测过程的时间加长。

这类系统错误拒绝发生率小于 0.4%，而错误接受发生率为零。

（三）签字识别技术

利用签名来确认一个人的身份早已获得广泛的应用，（如在金融业中已应用多年）。尽管伪造者能够造出在外形上非常相像的签名，但是不太可能正确复制笔画的速度、笔顺、笔运、笔压等，我们就可以利用这些参数来进行识别。

自动笔迹识别系统正是根据笔迹的一些动力学特征在进行识别（如笔迹的走向、速度、加速度等）。对这些数据的统计分析表明，每个人的签名都是独特的，并且自身可保持一致性。这些数据可通过安装在书写工具或签字板上的传感器来获得。目前市面上已有这类系统的实际应用。

（四）语音识别技术

语音识别技术是利用每个人所特有的声音为辨识条件。人们的发音方式取决于多种因素，包括地理影响、声带和嘴形。通过让某个人重复说一套单字或短语，可以获得他的声波纹模板。

语音自动识别系统的应用是与数据自动处理分不开的。语音中可用于识别的特征包括：声波包络、声调周期、相对振幅、声带的谐振频率等。这几种方式当前都可用于安全检测。而且都有较好的发展前景。

将被检测人的语音特征与事先早已注册的样本进行对比即可进行识别。但语音特征可受感冒及环境噪声等的影响发生错误判断，另外有可能好的录音可以蒙骗该系统。

（五）面部识别技术

面部识别系统分析面部形状和特征。这些特征包括眼、鼻、口、眉、脸的轮廓，形状和位置关系。因亮度及脸的角度和面部表情各不相同，使得面部识别非常复杂。目前已投入实际应用的系统需要人站在摄像机前面对摄像机。但有一些更先进的系统，能在人运动时识别出来。

第三节 出入口系统控制管理部分

管理与控制部分是出入口控制系统的管理与控制中心，可实现对出入目标的授权管理（对目标的出入行为能力进行设定），如：出入目标的访问级别、出入目标某时可出入某个出入口、出入目标可出入的次数等，完成出入目标的出入行为鉴别及核准。把从识别子系统传来的信息与预先存储、设定的信息进行比较、判断，对符合出入授权的出入行为予以放行，并对出入事件、操作事件、报警事件等进行记录、存储，还可实现对系统操作员的授权及登陆核准管理。设定操作员级别管理，使不同级别的操作员对系统有不同的操作能力，并能实现对出入口的非法侵入、系统故障的报警处理。

出入口管理子系统可根据安保密级要求，设置出入门管理法则。即可对出入者按多重控制原则进行管理，也可对出入人员实现时间限制等，对整个系统实现控制，并能对允许出入者的有关信息，出入检验过程等进行记录，还可随时打印和查阅。其具体功能如下：

◇ 是出入口控制系统人机界面；

◇ 负责接收从出入口识别装置发来的目标身份等信息；

◇ 指挥、驱动出入口控制执行机构的动作；

◇ 出入目标的授权管理（对目标的出入行为能力进行设定），如：出入目标的访问级别、出入目标某时可出入某个出入口、出入目标可出入的次数等；

◇ 出入目标的出入行为鉴别及核准。把从识别子系统传来的信息与预先存储、设定的信息进行比较、判断，对符合出入授权的出入行为予以放行；

◇ 出入事件、操作事件、报警事件等的记录、存储及报表的生成。事件通常采用 4W 的格式，即 When（什么时间）、Who（谁）、Where（什么地方）、What（干什么）；

◇ 系统操作员的授权管理。设定操作员级别管理，使不同级别的操作员对系统有不同的操作能力，还有操作员登陆核准管理等；

◇ 出入口控制方式的设定及系统维护：单/多识别方式选择、输出控制信号设定等；

◇ 出入口的非法侵入、系统故障的报警处理；

◇ 扩展的管理功能及与其他控制及管理系统的连接，如：考勤、巡更等功能，与入侵报警、视频监控、消防等系统的连动。

第四节　出入口执行部分

出入口执行机构负责接收从出入口管理子系统发来的控制命令，在出入口作出相应的动作，实现出入口控制系统的拒绝与放行操作，分为闭锁设备、阻挡设备及出入准许指示装置设备三种表现形式。见图4－9。

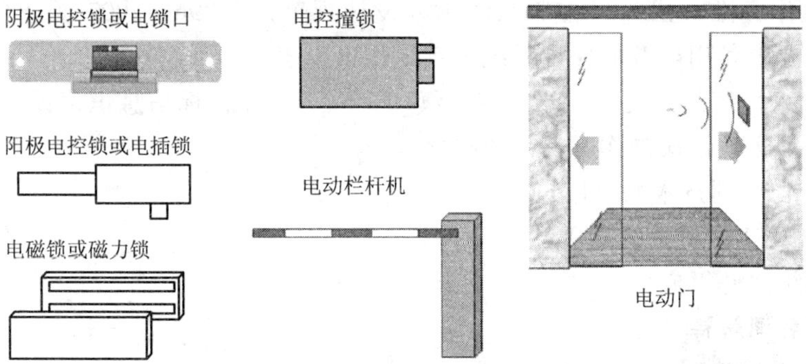

图4－9　出入口执行部分设备示意图

闭锁部件主要指各种电控、电动锁具；阻挡部件主要指各种电动门、升降式地挡（阻止车辆通行的装置）等设备；通行/禁止指示灯等属于典型的出入准许指示部件。在停车场已广泛使用的电动栏杆机，其阻挡能力有限，且有诸多防砸车等对机动车的保护设计，不能起到阻止犯罪分子驾车闯关的作用，也属于出入准许指示部件。

本章小结

出入口控制系统简称ACS，是指利用自定义符识别或/和模式识别技术对出入口目标进行识别并控制出入口执行机构启闭的电子系统或网络。出入口控制系统主要由识读部分、传输部分、管理/控制部分和执行部分以及相应的系统软件组成。本章主要介绍以下几方面内容：

（一）出入口控制系统的组成及系统功能；

（二）出入口控制系统的主要识别技术，包括：身份码识别技术、卡片识别技术、人体特征识别技术；

（三）出入口控制系统的控制管理部分的功能；

（四）出入口控制系统的执行部分的功能。

本章的重点和难点是熟悉不同识别技术及功能特点，要求在熟悉出入口控制系统的组成和功能基础上，可以为不同功能需求的不同场所设计灵活、实用、先进的出入口控制系统。

课后训练

一、填空题

1. 国家标准《出入口控制系统工程设计规范》50396—2007 关于门禁系统设计基本要求备用电源应保证系统连续工作不少于________小时。

2. 出入口控制系统中，当最多连续________次在目标信息识读设备或管理/控制部分上实施错误操作时，系统报警。

3. 生物识别技术的应用包括：________、________、________。

4. 出入口控制系统主要由________、________、________、执行部分以及相应的系统软件组成。

二、名词解释

1. 出入口控制系统

2. 防破坏能力

3. 复合识别

4. 受控区

第五章

电子巡更系统

本章任务

◇ 了解电子巡更系统的系统组成、作用和工作原理；
◇ 了解电子巡更系统的分类；
◇ 具备对电子巡更系统故障分析判断的能力；
◇ 具备正确维护系统、确保系统正常运行的能力。

电子巡更系统是一种检查和记录保安巡逻人员是否按规定的时间和路线对所管辖的区域进行巡查的监督管理系统。据分析，电子巡更技术起源于美国，是利用人员巡逻与工作结合的一种全新技术，也是治安管理人防与技防的一种有效整合，用于在下班之后特别是夜间的保卫与管理，实行定时定点巡查，是防患于未然的一种措施。

在20世纪80年代之前，巡逻员都是采用签到方式来实现对巡查的时间记录。20世纪90年代初产生了电子巡更，随之传入中国，它采用碰触式钮扣，自动记录时间、卡号。20世纪90年代末期，随着射频卡感应技术的成熟，非接触感应巡更产品产生，逐渐占领市场。

电子巡更是指将电子巡更点安放在巡逻路线的关键点上，巡更人员在巡逻的过程中用随身携带的巡更棒读取自己的人员点，然后按线路顺序读取巡更点，在读取巡更点的过程中，如发现突发事件可随时读取事件点，巡更棒将巡更点编号及读取时间保存为一条巡逻记录，定期用通讯座（或通讯线）将巡更棒中的巡逻记录上传到计算机中。管理软件将事先设定的巡逻计划同实际的巡逻记录进行比较，就可得出巡逻漏检、误点等统计报表，通过这些报表可以真实地反映巡逻工作的实际完成情况。

监狱管理中电子巡更系统是保护居民住宅安全的有力手段，为了保证巡更的警力人员能够责任到位和便于管理督促，电子巡更系统便成了管理人员最可行的帮手。传统的巡检制度的落实主要依靠巡逻人员的自觉性，管理者对巡逻人员的工作质量只能做定性评估，容易使巡逻流于形式，因此急需加强工作考核，改变传统手工表格对巡逻人员监督不力的管理方式。电子巡检系统可以很好地解决这一难题，使人员管理更科学化和准确。

第一节　电子巡更系统的组成及工作原理

一、电子巡更系统组成

电子巡更系统主要由称为巡更棒的数据采集器、含有唯一 ID 码的信息钮、读取数据采集器信息的数据读写器、根据采集器的采集信息而进行处理的巡更管理软件四大部分组成。其组成结构图如图 5－1。

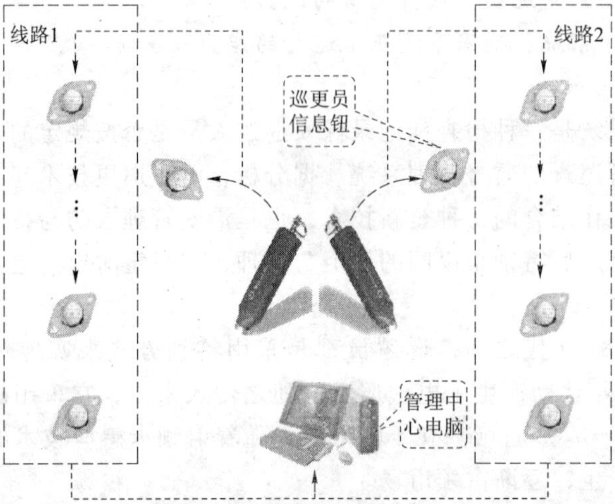

图 5－1　电子巡更系统组成示意图

二、电子巡更系统的工作原理

电子巡更系统基本的工作原理是在要求巡查的沿线线路上安装一系列代表不同点的信息钮，每个信息钮内设有一个不重复的 ID 编码；系统可以分多条巡更线路，每条线路由一名巡更员手持巡检器从监控中心出发，首先点击代表各自的巡更员信息钮，然后根据事先规定好的巡更路线逐点巡逻前进，完成巡更后回到监控中心将巡更信息下载到管理中心电脑中。以上步骤便完成了一次巡更，巡更次数可根据需要任意设置。管理员可通过管理中心电脑中记录的信息对巡更员的巡检工作作出评定。通过这种方式就可以对巡查人员的巡查情况（如巡查的地点、时间、路线等）进行记录和考核，从而为考察巡查人员的工作提供了可靠的数据。

三、电子巡更系统各组成部分

1. 信息钮

信息钮一般是由不锈钢封装的，具有防水、防磁、防震、耐高温和低温特点的 ID 地址号码。信息钮本身一般不带电源，安装固定于巡查路线的沿线上，由其不同的 ID 地址号码来代表不同的巡查点。

2. 信息钮数据采集器——巡查棒

巡查棒内采用非易失性读写存储器、内置时钟及电池组成，其作用是由巡查人员随身携带至每个安装于巡查沿线上的信息钮处，用巡查棒碰触一下信息钮或用感应方式读取信息钮的地址码，并同时记录读取信息钮地址码的时间，从而生成巡查记录储存在巡查棒内。

3. 巡查棒数据读写器——通信座

巡查棒数据读写器安装放置在巡更管理计算机的附近，并通过连接电缆与巡更管理计算机相连接。

巡更人员回到巡更管理计算机所在的房间后，将巡查棒插入巡查棒数据读写器，巡查棒数据读写器读出巡查棒内储存的巡查记录，并将巡查记录输入巡查管理计算机。巡查棒数据读写器也可以通过计算机的巡查管理软件对巡查棒进行操作，如清理巡查棒记录、对巡查棒校时和设置等。

4. 巡查管理软件

巡查管理软件安装在巡查管理计算机中，软件根据获得的巡查数据按要求生成巡查报表。巡查报表能真实准确地反映巡查情况，从而可以清楚地知道有无漏查，是否按时巡查，是否按规定路线巡查等，为科学和严格管理巡查人员提供可靠的资料。巡查管理软件也可以进行对巡查棒进行清理、校时、设置等操作。

第二节 电子巡更系统分类

电子巡更系统通常分为：接触式电子巡更系统、感应式电子巡更系统、在线式电子巡更系统、GPS 电子巡更系统等几类。

一、在线式电子巡更系统

早期的巡更系统是在线式的，实际上就是考勤机联网使用，与其说是巡更机还不如说是考勤机。如图5-2。由于每一巡更点必须安装巡更机，整体费用昂贵，而且必须供电、联网、防护，安装维护都成问题。当然它也有优点：一是巡更员只需携带卡或信息钮，比较轻便；二是信息可以及时上传，防止丢失，实时显示巡更情况，对未正常巡更则提示和报警，适合安全需求比较高的场合。

图5-2　在线式巡检器

1. 系统组成

在线式电子巡更系统由：GPRS巡检器、无线射频卡和管理软件组成。

2. 工作流程

巡检人员手持巡检器（见图5-4），沿着规定的线路巡检，如果到达预先设定的地点，巡检器读取当前的地点信息，通过GPRS将数据上传到管理中心，管理中心的系统软件将回传的数据放入数据库，同时进行自动分析和智能处理，实现对巡检工作的科学管理。

二、离线式巡更系统

随着巡更系统设计思想的成熟和技术的发展，人们开发了离线式巡更系统。它克服了在线式巡更系统的缺陷，即价格昂贵和安装维护困难等，很受市场欢迎。目前市场上主要有两类产品：接触式巡更系统和感应式巡更系统。

（一）接触式巡更系统

接触式巡更系统也称为信息钮式巡更系统，它利用信息钮技术，通过巡更机（巡更棒）与信息钮的接触读取信息。如图5-3。技术简单，成本低廉，功耗极低，易于小型化，使巡更机设计非常简单，迅速走向成熟。普遍采用金属壳体，防水设计，适合保安使用。由于技术含量和成本较低，因此价格比较低廉。但是其存在致命缺陷：一是巡更机（巡更棒）与信息钮必须非常准确地接触才能读取信息，操作起来很不方便，尤其在晚上；二是信息钮必须与巡更机接触，必然是外露的，这样易被破坏；三是外露信息钮易受污染，造成接触不良；四是信息钮是在特殊场合使用的产品，在全世界用量就很少，生产厂家就更少。

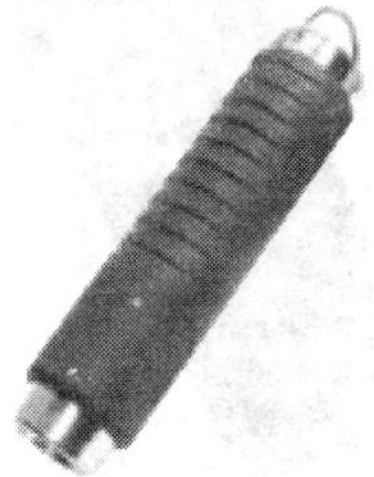

图 5－3 接触式巡检器

1. 系统组成

接触式电子巡更系统由巡检器、USB 通讯座、信息钮和管理软件组成。

2. 工作流程

巡检人员手持巡检器，沿着规定的线路巡查，同时在规定的时间里到达巡检地点，使用巡检器轻轻触碰指定的信息钮，当看到灯光提示时，巡检器会自动记录到达该地点的时间和人员。然后用 USB 通讯座将巡检器连接到计算机上，将数据上传到管理软件的数据库中，管理软件对巡检数据进行自动分析并智能处理，由此实现对巡检工作的科学管理。

（二）感应式电子巡更系统

第二类是感应式巡更系统。随着射频识别技术的发展，人们把射频识别技术用于电子巡更系统上，推出了感应式电子巡更系统。感应式电子巡更机的技术原理是利用射频感应技术，即无线电波通讯技术，巡更棒和信息钮不用接触就可以读取信息。信息钮（感应卡）还可以嵌入墙内。这种感应式电子巡更系统克服了信息钮式巡更系统的部分缺陷，把电子巡更技术向前推进了一步。

1. 系统组成

感应式电子巡更系统由巡检器、USB 通讯线、感应卡和管理软件组成。

2. 工作流程

巡检人员手持巡检器，见图 5－4，沿着规定的路线巡查，同时在规定的时间内到达巡检地点，用巡检器读取巡检点，工作时伴有振动和灯光双重提示。巡检器会自动记录到达该地点的时间和巡检人员，然后通过数据通讯线将巡检器连接计算机，把数据上传到管理软件的数据库中。管理软件对巡检数据进行自动分析并智能处理，由此实现对巡检工作的科学管理。

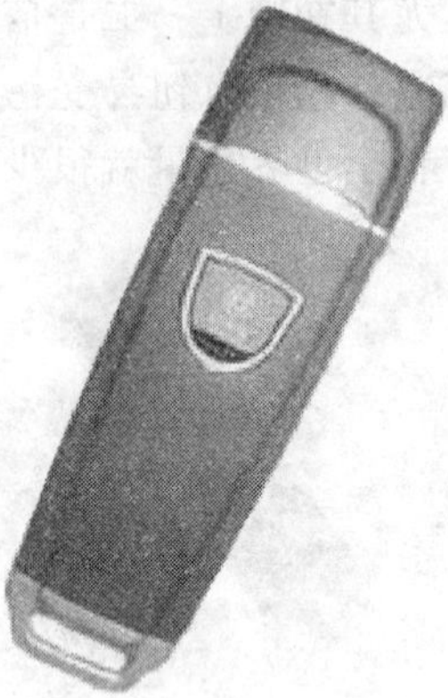

图 5－4 手持巡检器

三、新一代 GPS 式电子巡更系统

新一代 GPS 式电子巡更系统利用 GPS（全球卫星定位技术）和 GIS（地理信息系统），结合现代通信技术，可以存储保安的巡更时间、巡更路线的地理数据，无需在前端安装任何信息钮就能够在控制终端重现巡更轨迹，并能够在遇到突发事件的时候及时向控制中心发出警报信号。

GPS 巡更系统通过全球卫星定位技术获得巡更人员的巡更时间和地理位置信息，然后通过把巡更信息传送给控制中心的 PC 机，PC 机上装有利用 GIS 技术根据实际情况制作好的电子地图，并通过程序对地图进行控制，根据接收到的巡更信息监视巡更人员的巡更轨迹。这种技术不需要在固定地点安装信息钮，同时可以克服夜间巡逻的不便，而且巡更人员可以自由巡逻、不必定时定点签到，这种方式给巡更人员很大自由活动空间的同时，也能够督促巡更人员尽职尽责，做好巡更工作。

1. 系统组成

GPS 式电子巡更系统由 GPS 巡检器、管理软件和电子地图组成。

2. 工作流程

GPS 巡检器采用 GPS 全球卫星定位技术，见图 5－5，可以实时传送定位数据（经度、纬度、时间）现场情况及图片、突发事件等信息，并且可以显示在中心的 GIS 地图上。同时具有语音通话功能，及时与管理中心联系。系统可以远程跟踪特定移动目标，从而记录移动目标的行走路线，并进行轨迹回放，达到对巡检人员工作状态和现场工作事件的有效管理。

图 5－5　GPS 式巡检器

本章小结

在电子巡更系统中，将巡更点安放在巡逻路线的关键点上，安保人员在巡逻的过程中用随身携带的巡更棒读取自己的人员点，然后按线路顺序读取巡更点，在读取巡更点的过程中，如发现突发事件可随时读取事件点，巡更棒将巡更点编号及读取时间保存为一条巡逻记录。定期将巡更棒中的巡逻记录上传到计算机中，管理软件将事先设定的巡逻计划同实际的巡逻记录进行比较，就可得出巡逻漏检、误点等统计报表，通过这些报表可以真实地反映巡逻工作的实际完成情况。

本章主要介绍了电子巡更系统的组成及工作原理、电子巡更系统的分类，重点是熟悉利用 GPS、GPRS 等新技术的新一代电子巡更系统的工作原理及优越性等。

课后训练

一、填空题

1. 电子巡更系统由________、________、________、________四部分组成。

2. 电子巡更系统其基本的原理就是在要求巡查的沿线线路上安装一系列代表不同点的________，其内设有一个不重复的________。

3. 电子巡更系统通常分为：接触式电子巡更系统、________电子巡更系统、在线式电子巡更系统、________电子巡更系统等几类。

二、简答题

1. 简述电子巡更系统的组成及工作原理。

2. 简述 GPS 新一代电子巡更系统的特点及优势。

第六章

消防火灾报警系统

本章任务

◇ 了解各种火灾报警探测器的工作原理；
◇ 了解火灾报警系统的组成结构；
◇ 掌握使用火灾自动报警系统的能力；
◇ 具备对火灾报警系统故障分析判断的能力；
◇ 具备正确维护系统、确保系统正常运行的能力。

监狱场所一般人口密集，对关押犯人的管控极为严格。在监狱一旦发生火灾事故，则后果不堪设想。以下是近几年国外发生的监狱火灾事件：2012 年 2 月 1 日洪都拉斯国中部城市科马亚瓜一所监狱深夜发生火灾，导致至少 300 名囚犯丧生；2010 年 11 月 10 日，萨尔瓦多北部一所关押少年犯的监狱发生火灾，造成至少 16 人死亡、27 人受伤；2010 年 12 月 8 日，智利首都圣地亚哥圣米格尔监狱发生火灾，造成至少 83 人死亡；2009 年 4 月 26 日，智利首都大区科利纳市一所监狱发生火灾事故，造成至少 9 人死亡；2007 年 11 月 4 日，阿根廷北部圣地亚哥－德尔埃斯特罗省一座监狱发生囚犯纵火事件，造成至少 30 名囚犯死亡、多名囚犯受伤；2005 年 3 月 7 日，多米尼加东部伊圭省一所监狱发生骚乱并引发大火，造成至少 133 人死亡；2004 年 5 月 17 日，洪都拉斯第二大城市圣佩德罗苏拉的一所监狱发生火灾，造成至少 104 人死亡、27 人受伤。因此，监狱场所安装火灾自动报警及公共广播系统极为必要。

第一节 火灾自动报警系统

火灾自动报警系统是由触发装置、火灾报警装置以及具有其他辅助功能装置组成，能够在火灾初期，将燃烧产生的烟雾、热量、火焰等物理量，通过火灾探测器变成电信号，传输到火灾报警控制器，并同时显示出火灾发生的部位、时间等，使人们能够及时发现火灾，并及时采取有效措施，扑灭初期火灾，最大限度地减少因火灾造成的生命和财产的损失。火灾自动报警系统包括火灾触发器件、火灾警报装置，消防联动控制设备、电源等。

安装在建、构筑物内的火灾探测器长年累月地实时监测被警戒的现象或对象。当建、构筑物内某一被监视现场发生火灾时，火灾探测器探测到火灾产生的烟雾、高温、火焰及火灾特有的气体等信号并转换成电信号，立即传送到火灾报警控制器，控制器接收到火警信号，经过与正常状态阀值或参数模型分析比较，若确认着火，则输出两回路信号：一路指令声光报警显示装置动作，显示火灾现场地址（楼层、房号等），记录下发生火灾的时间，同时启动警报装置发出音响报警，告诫火场现场人员投入灭火操作或从火灾现场疏散；另一路指令启动消防控制设备，自动联动启动断电控制装置、防排烟设施、防火卷帘、消防电梯、火灾应急照明、消火栓、自动灭火系统等消防设施，防止火灾蔓延、控制火势、及时扑救火灾。一旦火灾被扑灭，火灾自动报警系统又回到正常监控状态。另外，为了防止系统失控或执行器中组建、阀门失灵而延误救活时间，现场附近还设有手动报警按钮，用以手动报警以及控制执行器动作，以便及时扑灭火灾。

一、火灾报警探测器

火灾报警探测器是能对火灾参数（如烟、温、光、火焰辐射、气体浓度等）响应，并自动产生火灾报警信号的器件，按照响应火灾参数的不同，火灾探测器分成感温火灾探测器（温感）、感烟火灾探测器（烟感）、感光火灾探测器（光感、火焰探测器）、可燃气体探测器、图像火灾探测器、复合火灾探测器几种基本类型。不同类型的火灾探测器适用于不同类型的火灾和不同的场所。

1. 感温火灾探测器（温感）

感温火灾探测器是响应异常温度、温升速率和温差等参数的探测器，分为点布型和线布型 2 类，点布型又称为定点型，有定温、差温和差定温复合式 3 种。感温探测器亦分为高、中、低灵敏度 3 级即Ⅰ、Ⅱ、Ⅲ级。对差温型探测器，高灵敏度者应用于环境温度变化小或变化缓慢的稳定场所，中灵敏度则允许有一定的变动，低灵敏度者可允许温度有较大的变化或变化较快。如果温度变化很大或变化很快应选用定温型。对定温型探测器：高灵敏度者用于环境温度正常的场合，中灵敏度允许环境温度高些，低灵敏度者则允许环境温度更高些。但环境温度应比探测器的温度阀值低 20℃，否则应改用差温型。高灵敏度定温探测器的温度阀值范围一般为 54 ~ 62℃，中灵敏度一般为 63 ~ 70℃，低灵敏度一般为 71 ~ 78℃，对差定温型探测器，其各灵敏度级的适用环境兼有定温及差温型探测器相应级别的特点，如图 6 – 1。

图 6 – 1　感温火灾探测器

2. 感烟火灾探测器

感烟探测器就是通过监测烟雾的浓度来实现火灾报警的探测器。常用的感烟探测器有离子感烟探测器、光电感烟探测器及红外光束线性感烟探测器。感烟探测器分为高、中、低灵敏度 3 级即 Ⅰ、Ⅱ、Ⅲ级。高灵敏度者用于禁烟场所，中灵敏度者用于卧室等少烟场所，低灵敏度者用于会议室等多烟场所。火灾初期有阴燃阶段（如棉麻织物、木器火灾），产生大量的烟和少量的热，很少或没有火焰辐射时，一般应该选用感烟火灾探测器，如图 6 – 2。

图 6 – 2　感烟火灾探测器

3. 感光火灾探测器

物质燃烧时，在产生烟雾和放出热量的同时，也产生可见或不可见的光辐射。感光式火灾探测器又称火焰探测器，它是用于响应火灾的光特性。即扩散火焰燃烧的光照强度和火焰的闪烁频率的一种火灾探测器。根据火焰的光特性，目前使用的火焰探测器有两种：一种是对波长较短的光辐射敏感的紫外探测器，另一种是对波长较长的光辐射敏感的红外探测器。感光式火灾探测器宜安装在有瞬间产生爆炸的场所。如石油、炸药等化工制造的生产存放场所等，如图 6 – 3。

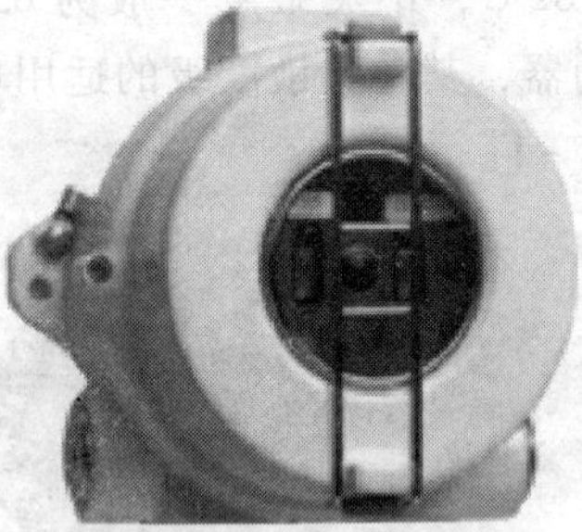

图 6－3　感光火灾探测器

4. 可燃气体探测器

可燃气体探测器是对单一或多种可燃气体浓度响应的探测器。可燃气体探测器有催化型、红外光学型两种类型。催化型可燃气体探测器是利用难熔金属铂丝加热后的电阻变化来测定可燃气体浓度。当可燃气体进入探测器时，在铂丝表面引起氧化反应（无焰燃烧），其产生的热量使铂丝的温度升高，而铂丝的电阻率便发生变化。可燃气体探测器是一种工业用的高性能宽波段燃气检漏仪。红外光学型是利用红外传感器通过红外线光源的吸收原理来检测现场环境的碳氢类可燃气体，如图 6－4。

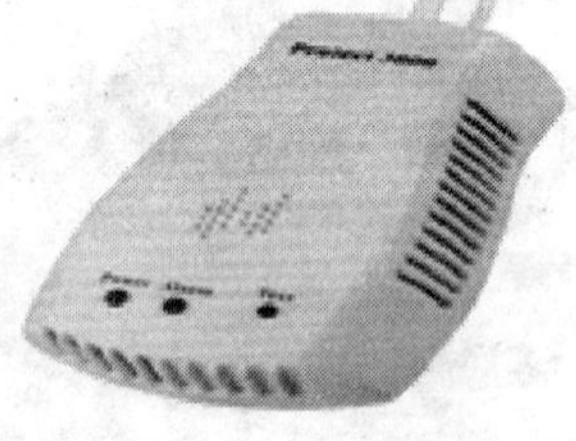

图 6－4　可燃气体探测器

5. 手动报警按钮

手动报警按钮是火灾报警系统中的一个设备类型，当人员发生火灾时在火灾探测器没有探测到火灾的时候人员手动按下手动报警按钮，报告火灾信号。正常情况下当手动报警按钮报警时，火灾发生的几率比火灾探测器要大得多，几乎没有误报的可能。因为手动报警按钮的报警出发条件是必须人工按下按钮启动。按下手动报警按钮的时候过 3 ~5 秒钟手动报警按钮上的火警确认灯会点亮，这个状态灯表示火灾报警控制器已经收到火警信号，并且确认了现场位置，如

图 6－5。

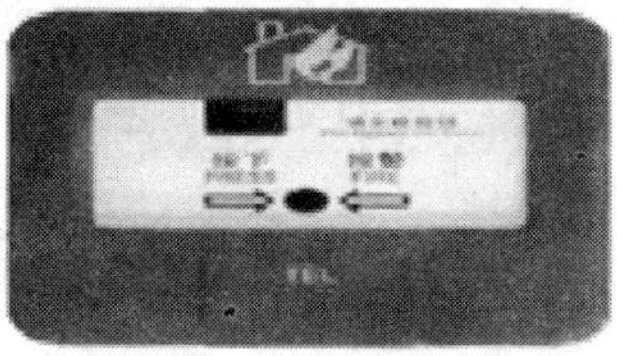

图 6－5 手动报警按钮

二、火灾报警装置

火灾报警装置是指在火灾自动报警系统中，用以接收、显示和传递火灾报警信号，并能发出控制信号和具有其他辅助功能的控制指示设备称为火灾报警装置，通常有火灾显示盘及火灾报警控制器等组成。

1. 火灾显示盘

火灾显示盘是可以安装在楼层或独立防火区内的火灾报警显示装置，可分为数字式、汉字/英文式、图形式三种。如图 6－6。放置在每个楼层或分区内，用于显示本楼层或分区内的火警情况。区域内探测器等器件报警时，显示盘发出声光报警信号并指示出报警区域和部位代号和注释信息。火灾报警显示盘是一种用单片机设计开发的可以安装在楼层或独立防火区内的数字式火灾报警显示装火灾报警显示盘置。它通过总线与火灾报警控制器相连，处理并显示控制器传送过来的数据。当建筑物内发生火灾后，消防控制中心的火灾报警控制器产生报警，同时把报警信号传输到失火区域的火灾报警显示盘上，火灾报警显示盘将产生报警的探测器编号及相关信息显示出来同时发出声光报警信号，以通知失火区域的人员，火灾报警显示盘设有 8 位报警信息显示窗，可将报警探测器的编码号显示出来，满足大范围的报警显示要求。当用一台报警控制器同时监控数个楼层或防火分区时，可在每个楼层或防火分区设置火灾报警显示盘以取代区域报警控制器。图 6－6 为安装在楼层的火灾显示盘，简称：层显。

2. 火灾报警控制器

火灾报警控制器是火灾报警系统中的核心组成部分，主要功能包括：为火灾探测器提供稳定的工作电源；监视探测器及系统自身的工作状态；接受、转换、处理火灾探测器输出的报警信号；进行声光报警；指示报警的具体部位及时间；同时执行相应辅助控制等任务。

火灾报警控制器按其用途不同，可分为区域火灾报警控制器、集中火灾报警

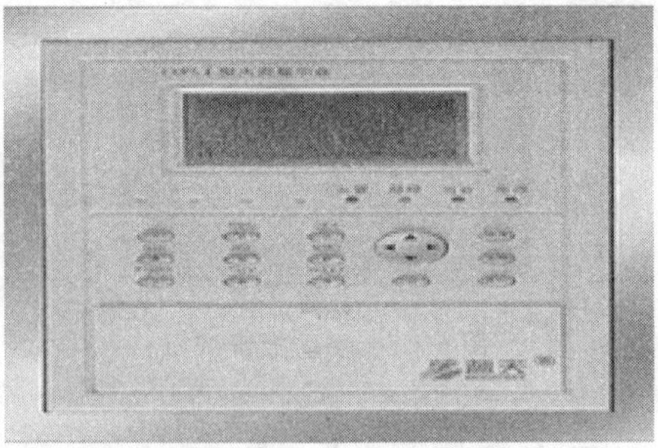

图 6－6 火灾显示盘

控制器和通用火灾报警控制器三种基本类型。近年来，随着火灾探测报警技术的发展和模拟量、总线制、智能化火灾探测报警系统的逐渐应用，在许多场合，火灾报警控制器已不再分为区域、集中和通用三种类型，而统称为火灾报警控制器。此外，目前我国市场上存在一种新型将火灾报警控制器和消防联动控制器的双重功能集成在一个主机上的设备，称为联动性火灾报警控制器，图 6－7 为联动型火灾报警控制器。

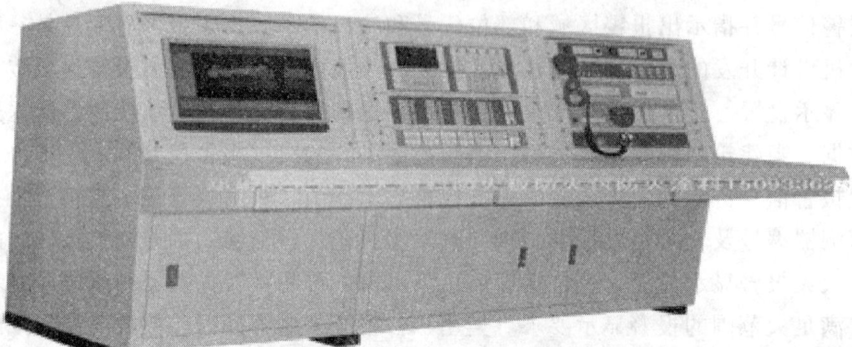

图 6－7 联动型火灾报警控制器

三、火灾报警辅助装置

火灾警报装置辅助是指在火灾自动报警系统中，用以发出区别于环境声、光的火灾警报信号的装置，火灾警报器是一种最基本的火灾警报辅助装置，通常与火灾报警控制器组合在一起，它以声、光音响方式向报警区域发出火灾警报信号，以警示人们采取安全疏散、灭火救灾措施。按报警信号形式可分为火灾声警报器（警铃）、光警报器、声光警报器。

1. 警铃

警铃是一种火灾警报装置，用于将火灾报警信号进行声音中继的一种电气设备，警铃通常安装在建筑物的公共空间部分，如走廊、大厅等。在发生紧急情况的时候由报警控制器控制触发报警，正常情况下每个区域一个，警示声音效果好，如图6－8。

图6－8 警铃示意图

2. 声光警报器

声光警报器是设置在公共场所，当发生事故或者特殊情况时发出声音报警，并且发有闪灯闪烁以提醒人注意的设备，一般的声光警报器在消防系统中用得比较多，火灾声光警报器用于产生事故的现场的声音报警和闪光报警，尤其适用于报警时能见度低或事故现场有烟雾产生的场所，如图6－9。

图6－9 声光报警器

四、消防联动控制设备

消防联动设备是火灾自动报警系统的执行部件，消防控制室接收火警信息后应能自动或手动启动相应消防联动设备。消防联动设备的联动要求：火灾发生时，火灾报警控制器发出警报信息，消防联动控制器根据火灾信息管理部联动关系，输出联动信号，启动有关消防设备实施防火灭火。消防联动必须在“自动”和“手动”状态下均能实现。在自动情况下，智能建筑中的火灾自动报警系统按照预先编制的联动逻辑关系，在火灾报警后，输出自动控制指令，启动相关设备动作。控制设备通常包括消防联动控制器、消防控制室图形显示装置、消防电气控制装置（防火卷帘控制器、气体灭火控制器等）、消防联动模块、消火栓按钮、消防应急广播设备、消防电话等设备和组件。

1. 消防联动控制器

消防联动控制器是消防联动设备的核心组件。它通过接收火灾报警控制器发出的火灾报警信息，按预设逻辑对自动消防设备实现联动控制和状态监视。消防联动控制器可直接发出控制信号，通过驱动装置控制现场的受控设备。对于控制逻辑复杂，在消防联动控制器上不便实现直接控制的情况，通过消防电气控制装置（如防火卷帘控制器）间接控制受控设备。同时可以对不同消防联动控制设备和相关消防设施进行控制和状态监视，图 6 – 10 分别为壁挂式、柜式、台式联动控制器。

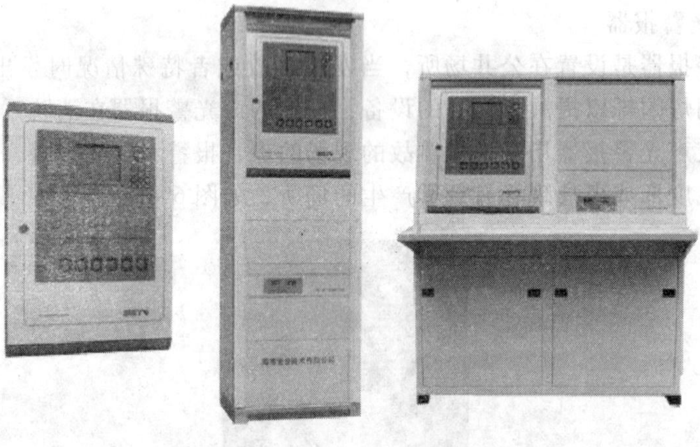

图 6 – 10　联动控制器

2. 消防控制器图形显示装置

消防控制器图形显示装置安装在消防控制中心，用于接收并显示火灾报警控制器和消防联动控制器的相关信息，用于接收并且显示火灾报警控制器和消防联动控制器的相关信息，包括火灾自动报警系统保护区内的建筑平面图、消防设备的设置及工作状态。消防控制器图形显示装置与火灾报警控制器和消防联动控制器进行通信，及时接收消防系统中的设备火灾信号、联动信号和故障信号，并通过图形终端把火警信息、故障信息和联动信息直观地显示在建筑平面图上，从而使消防管理人员能够方便及时地处理火灾事故，如图 6-11。

图 6-11　消防控制器图形显示装置

3. 消防电气控制装置

消防电气控制装置用于对建筑消防给水设备、自动灭火设备、室内消火栓设备、防排烟设备、防火门窗、防火卷帘等各类自动消防设施的控制，具有控制受控设备执行预订动作、接收受控设备的反馈信号、监视受控设备状态、与上级监控设备进行信息通信，向使用人员发出声光提示信息等功能。

消防电气控制装置按受控设备不同，可分为：风机控制装置、电动防火门控制装置、电动防火窗控制装置、电动阀控制装置、自动灭火设备控制装置、电动消防给水设备控制装置、防火卷帘控制器、消防应急照明指示控制装置。

消防电气控制装置接收到现场手动控制信号或消防联动控制器的联动控制信号后，将此信号进行处理、转换、形成下一级控制信号并将该信号向受控设备发送；同时控制主电路接通或断开受控设备的电源，从而完成控制受控设备启动、停止的功能。此外，消防电气控制装置还能将受控设备工作状态的信息向上一级消防联动控制设备传送，发出显示控制装置和受控设备状态的指示信号，如：电源信号、控制装置的手动、自动工作状态的信号、延时信号、受控设备的状态信号等，从而完成信息传送和指示功能，如图 6-12。

4. 消防联动模块

其是用于消防联动控制器与其所连接的受控设备之间信号传输、转换的一种器件，包括中继模块（用于对消防联动控制系统内部各种电信号进行远距离传输和放大驱动，当联动总线负载过重或线路过长时，一般在总线的适当位置设置

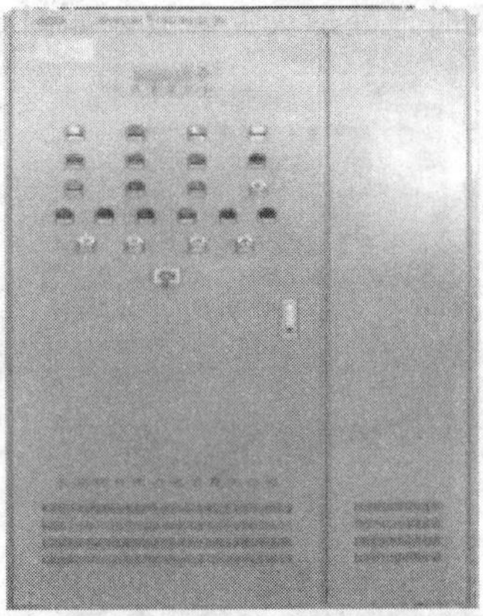

图 6－12 消防电气控制装置

总线中继模块，将弱信号放大到标准状态，增加总线的负载能力）、输入模块（用于把消防联动控制器所连接的设备、器件的工作状态信号输入相应的消防联动控制器，该模块一般与消防联动控制器相连）、输入输出模块（同时具有输入和输出模块功能的器件），它是消防联动控制设备完成对受控消防设备联动控制功能所需的一种辅助器件，如图 6－13。

图 6－13 消防联动模块

5. 气体灭火控制器

气体灭火控制器是专用于气体自动灭火系统中，融自动探测、自动报警、自动灭火为一体的控制器，气体灭火控制器可以连接感烟/感温火灾探测器、紧急启停按钮、手自动转换开关、气体喷洒指示灯、声光警报器等设备，并且提供驱动电磁阀的接口，用于启动气体灭火设备。气体灭火控制器也可与火灾报警控制器联网，实行远程控制。气体灭火可以用于保护以下物质的火灾：（1）电气和电子设备火灾；（2）可燃烧液体和可融化的固体火灾；（3）固体表面火灾；（4）灭火前能切断气源的气体火灾，如图 6－14。

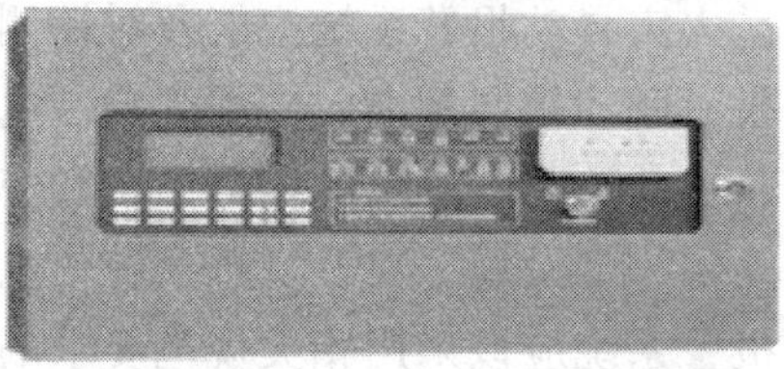

图 6－14　气体灭火控制器

6. 消防应急广播设备

消防广播设备作为建筑物的消防指挥系统，在整个消防控制管理系统中起着极其重要的作用。其主要功能为火灾时发布广播信息、及时疏散人群、保证人民生命安全；也可与公共广播设备合用，平时可做背景音乐广播。在有火警发生时，不但能手动操作进入应急广播状态而且能根据接收到的控制信号，通过逻辑编程自动进入应急广播状态，如图 6－15。

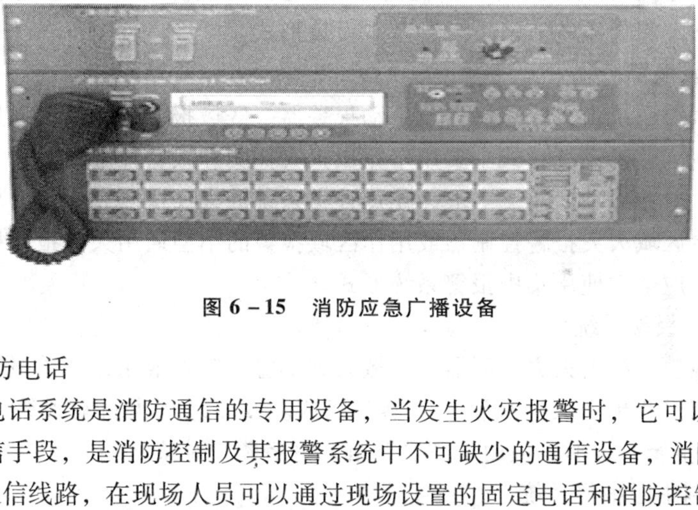

图 6－15　消防应急广播设备

7. 消防电话

消防电话系统是消防通信的专用设备，当发生火灾报警时，它可以提供方便快捷的通信手段，是消防控制及其报警系统中不可缺少的通信设备，消防电话系统有专用的通信线路，在现场人员可以通过现场设置的固定电话和消防控制室进行通话，也可以用便携式电话插入插孔式手报或者电话插孔上面与控制室直接进行通话。

第二节　火灾自动报警系统的基本要求

一、火灾自动报警系统基本性能要求

在高层建筑和智能化建筑中设置火灾自动报警系统，可以将火灾消灭在萌芽状态，最大限度地减少火灾危害，满足高层建筑和智能化建筑防火安全方面的性

能要求。一旦发生火灾，火灾自动报警系统应能及时探测、鉴别、判定火灾并启动通信系统自动对外报警，联动控制配电、广播音响、电梯和自动消防设施，显示最佳疏导、营救方案，自动关闭不必要的电力系统和办公系统，根据火灾发展状况分配供水系统、启动防排烟设施，以及实现火警信息联网通信等。高层建筑或智能化建筑火灾自动报警系统应该采用相关规范要求的系统设计模式，并应具备以下几个方面的性能要求：

(1) 现场火灾探测器或传感器能采集动态数据并有效传输；

(2) 报警控制器具有火灾识别模型，火灾报警可靠、及时、误报率低；

(3) 系统具有报警阈值自动修正、灵敏度分时调整和火灾模式判优等功能。

二、火灾自动报警系统基本设计形式

根据国家标准《火灾自动报警系统设计规范》(GB_50016—98) 的规定、火灾监控对象的特点和火灾报警控制器的分类以及消防设备联动控制要求的不同，火灾自动报警系统有以下三种基本设计形式。

1. 区域报警系统

区域报警系统由火灾探测器、手动报警器、区域报警控制器或通用火灾报警装置等构成。这种系统形式主要用于完成火灾探测和报警任务，适用于小型建筑对象和防火对象单独使用。一般，使用种类系统的火灾探测和报警区域内最多不得超过 3 台区域火灾报警控制器或用作区域报警的小型通用火灾报警控制器；若多于 3 台，应考虑使用集中报警系统形式。

2. 集中报警系统

集中报警系统由火灾探测器、区域火灾报警控制器或用作区域报警的通用火灾报警控制器和集中火灾报警控制器等组成。按照《火灾自动报警系统设计规范》，集中报警系统形式适用于高层宾馆、写字楼等对象。

3. 控制中心报警系统

控制中心报警系统是由设置在消防控制中心的消防联动控制装置、集中火灾报警控制器、区域火灾报警控制器和各种火灾探测器等组成，或由消防联动控制装置、环状布置的多台通用火灾报警控制器和各种火灾探测器及功能模块等组成。一般，控制中心报警系统形式是高层建筑及智能建筑中自动消防系统的主要类型，是楼宇自动化系统的重要组成部分。各种火灾探测器以及功能模块和联动控制装置等构成的控制中心报警系统形式，它进一步加强了对消防设备的监测和控制，适用于大型建筑群、高层或超高层建筑、大型综合商场、宾馆、公寓综合楼等对象，可以对各类设置在建筑中的消防设备实现联动控制和手动/自动控制转换。

本章小结

消防火灾自动报警系统是由触发装置、火灾警报装置以及具有其他辅助功能的装置组成的，它具有能在火灾初期，将燃烧产生的烟雾、热量、火焰等物理量，通过火灾探测器变成电信号，传输到火灾报警控制器，并同时显示出火灾发生的部位、时间等，使人们能够及时发现火灾，并及时采取有效措施，扑灭初期火灾，最大限度地减少因火灾造成的生命和财产的损失。本章主要介绍以下内容：

（一）火灾自动报警系统的组成及工作原理；

（二）火灾自动报警系统各组成部分的主要设备；

（三）火灾自动报警系统的性能要求和设计形式。

本章的重点和难点是熟悉火灾自动报警系统的工作原理和主要设备的使用方法，能够及时判断系统故障及解决方法。

课后训练

一、填空题

1. 火灾自动报警系统是由________、火灾报警装置以及具有其他辅助功能的装置组成的，它具有能在火灾初期，将燃烧产生的烟雾、热量、火焰等物理量，通过________变成电信号，传输到________，并同时显示出火灾发生的部位、时间等，使人们能够及时发现火灾，并及时采取有效措施。

2. 在火灾自动报警系统中，用以接收、显示和传递火灾报警信号，并能发出控制信号和具有其他辅助功能的控制指示设备称为________，通常有火灾显示盘及火灾报警控制器等组成。

3. 根据国家标准：《火灾自动报警系统设计规范》（GB_50016—98）的规定、火灾监控对象的特点和火灾报警控制器的分类以及消防设备联动控制要求的不同，火灾自动报警系统有________、________、________三种基本设计形式。

二、简答题

1. 简述火灾自动报警系统的组成及工作原理。

2. 简述火灾报警装置在火灾自动报警系统中的地位和作用。

本章小结

[illegible]

（一）火灾自动报警 [illegible]

（二）火灾自动报警系统 [illegible]

（三）火灾自动报警系统 [illegible]

[illegible]

课后训练

一、填空题

1. [illegible]

2. [illegible]

3. [illegible]（GB 50016—98）[illegible]

三、简答题

1. 简述火灾自动报警系统 [illegible]

2. [illegible]

第七章

安全技术防范管理与标准体系

本章任务

◇ 了解安全技术防范的基本属性；
◇ 熟悉安全技术防范管理体系；
◇ 了解安全技术防范管理的基本原则；
◇ 熟悉安全防范标准体系。

第一节　安全技术防范管理的概念

安全技术防范管理工作总的任务和目标是：以应用建设工作为龙头，把现代科学技术最有效地用于防入侵、防破坏、防抢劫、防盗窃、防爆炸等方面，有力地打击和预防犯罪，防止国家、集体、个人财产受到侵害，维护社会治安，造福于社会和人民；以行业管理为手段，对安全技术防范应用活动进行法制化、规范化管理，实现对安全技术防范产品、工程、经营服务等市场行为的质量控制；以基础建设工作为保障，使管理行为高技能、高素质、高效率，创建机制，营造环境，改造条件，保证安全技术防范工作目标的实现。安全技术防范管理的主要任务可以概括为：应用建设、行业管理、基础建设；其主要目标是：运用科学技术，预防、制止各种刑事案件和治安事件的发生，维护社会公共安全。

一、安全技术防范的概念

近年来，我国相继有 10 余个省、市、自治区政府出台了安全技术防范地方性法规，对安全技术防范的基本概念进行了界定，除个别内容和条款有出入外，其维护公共安全的活动是基本一致的。

安全技术防范是指运用科学技术，预防、制止违法犯罪行为和重大治安事件，维护公共安全的活动。这个定义由以下三个基本要素构成。

（1）安全技术防范是以科学技术为手段，在防范区域内建立起具有发现、控制、制止犯罪全过程的设防区域，也就是说采用技术手段，对设防区域实行预防性控制。这是安全技术防范的第一个要素，是在传统的实体防护和人力防范基础上的延伸和发展。实际上，发现、控制、制止犯罪的过程，就是探测、延迟、反应的过程。安全技术防范以预防损失和预防犯罪为目的，将准确及时的报警信息转化成为制止犯罪的第一时间，变被动防范为主动防范，充分体现了科学技术作为安全防范第一生产力的内涵，这个要素是安全技术防范最本质的特征。

（2）安全技术防范是一项公安工作。其一，公安机关是预防、制止、打击社会违法犯罪的专门机关。从我国安全技术防范发展史看，安全技术防范是以公安机关管理、指导、推动为主导，从无序到有序不断发展的过程。安全技术防范产生的作用，直接为社会治安稳定服务，从而决定了公安机关在安全技术防范中的管理和指导地位。其二，安全技术防范工作是新时期公安工作的一项专门业务，安全技术防范的行业管理工作，是公安机关依照有关法律、法规行使的管理权利，主要表现为决定、审核、批准、登记，依据法律对业内从业企业的违法行为进行处罚等。其三，从法律角度看，任何一个民间从事以安全活动为主要经营内容的经济实体，法律均未授予其有刑事拘捕和处理刑事案件的权力。在社会的某个领域、某个环节、某个特定时间实施预防、控制或制止某种犯罪的行为，必须有公安机关的执法行为作为这一切活动的保障。从这个意义上看，安全技术防范的归属必须是在公安机关管理和指导下的维护公共安全的专门工作。

（3）安全技术防范是维护社会公共安全的活动。在市场经济条件下，安全技术防范企业是我国社会治安综合治理中一支高科技、专业化的队伍，是为公共安全提供服务的社会群体。它们以防范技术为手段，以建立具有探测、延迟、反应为一体的安全防范服务保障体系为核心，以预防损失、预防犯罪为目的，在公安机关的指导和管理下，在追求经济效益的同时创造社会效益。安全技术防范行业已经成为安全产业化、安全商品化、安全社会化的生力军，成为新形式下预防、打击犯罪，维护社会治安稳定工作中一支不可或缺的力量。这是安全技术防范的第三个基本要素。

二、安全技术防范的基本属性

属性是指事物本身固有的不可缺少的性质。安全技术防范具有社会性、主动性、科学性和长期性等四个基本属性。

（一）社会性

安全技术防范的社会性是指安全技术防范所涉及的问题，大部分与社会成员密切相关。安全技术防范所涉及的犯罪客体主要是指以非法入侵方式进行的各种犯罪活动；所涉及的主体，其一，大部分是涉及国家机密、文物、金融等易受不法侵害的单位、部位及个人的生命财产安全；其二，是具有科学技能和经营条件并具有安全防范理论和实践经验的群体及其个人，其三，是从事安全技术防范管理工作的管理机关与管理者。

首先，安全技术防范是社会共同利益需要的表现。近年来，随着改革开放的不断深入、经济的不断发展，社会治安问题已成为政府和人民群众解决温饱问题之后关注的新的热点问题。团伙犯罪、智能犯罪其手段的狠毒、凶残，一方面要求政府出台相应的政策，加大打击和防止犯罪的力度，另一方面也要求公安机关提高打击和预防犯罪的质量，事实告诉人们，单纯的人力防范已不能满足预防犯罪、保护国家利益、集体利益及不断富裕起来的人民利益的需要。因此，以各种防范技术为核心手段，以预防犯罪为根本目的的安全技术防范工作如雨后春笋般发展起来，走进社会的各个领域并开始进入千家万户。由此可见，安全技术防范的基础来自于国家、社会和人民的需要。

其次，安全技术防范是一种维护公共安全的活动，这种活动不但体现了公安机关为了维护国家安全，防止国家利益不受损失，防止社会财富和公民人身财产不受损害，保障社会秩序和公共安全的管理活动；同时也体现了在市场经济条件下，安全责任社会化和安全的商品属性，以及通过经济活动维护社会公共安全的特点。两者的结合是维护公共安全活动的基本方式。

再次，安全技术防范是社会治安综合治理的重要组成部分，是与全社会相互关联、相互配合的一项社会面极广、群众性极强的工作，必须依靠全社会的力量进行综合治理。在党和政府的统一领导下，充分发挥社会的积极性，将人防、技防、物防三者有机结合，合理运用政策，合理运用资金，最大限度地发挥科技在预防犯罪中的作用，以保护国家、集体和个人财产和生命的安全，指导群众性的安全技术防范工作的深入开展。

（二）主动性

安全技术防范的主动性是指针对特定事件发生前所采取的技术对策。这里所指的对策主要是针对不同刑事犯罪的特定场所和对象所采取的有效的技术对策。这种技术对策将事件的各种隐患限制在萌芽状态，使潜在的危险不能成为危害的后果。

其一，安全技术防范是一项可以限制和消除隐患的手段，是在传统防范的基础上注入防范技术的一种更为积极主动的防范方式。所以说主动防范是一种追求“零风险”的防范方式，通过防范达到没有风险或者低风险的目的。这种防范能够预先最大限度地采取有针对性的技术措施，堵塞防范漏洞，使犯罪不能得逞，从而避免或减少造成的损失。

其二，安全技术防范措施与报警行动预案相结合，是一个完整的防范系统必不可少的基本构架。当报警系统发出报警信息时，按照事先制定的处警预案展开部署，进行动态控制，直接抓到犯罪人，终止犯罪的继续，从而减少人员伤亡和财产损失，为侦查人员侦破案件提供直接证据。

其三，安全技术防范的主动性还体现在技术系统对事件发生的控制能力上。网络技术的发展，将报警中心站的概念进行了扩展和延伸，被保护单位通过报警网络，不但可以得到准确及时的报警服务，也可以通过电视监控等技术手段，直接了解现场情况，如作案的人数以及所带装备的情况，使保卫人员在处警之前作好处理现场的思想准备和物质准备，不与犯罪分子发生正面冲突，因此可以起到最大限度地保护自己，打击敌人的作用。

最后，安全技术防范是一项效率最高的防范模式。投入最少的人力和财力可以换取最大的社会效益。由于预防在先，不但避免或减少了直接财产损失的发生，也减少了事件发生后侦查破案所带来的人力和物力消耗。最重要的是，安全技术防范其积极主动的行为方式，给百姓以安宁的生活环境，给企业以再发展的外部条件，从而提高社会的安全质量，提高公安机关控制社会治安的能力。

（三）科学性

科学是反映自然、社会和思维等客观规律的知识体系。安全技术防范的科学性是指以系统科学理论为指导，以科学技术为基础，综合运用有关学科理论和实践中积累的成功经验，构架起体现防范主动性、有效性和可持续发展性的综合防范体系。这一体系由其管理体系和技术体系两个方面构成。

（四）长期性

一位犯罪学专家曾经说过："防范与犯罪的较量，千百年来一直没有中断，它们是在相互斗争中共存，在搏斗中相互促进提高。"从哲学的观点来看，危害是不断发展的，人的思想是不断变化的，这就决定了诱发、助长危害发生的各种主客观因素和条件是不断产生的，旧的犯罪问题解决了，新的问题又会出现，因此，公安机关同各种违法犯罪行为的斗争是一项长期的任务，作为公安工作一部分的安全技术防范工作也必须承担起这一长期的艰巨的任务。

首先，从安全技术防范发展的历史过程看其长期性。第一，从安防产品及系统的应用角度看，20 世纪 50 年代 - 70 年代是安全技术防范的萌芽期，当时主要是在北京故宫安装了报警器。1979 年我国安全防范技术的应用是形成时期，其应用的范围有限，主要限定在重点地区和部位，当时的典型工程是故宫博物院安防综合工程和天安门闭路电视监控工程。1984－1996 年的发展时期中，安防技术的应用以内部保卫为重点得到普及，如：金融系统、文物系统、军工、邮政等单位的安全防范工程建设。1997 年后的安防技术应用的范围发生了巨大变化，由重点单位、要害部位的防范发展到商业、社区，逐渐走入百姓家庭，安全技术防范理念和设施在社会上得到广泛的普及，首都科技创安工程就是这一时期的产物。这一从萌芽——形成——发展的过程，足以见证了安全技术防范管理工作的长期性。

第二，从安防产品的研发角度看，安防产品经过了盲目开发的初期阶段，表现为产品和系统的低水平重复开发、不能满足安全市场的个性化需求、产品市场化程度极差等；到了中期阶段，由于安防产品应用更加广泛，安防产品和系统从单一技术、单项工程向着系统集成的方向发展；90 年代中后期，安防产品和系统，显示了网络化的发展趋势，安防产品的高科技含量和安防工程的系统集成度都得到显著提高，安防行业的服务功能开始体现。

第三，从安防行业发展历程看，在安防行业发展的初期阶段，基本上由公安机关领导的公司在行业中参与经营活动，1990 年，北京市仅有 12 个资金不多、规模不大的社会企业从业，到了 90 年代末期，北京市安防行业的从业企业，产品生产企业发展到 100 多家，工程企业猛增到近 400 家；咨询公司开始在业内出现，合资企业呈现上升趋势。经过 20 多年的努力，安防行业有了长足的进展，在社会主义市场经济发展中已经成为高经济增长值的行业。

由此不难看出，无论从产品、系统的研发生产，技术的普及应用到市场环境的改善和行业能力的整体提高，安全技术防范都有一个发生、发展和完善的过程。只有正确认识这个过程，我们才能将安全技术防范溶于安全防范的大体系之中，作为长期有效的措施，不断发展并发挥作用。

另外，安全技术防范的长期发展需要更新观念。富则求安，长治久安。长期以来，人们已经习惯于完全依靠政府维系安全的主导方式，尽管人人都需要安全，但大多都存有侥幸心理，认为不安全事件不会发生，因此，虽然人人都需要安全，但未必人人都关心和要求防范。在市场经济条件下，安全技术防范作为新生事物，需要有一个认识认同发展壮大的过程，人们接受“花钱买安全”的理念，也需要一个较长的过程。

犯罪存在是必然的，是不以人们的意志为转移的。犯罪与防范是在竞争中发展的。犯罪是社会进步的代价，防范手段的提高又是社会进步的表现，防范与犯罪的存在是永不停息和交互发展的过程，是一场艰苦的对抗战。随着智能犯罪、团伙犯罪、暴力犯罪的不断上升，高科技犯罪日趋突出，仅靠人力防范很难扼制犯罪，安全防范面临新的风险和挑战。由此，安全技术防范逐渐走上公安实战一线，成为公安工作中的一项重要业务。现实告诉人们，在科技和经济高速发展的今天，要想稳、准、狠地打击各种刑事犯罪，只有充分发挥科技的能量，才能奏效。采用先进科学技术，预防、制止犯罪的工作必然是一项行之有效长期发展的任务。

三、安全技术防范管理体系

开展安全技术防范管理工作，必须建立科学合理的管理体系，这是安全技术防范事业得以发展的保障。目前，我国的安全技术防范管理体系已经基本形成。首先体现在组织建制上，公安机关内部建立了上下一致的安全技术防范管理机构。1984 年公安部在科技局设立了安全技术处，1998 年政府机构改革中，国务院进一步明确了公安部行使安全技术防范管理职能，公安部进一步明确了科技局、治安局为安全技术防范管理工作的职能部门。全国省一级公安机关大多在科技处设立了安全技术防范管理机构。北京市设立了正处级编制的安全技术防范管理办公室，各分、县局下设技防办，有关业务处设技防科，各基层派出所设主管技防工作的所长和专、兼职技防工作的民警，形成了市局、分局、派出所三级技防工作体系，使技防工作得以整体推动层层落实。

其次，安全技术防范管理工作的法制体系在逐渐建立。近年来，安全技术防范管理工作的法制建设在不断加强，相继出台了一些指导工作的法规、政策。1995 年公安部与原国家技术监督局联合发出了《关于加强安全防范产品质量监督管理的通知》；1999 年公安部下发了《关于加强安全技术防范产品质量监督管理的通知》；2000 年原国家技术监督局和公安部发布了 12 号令《安全技术防范产品管理办法》；北京市在 1999 年以市长令的形式发布了《北京市安全技术防范管理规定》；全国 17 个省、市、自治区以政府令的形式颁布了关于安全技术防范管理的地方性法规；2002 年 5 月 30 日，广东省第九届人民代表大会常务委员会第三十三次会议，通过了《广东省安全技术防范管理条例》并已实施。法制体系的建立，明确了各级技防管理机关的地位，技防工作的目标和任务，为全面提升社会治安防范能力奠定了坚实的基础。

再次，在公安机关指导下建立了中介机构。1987 年成立了全国安全防范报警系统标准化技术委员会；同年在北京成立了公安部安全与警用电子产品质量检测中心；1988 年在上海成立了公安部安全防范报警系统产品质量监督检测中心；之后，公安部先后授权 5 个省级检验机构对防盗安全门产品进行质量监督检验；批准了 31 个地方电子检验机构承担安防工程的检测任务；2002 年经原国家技术监督局授权，公安部成立了中国安全技术防范产品认证中心；北京、上海、辽宁、江苏、湖南、安徽、深圳、等省市相继成立了安防学会或协会；近年来，随着市场经济的发展，公安机关指导下的中介组织，不但积极参与了我国安防行业发展规划的制定工作，而且对公安机关依法行政起到了积极的辅助作用。

四、安全技术防范技术体系

安全技术防范技术体系，是由以预防刑事犯罪为目的的报警技术、视频监控技术、出入口控制技术等，用于受保护地区或部位并达到一定的预防效果，从而逐渐形成和发展的相对独立的专业技术体系和标准体系组成。

其一，专业技术体系。进入 90 年代，随着科学技术的迅猛发展，各类网络技术、通信技术和计算机技术日趋成熟，社会治安形式不断变化，安全防范技术作为公共安全技术的一个分支，其作用愈加突出，技术日趋成熟，具有了相对独立的技术内容和专业特点，大致可包括以下 10 类内容：

◇ 入侵探测与防盗报警技术；
◇ 视频监控技术；
◇ 出入口目标识别与控制技术；
◇ 报警信息传输技术；
◇ 移动目标反劫防盗报警技术；
◇ 社区安防与社会救助应急报警技术；
◇ 实体防护技术；
◇ 防爆安检技术；
◇ 安全防范网络系统集成技术；
◇ 安全防范工程设计与施工技术。

由此构成了我国安全技术防范的专业体系。

其二，标准体系。安全技术防范技术体系形成的另一大特征是形成了科学严谨的标准体系。我国于 1987 年成立的全国安全防范报警系统标准化技术委员会（简称 TC100 标委会），经过多年努力，制定了利于管理和行业发展的标准体系。这一体系包括约 300 个标准，结构层次分为四层，包括基础标准、专业通用标准、门类通用标准、产品（工程、服务、管理）标准。安全技术防范标准体系的形成及标准的不断出台，促进了安全防范技术体系的形成。

安全技术防范技术体系的形成，不但向国际国内市场推出了一批先进、可靠、实用的安防产品，而且解决了技术系统和安防网络的技术支持条件，成为安全技术防范可持续发展的重要保证之一。

目前，我国安全技术防范管理体系和技术体系在技防工作的实践中相互依存、相互转化，不断发展和完善，已成为安全技术防范事业得以发展的基本保障。

第二节 安全技术防范管理的基本原则

安全技术防范管理的基本原则是从事安全技术防范管理活动所必然遵循的共同准则和基本要求。安全技术防范管理遵循的基本原则有：科学化原则、法制化原则和综合治理原则。这些原则在反映管理活动必然要求的同时，也反映了广大人民群众的意志和利益。

一、科学化原则

安全技术防范管理必须支持科学化原则，就是要使安全技术防范管理做到科学化、现代化。科学是反映客观规律的知识体系，因此要做到安全技术防范管理的科学化、现代化，首先必须按照犯罪发生和国民经济发展的客观规律行事，不能只凭直觉、凭想象，给犯罪分子画像想当然。安全技术防范管理的实践和科学研究为我们提示了不少的规律，诸如犯罪因素随着改革开放和社会诸因素的不断变化和增多，其犯罪因素也在不断地变化和增长；犯罪与人们的心理和行为相关的规律；安全技术防范管理与一定的社会政治、经济相适应的规律，以及应因地、因人、因时制宜的规律等等，只有按照这些规律行事，才能有的放矢，有所成效；其次要学习、运用各种科学理论和方法来提高管理水平，如系统论、控制论、信息论和运筹学的一些原理和方法，将这些理论应用到管理工作中，将现代管理理论和行之有效的传统的管理经验有机结合起来，不断提高科学管理水平，以取得安全技术防范管理的最佳效果。再次，采用现代科学技术和现代科学技术手段来提高管理的效应。例如：计算机管理系统、通讯指挥调度系统等，使科学化管理的原则渗透到管理活动的全过程，并产生社会效能。

二、法制化原则

安全技术防范管理坚持法制化原则，就是要使安全技术防范管理工作法制化，完全纳入国家法制建设的轨道。安全技术防范依法管理是我国改革机制依法治国的一个重要组成部分，它要求管理者在从事安全技术防范的管理活动中，必须按照国家立法机关和行政机关颁发的法律、法令、条例、规则、章程等来监督管理，这既是安全技术防范管理的重要原则，又是提高管理水平的重要手段。

法律是维护社会治安、巩固社会秩序的重要工具，它不仅具有引导、教育、评价、调整人们行为的规范作用，而且具有制裁、惩罚违法犯罪行为的强制作用，没有健全的法制，就不会有健全的管理。因此，安全技术防范管理只有坚持依法管理的原则，才能在与刑事犯罪的斗争中发挥强大的作用。

实行依法管理，道德必须建立健全法规。20 年来，随着我国的改革开放，虽然很多省市不断有安全技术防范管理规定出台，发挥了一定的作用，但因为没有一部国家大法由执法者与参与安全技术防范活动的主体共同遵守，因此出现了不少问题。例如：个人行为浓重、小集体利益乱收费/乱罚款、许多地方和地区造成无序管理的现象，由于没有法律规定管理者的权利和义务，因此也造成工作职责不清，交叉管理的混乱局面；另外从安全技术防范标准化体系来看，也不能满足形势发展的需要，急需设计和完善；只有立法，正确实施法规，做到有法必依，执法必严，违法必究，充分发挥法规的威力，才能使法规真正起到保护国家和人民利益、惩治违法犯罪行为的积极作用。

三、综合治理原则

对社会治安实行综合治理是预防犯罪和治安灾害事件的一项行之有效的措施，它是保证社会主义革命建设长治久安的根本之计，它是现代系统工程思想在我国社会治安领域的重要应用。安全技术防范管理是综合治理的重要内容之一，其具有多重性、社会性、交叉性的管理特点，因此，安全技术防范管理活动中必须把综合治理作为一项基本原则来贯彻执行。

安全技术防范的综合治理有四方面的内容：一是参加治理单位的综合性。也就是在各级党委和政府的领导下，在充分发挥安全技术防范管理机关的作用的同时，把各条战线各个单位包括机关、学校、家庭等各个方面的力量组织起来，更新观念，在防范工作中做到人、物、技防有机的结合。二是治理内容的综合性。不仅要把开展安全技术防范的观念向社会进行宣传，而且在城市建设中要不断完善其设施。三是治理手段的综合性，不仅要运用法律的、监督的手段，还要运用行政、经济、技术和思想教育等各种手段进行治理。四是治理对象的综合性。凡是有犯罪危害可能的单位或个人不分行业和地位高低，均在安全技术防范管理之范畴。

目前，安全技术防范管理工作在综合治理工作中占有越来越重要的地位，北京市的科技创安活动等都是推动社会文明和社会进步的很有意义的举措。同时向科技要警力，向科技要安全也有了实足的落脚点。

上述三项原则组成了安全技术防范管理的指导体系，也只有认真掌握这些原则的基本精神，才能够指导安全技术防范管理工作，进一步探索安全技术防范管理规律，从而不断完善我们的管理体系，提高科学管理水平和管理工作的效率。

第三节　安全技术防范行业管理概述

随着科学技术进步，国民经济迅速发展，人民生活水平不断提高，安全技术防范行业正向着市场化、社会化、规模化和网络化方向快速发展，已由产品行业向服务行业转型，其应用已由重要单位、要害部位和场所的应用，向民用、商用的方向飞速发展。安全技术防范已从原来公安机关内部保卫工作模式，向着建立社会治安打、防、控一体化的城市人防、安全技术防范、物防相结合的防控体系拓展。因此，完善政府的管理机构，提高管理水平和工作效率，引导安全技术防范行业健康有序的发展，是行业管理工作的多年来不懈追求的目标。经过20多年的实践，我国在安全技术防范管理方面已积累了宝贵经验。

一、安全技术防范行业管理的现状

目前，我国的安全技术防范行业管理尚处于发展阶段，没有形成一套完整的国家法规体系。根据工作需要，地方行政部门自行制定了相关管理法规，管理标准不统一，使得全国安全技术防范行业管理模式混乱，企业竞争无序。解决这类问题是一个社会化的系统工程，安全技术防范行业的管理部门应当借鉴国际上的先进经验，探索新的符合我国国情的行业管理模式和制定统一规范的法规文件。

我国安全技术防范的行业管理主要是前置式管理，以市场准入管理为主包括工程管理、产品管理等；在监督管理方面力度相对薄弱。入世后安全技术防范行业管理的重心将做调整，逐步向后置式管理转变，制定出科学的、有针对性的对策，减少政府干预行为，大力扶植中介机构，充分利用公安部直属单位的技术支持力量，快速发展一批具有国际效力的认证机构，形成一个中介体系。从而实现政府部门全面监督管理，中介机构协助管理，企业自主自律，给安全技术防范企业以最大的自由度和更大的发展空间，全面实现与国际安全技术防范行业的接轨。

二、安全技术防范行业管理的内容

公安机关的安全技术防范行业管理部门应从中国的国情出发，积极应对中国加入WTO后的新形势，转变只重市场准入审批、轻市场监督管理的思维模式，学习国外的先进管理经验，与工商和质量监督部门加强协调，相互配合，强化政府市场监督管理职能，探索市场监督管理新机制。

安全技术防范行业管理的基本内容是：工程管理和产品管理。

（一）工程管理

所谓管理是指人们为达到一定的目的，对管理的对象所进行的决策、计划、组织、协调、控制的一系列的工作。工程管理是指为使工程项目在一定的约束条件下取得成功，对工程的所有活动实施决策与计划、组织与指挥、控制与协调、教育与激励等一系列工作的总称。安全技术防范工程管理主要是指公安技防管理部门对安全技术防范工程规划、立项、设计、施工、验收和使用的监督管理。

安全技术防范工程是指用于预防、制止违法犯罪或重大治安事件的入侵报警、电视监控、出入口控制等工程。安全技术防范工程项目分为立项、设计、施工和竣工验收四个阶段，具有整体性强、隐蔽性高、建设周期长、施工条件和方法不一等特点。安全技术防范工程的建设过程就是工程质量的形成过程，在建设过程中工程质量受诸多因素影响，由于工程建设完成就不能解体、拆卸，因此安全技术防范工程质量的监督管理，必须在工程的建设过程中进行，才能保障工程的建设质量。

安全技术防范工程监督管理是安全技术防范管理工作的任务之一。加强安全技术防范工程方案论证、工程监理和工程验收环节管理，是保证安全技术防范工程质量，实现工程质量管理目的的有效措施。目前我国没有形成规范统一的安全技术防范工程管理章程，各省（自治区、直辖市）根据各自实际情况，依据国家相关的法律法规，借鉴相关行业的管理程序，制定了各省（自治区、直辖市）安全技术防范工程管理办法。其基本内容包括：工程从业单位的资质管理、工程的建设审查、工程的投招标管理、工程监理管理、工程的检测和工程的验收管理等。

（二）产品管理

安全技术防范产品管理是指公安行政部门依据有关法律法规，对安全技术防范产品的生产、销售和使用等方面的行政管理。

安全技术防范产品，是指用于防抢劫、防盗窃、防爆炸等防止国家、集体、个人财产以及人身安全受到侵害的并列入《安全技术防范产品目录》的专用产品。安全技术防范产品是安全技术防范的基本组成元素，产品质量的优劣直接关系到安全技术防范系统的稳定性和可靠性，关系到安全技术防范的效能，影响预防刑事犯罪的效果。因此有必要对安全技术防范产品采取严格规范的科学化管理，保证安全技术防范产品质量，加强安全技术防范产品行业的监督管理，防止国家、集体、个人财产以及人身安全受到侵害。

在2000年9月1日，国家质量技术监督局和公安部根据质量技术监督法律法规和国务院赋予的职责，颁布了《安全技术防范产品管理办法》(即：国家质量技术监督局、公安部第12号令)。该办法是我国目前安全技术防范产品管理的基本依据。

我国目前的安全技术防范行业管理基本上以市场准入管理为主，行政干预较多，安全技术防范行业发展的20年基本上是一种以产品管理为主导的管理定位。根据《安全技术防范产品管理办法》，对安全技术防范产品的管理，分别实行工业产品生产许可证制度、安全认证制度和生产登记制度。对同一类安全技术防范产品的管理，不重复适用上述三种制度。

安全技术防范产品质量监督是指安全技术防范管理机构依据有关法律、法规的规定，对安全技术防范产品的生产、销售和应用情况进行监督、检查的活动。其目的是督促安全技术防范产品生产和销售企业贯彻执行技术标准，保证和提高产品质量。我国安全技术防范产品质量监督从20世纪80年代中期开始，由公安部科技局统一领导，在国家质量技术监督机构的指导下，各级安全技术防范管理部门具体承担本行业产品质量的监督管理工作，依据《安全技术防范产品管理办法》和其他相关的国家法律和法规，对安全技术防范产品质量实施监督管理。

安全技术防范中介组织的类别主要有社会服务类、监督管理类、公证鉴定类、社会沟通类、市场调节类等，它是政府机构改革和市场经济发展的产物。正确地引导安全技术防范企业向报警服务业的转化，大力扶植建设和规范中介机构，形成适应市场经济发展的安全技术防范报警服务机制，建立社会化安全技术防范长效运行机制，是目前安全技术防范管理部门急需解决的重要课题。

随着安全技术防范行业产业化发展的深入，安全技术防范行业作为一个特殊的行业，不仅需要政府的监督保障体系，同时也需要社会化的经济保障体系，即安全技术防范行业的保险体系。对于安全技术防范行业的企业和消费者之间的商业行为，在市场有序竞争的前提下，引入保险机制，以经济保障措施来对安全技术防范产品的安全质量进行安全保证，增强安全技术防范行业产业化发展的动力，提高整个社会安全防范服务品质。

第四节　北京市安全技术防范工程管理

近10年来，北京市的安全技术防范企业的数量，如雨后春笋，迅速增长。为了保证企业间的有序竞争，促进安全技术防范行业的稳定发展，北京市安全技术防范管理办公室总结十几年的实践经验，制定了一套安全技术防范工程管理章程。

一、管理章程的法律依据

北京市人民政府为加强本市安全技术防范工作的管理，保障国家、集体财产和公民生命财产安全，根据本市的实际情况制定了《北京市安全技术防范管理规定》（即：北京市人民政府第47号令）。该规定是北京市安全技术防范管理的基本依据，确定了本市行政区域内应安装安全技术防范设施及产品的场所和部位是：

（1）枪支、弹药的生产、存放场所；

（2）易燃、易爆、剧毒、放射性物品、管制药品和病菌等危险物品的生产、存放场所；

（3）存放涉及国家秘密的文件、资料、计算机软件的室、馆（库）；

（4）金银等贵重金属、珠宝的加工、经管、存放场所；

（5）印钞、造币以及印制其他有价证券的单位的重点部位；

（6）金融机构的营业场所、金库、运钞车；

（7）电力、电信、供水、供气、供热、广播电视等部门的重点要害部位；

（8）博物馆、展览馆、文物店等收藏、陈列、销售、展览具有重要科学价值、经济价值的文物和其他物品的场所、部位；

（9）机场、火车站和其他需要进行安全检查的场所；

（10）根据市人民政府的有关规定，应当安装使用安全技术防范设施和安全技术防范产品的其他场所和部位。

北京市公安局为加强本市安全技术防范工程管理，依据《北京市安全技术防范管理规定》和其他有关规定，制定了《北京市公安局安全技术防范工程监督管理办法》。该管理办法适用于在北京市行政区域内从事安全技术防范工程设计、施工、建设和使用的单位。其明确规定：北京市安全技术防范管理办公室（以下简称市技防办）是全市安全技术防范工程的主管部门，负责本市安全技术防范工程的监督管理。安全技术防范工程是指用于预防、制止违法犯罪或重大治安事件的报警、电视监控、出入口控制等工程。安全技术防范工程管理的主要内容是：工程资质管理、工程开工申请和工程验收等。

二、安全技术防范工程资质管理

安全技术防范行业在北京市的迅猛发展，推动北京市安全技术防范行业管理逐步走向制度化、规范化和程序化。为了适应安全技术防范行业高速发展，规范市场竞争秩序，满足北京市安全技术防范的需求，维护广大用户利益，北京市安全技术防范管理办公室借鉴国内外其他行业的经验，依据有关法律法规，对从事安全技术防范工程设计、施工的企业实行资质审批制度。

北京市安全技术防范工程设计、施工企业实行资质等级资格制度。凡在北京市承接安全技术防范工程设计、施工的企业，应在取得市技防办核发的安全技术防范工程资质等级证书后，方可承接安全技术防范工程。安全技术防范工程资质等级分为暂三级、三级、二级、一级。

1. 暂三级工程资质

暂三级工程资质是北京市安全技术防范工程设计、施工企业资质中的最低级别，是进入北京市安全技术防范工程设计、施工行业的临时入门证。企业申请技防工程设计、施工资质只能从暂三级开始。暂三级工程资质，有效期为一年。有效期满，达到三级资质条件的，可以申报三级工程资质等级资格，逾期 30 天不办理者，视为自动放弃北京市安全技术防范工程资质。对拥有安全技术防范暂三级工程资质企业的基本要求是：

（1）具有 100 万元以上的注册资金；

（2）具有 50 平方米以上的在京办公经营地点；

（3）具有 5 名以上技术人员，其中具有职称证的高工 1 名、工程师 2 名、助工 2 名；

（4）具有质量监督部门、有工程质量管理手册和工程维修手册以及相应的施工设备、调试维修设备和上岗培训手册；

（5）具有 5 名以上的企业人员经过市技防办组织的专业培训；

（6）具有 8 名以上的企业人员经过未受刑事制裁鉴定。

2. 三级工程资质

具有暂三级工程资质的企业在一年期满后，可以申请三级工程资质，经市技防办审验合格后，晋升为三级工程资质。工程资质每年年审一次。对拥有安全技术防范三级工程资质企业的基本要求是：

（1）具有 100 万元以上的注册资金；

（2）具有 50 平方米以上的在京办公经营地点；

（3）具有 5 名以上技术人员，其中具有职称证的高工 1 名、工程师 2 名、助工 2 名；

（4）具有质量监督部门、有工程质量管理手册和工程维修手册以及相应的施工设备、调试维修设备和上岗培训手册；

（5）具有 8 名以上的企业人员经过市技防办组织的专业培训；

（6）具有 10 名以上的企业人员经过未受刑事制裁鉴定；

（7）近二年完成 50 万元以上工程 1 个并工程额度超过 200 万元。

3. 二级工程资质

三级工程资质的企业发展到一定规模后可以提出申请，经市技防办审验合格后，晋升为二级工程资质。工程资质每年年审一次。对拥有安全技术防范二级工程资质企业的基本要求是：

（1）具有 200 万元以上的注册资金；

（2）具有 100 平方米以上的在京办公经营地点；

（3）具有 10 名以上技术人员，其中具有职称证的高工 2 名、工程师 5 名、助工 3 名；

（4）有专职质量监督部门、完整的工程质量管理手册和工程维修手册以及相应的施工设备、调试维修设备和上岗培训手册；

（5）具有 10 名以上的企业人员经过市技防办组织的专业培训；

（6）具有 13 名以上的企业人员经过未受刑事制裁鉴定；

（7）近五年累计完成工程 100 万元以上工程竣工 2 个；50 万元以上工程竣工 5 个。

4. 一级工程资质

二级工程资质的企业发展到一定规模后可以提出申请，经市技防办审验合格后，晋升为一级工程资质。工程资质每年年审一次。对拥有安全技术防范一级工程资质企业的基本要求是：

（1）具有 500 万元以上的注册资金；

（2）具有 200 平方米以上的在京办公经营地点；

（3）具有 15 名以上技术人员，其中具有职称证的高工 3 名、工程师 6 名、助工 6 名；

（4）有专职质量监督部门，完整的工程质量管理手册，工程维修手册，相应的施工装备及调试维修设备，上岗培训措施；建议做质量体系认证；

（5）具有 15 名以上的企业人员经过市技防办组织的专业培训；

（6）具有 18 名以上的企业人员经过未受刑事制裁鉴定；

（7）近五年累计完成工程 200 万元以上工程竣工 5 个；100 万元以上工程竣工 5 个。

三、安全技术防范工程开工审批

安全技术防范工程开工审批制度是为了提高工程设计质量、维护用户权益而采取的一种必要手段。《北京市公安局安全技术防范工程监督管理办法》第十五条规定：技防工程审批由工程所在地的区（县）技防办或保卫关系隶属的市局职能局（处）技防管理部门负责受理，工程投资额在200万元（含）以上的由分（县）局和市局职能局（处）技防管理部门报市局技防办审批。

安全技术防范工程开工前，工程建设单位（或委托设计、施工企业）按照属地管辖或系统管辖，向相关安全技术防范管理部门提出开工申请，填写安全技术防范工程申报表，并提供如下材料：

1. 工程项目合同文本；

2. 全套正式施工图；

3. 报审材料包括下列内容：

（1）技术设计，包括：设计任务书、设计方案、现场勘查记录、系统工作原理、设备器材清单、中心控制设备和各种探测器、监控器材及其前端装置的产品型号、制造厂家、产品主要功能。

（2）施工图设计。施工图包括：探测器布防平面图、中心设备布置图、系统及分系统连线图、管线敷设图、设备器材安装要求及安装图纸。

（3）工程费用预算，包括：器材设备预算、设计、施工费用预算、系统维护、修理费用预算。

（4）市局技防办认可中介机构对工程方案的评估意见。

以上材料须装订成册，装订规格为20厘米×30厘米。安全技术防范管理部门受理材料后，在5个工作日内完成对工程方案的审核，通报审核结果。

另外，被保护目标的风险等级为三级以下并工程投资额在15万元以下的技防工程，可按照《安全防范工程程序与要求》简化审批手续。

四、工程验收

安全技术防范工程验收管理是对安全技术防范工程的最后把关，包括安全技术防范工程委托检验和安全技术防范工程验收两部分内容。

（一）安全技术防范工程委托检验

工程竣工初验后，建设单位向原审批部门提出验收申请，持审批部门出具的检验委托书，备齐下列材料，到指定的检验机构办理系统检验：

（1）技防工程甲乙方合同副本以及补充文件复印件1份；

（2）技防工程设计施工方案（包括：系统组成概况、防范或监控区域；探测器或摄像机的安装位置、系统原理图或方框图）1份；

（3）技防工程系统操作说明书 1 份；

（4）技防工程审批材料（表）4 份；

（5）技防工程所使用的主要仪器、设备和器材清单（包括产品名称、规格型号、制造厂名称、数量、产品单价）1 份；

（6）技防工程所使用的主要仪器、设备和器材的出厂合格证、产品检测合格报告、商检合格证书及安全认证证书的影印件各 1 份。

《北京市公安局安全技术防范工程监督管理办法》第二十条规定以下类型的安防工程必须检验：

（1）单位保护目标风险等级为一级或二级；

（2）投资额在 30 万元（含）以上；

（3）投资额在 30 万元以下 20 万元以上的技防工程；

（4）投资额在 15 万元（含）以上的报警工程。

（二）安全技术防范工程验收

《北京市公安局安全技术防范工程监督管理办法》第二十一条规定：工程检验合格后，建设单位会同技防管理部门，依据 GA 308 – 2001 安全防范系统验收规则组织验收，对不合格工程，提出整改意见，限期改正。验收合格后 5 个工作日内，签署工程验收意见，批准工程使用。

工程竣工初验、检验合格后，申请验收企业按审批权限向审批部门申请验收并送交如下材料：

（1）指定检验机构的检验合格报告；

（2）试运行报告；

（3）初验报告；

（4）竣工报告；

（5）竣工资料和图纸；

（6）系统设备使用操作说明书；

（7）审批部门填发的工程审查文件、备忘录及落实情况。

五、其他管理

目前全国安全技术防范工程管理没有统一规范性法律法规，各地安全技术防范行业管理部门根据自身情况，制定的符合本地需要的安全技术防范工程管理办法千差万别，严重制约了企业的发展。为了鼓励本市企业向外宽展业务，维护外地企业参与北京市安全防范工程的市场竞争，北京市制定了相关的章程保障企业的发展。

（一）办理《北京市安全技术防范工程设计、施工准许证》证明函

(1) 持有本市技防办颁发的《北京市安全技术防范工程设计、施工准许证》；

(2) 要有甲、乙双方对工程项目的意向书；

(3) 必须出具单位介绍信，说明工程具体地点、名称及企业工程资格准许证备案号，实行换信制度；

(4) 证明函只限开具至省、自治区、直辖市公安厅（局）技防办。

（二）外省、自治区、直辖市企业承接本市技防工程设计、施工项目的，须持以下材料到市技防办进行资质备案并要求办理工程的审批手续。

(1) 企业据地省、自治区、直辖市公安厅（局）级技防管理部门核发的工程资质证书和证明公函；

(2) 与在京具有相应工程资质单位签订的售后维修维护委托协议；

(3) 工程审批按《北京市公安局安全技术防范工程监督管理办法》要求办理。

第五节　安全技术防范产品管理

产品是安全技术防范的元素，其质量的优劣直接关系到安全技术防范系统的稳定性和可靠性，关系到系统的防范效能。因此，有必要对安全技术防范产品采取严格的、规范的、科学化的监督管理，保障广大用户的权益。在 2000 年 9 月 1 日，国家质量技术监督局和公安部，根据质量技术监督法律法规和国务院赋予的职责，颁布了《安全技术防范产品管理办法》（即：国家质量技术监督局、公安部第 12 号令）。该办法是我国目前安全技术防范产品管理的基本依据。规定公安技防管理部门，在质量技术监督部门指导下，具体负责安全技术防范行业的产品质量监督和管理工作。

一、安全技术防范产品管理

安全技术防范产品，是指用于防抢劫、防盗窃、防爆炸等防止国家、集体、个人财产以及人身安全受到侵害的，并列入《安全技术防范产品目录》的专用产品。《安全技术防范产品目录》是由国家质量技术监督局、公安部共同制定并公布，包括有 10 种安全技术防范产品如下表 7－1 所示：

表 7-1 《安全技术防范产品目录》

序号	产品名称
1	入侵探测器
2	防盗报警控制器
3	汽车防盗报警系统
4	报警系统出入口控制设备
5	防盗保险柜（箱）
6	机械防盗锁
7	楼宇对讲（可视）系统
8	防盗安全门
9	防弹复合玻璃
10	报警系统视频监控设备

根据《安全技术防范产品管理办法》，对安全技术防范产品的管理，分别实行工业产品生产许可证制度、安全认证制度和生产登记制度。对同一类安全技术防范产品的管理，不重复适用上述三种制度。

（一）工业产品生产许可证制度

工业产品生产许可证制度，是国家质量监督检验检疫总局根据国家有关法律法规规定，对生产国家进行工业产品生产许可证管理的产品的企业，进行生产条件审查和产品质量检验，确认其具备持续生产合格产品的能力，颁发全国工业产品生产许可证证书，允许其生产经营的一种资格认可制度。

社会公共安全产品，是用于保障人身和财产安全、保卫社会主义建设和社会安定团结的重要产品，包括消防、道路交通管理、安全防范、警用械具和装具以及刑事案件勘察、鉴定器材等产品。根据国务院发布的《工业产品生产许可证试行条例》和其他有关许可证管理的规定，为强化对生产社会公共安全产品的企业的质量管理，确保产品安全可靠，公安部决定对社会公共安全产品实施生产许可证制度。凡生产社会公共安全产品的企业，无论其隶属关系如何，生产许可证统一由公安部负责归口发放。其他任何部门任何地方都不得发放社会公共安全产品生产许可证，也不得发放与社会公共安全产品生产许可证目的、性质、作用相似而名目不同的证件。实施生产许可证产品的计划由公安部提出，报经全国工业产品生产许可证办公室批准，统一列入国家发证产品目录。

社会公共安全产品生产许可证采用全国统一的可识别编号方法，由许可证标记 XK（X 代表“许”，K－代表“可”）、部门编号（“22”为公安部编号）、产品编号和生产许可证编号组成。如图 7－1 所示，其中安全技术防范产品编号范围是 401－600。

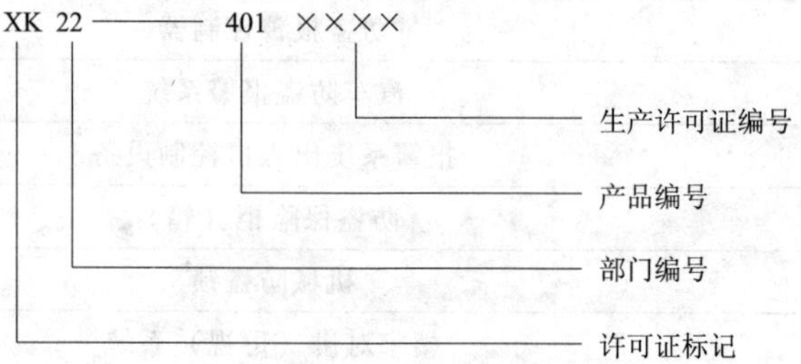

图 7－1 安全技术防范产品生产许可编号

实行工业产品生产许可证制度的安全技术防范产品的管理，按照国家有关工业产品生产许可证制度的规定执行；实行工业产品生产许可证管理的安全技术防范产品，未取得工业产品生产许可证的，禁止生产和销售。

目前实行工业产品生产许可证制度的安全技术防范产品有被动红外入侵探测器、主动红外入侵探测器、微波入侵探测器、防盗报警控制器。

（二）安全认证制度

安全认证制度是市场经济发展到一定阶段的必然产物，是科学有效的市场准入方法。目前安全认证制度是国际上通行的产品质量控制手段，已经成为在质量评价领域的国际惯例。安全认证是依据标准和相应的技术要求，经认证机构确认并通过颁发认证证书、认证标志来证明产品所提供的服务符合相应标准或相应技术要求的活动，它在保证产品质量，提高产品信誉，保护用户和消费者利益，规范市场促进国际贸易的发展等方面发挥着十分积极的作用。

国际标准化组织（ISO）将产品认证定义为：“是由第三方通过检验评定企业的质量管理体系和样品型式试验来确认企业的产品、过程或服务是否符合特定要求，是否具备持续稳定地生产符合标准要求产品的能力，并给予书面证明的程序。”产品安全认证可以分为：国家强制性产品认证和非强制性产品认证。

根据我国入世承诺，按照世贸有关协议和国际通行规则，我国将依法对涉及人类健康安全、动植物生命安全和健康，以及环境保护和公共安全的产品实行统一的强制性产品认证制度。国家强制性产品认证制度的主要特点是，国家公布统一的目录，确定统一适用的国家标准、技术规则和实施程序，制定统一的标志，规定统一的收费标准。新的国家强制性认证标志名称为“中国强制认证”，英文名称为“China Compulsory Certification”，英文缩写为“CCC”。此项强制性认证将原有的产品安全认证（CCEE）、进口安全质量许可制度（CCIB）和电磁兼容认证（EMC）合而为一，整体认证法则与国际接轨。按照国家质检总局和国家认证认可监督管理委员会规定，自2003年5月1日起，凡列入强制性产品认证目录内的产品，必须经国家指定的认证机构认证合格，取得相关证书并加施认证标志后，方能出厂销售、进口和在经营服务场所使用。未获得强制性产品认证证书和未加施中国强制性认证标志的产品不得出厂、进口、销售。

目前，我国安全技术防范产品的安全认证管理处于起步阶段，为便于与国际产品管理的惯例接轨，加大安全技术防范产品的管理力度，国家质量技术监督局于1998年7月批准公安部组建中国安全技术防范认证委员会。目前，公安部科技局正在组织力量筹建安全技术防范产品认证中心，制定了具体的产品认证办法，从而全面开展安全技术防范产品安全认证的工作。

根据我国的实际情况，安全技术防范产品管理要从生产登记制度向安全认证制度转变，将有一个平缓的过渡过程。在过渡期内，三种制度将是并存的。由于目前的中介组织发展尚不成熟，需要政府主管部门的扶持，因此在入世之初，随着认证制度的不断发展，中介组织的不断成熟，政府干预的程度将不断降低，逐渐实现向认证制度的全面转换。

实行安全认证制度的安全技术防范产品的管理，按照国家有关安全认证制度的规定执行；实行安全认证强制性监督管理的安全技术防范产品，未获得安全认证的，禁止销售和使用。

目前我国实行安全认证强制性监督管理的安全技术防范产品是：入侵探测器（室内用微波多普勒探测器、主动红外入侵探测器、室内用被动红外探测器、微波与被动红外复合入侵探测器）。

（三）生产登记制度

对未能纳入工业产品生产许可证制度、安全认证制度管理的安全技术防范产品，实行生产登记制度。

实行生产登记制度的安全技术防范产品，经公安机关批准生产登记的，发给生产登记批准书。生产登记批准书采用全国统一的可识别编号方法，由省（自治区、直辖市）简称、产品代号、顺序号组成，如图7－2所示。其中，省（自治区、直辖市）简称为1个汉字；产品代号为2位数字，按《安全技术防范产品目录》规定的产品全国统一编号；顺序号为生产登记批准书的顺序号，为4位数字，由各省（自治区、直辖市）公安厅（局）安全技术防范管理部门统一编号。

实行生产登记制度的安全技术防范产品的管理由各省、自治区、直辖市公安

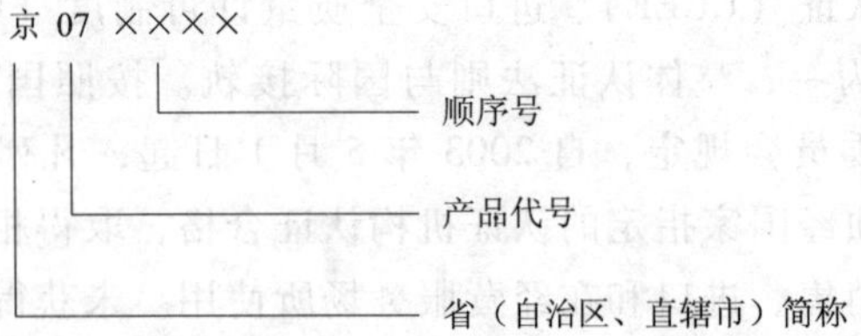

图 7－2 安全防范产品生产登记编号

安全技术防范管理部门具体负责实施。适用于在国内生产并销售的所有生产企业。在安全认证制度未实施之前，除采用工业产品生产许可证制度的产品外，《安全技术防范产品目录》公布的其他产品均实行生产登记制度。实行生产登记制度的安全技术防范产品，未经公安机关批准生产登记的，禁止生产和销售。

（四）销售管理

销售安全技术防范产品的单位或者个人，应当进行进货验证，验明生产企业的产品质量检验合格证明和工业产品生产许可证证书或者安全认证证书或者生产登记批准书。产品质量检验合格证书由生产企业自行印制，合格证书上应注明生产许可证或认证证书或者生产登记批准书的编号。各级公安机关的安全技术防范管理部门应加强对安全技术防范产品销售企业的执法情况进行督促检查。

二、产品质量的监督管理

对安全技术防范产品质量的监督管理是为了促进企业加强质量意识、提高产品质量、维护企业的正当权益和广大用户的利益，是安全技术防范行业主管部门进行质量监督管理的重要手段。

（一）监督抽查管理

安全技术防范产品的质量监督管理主要分为国家监督抽查、行业监督抽查和地方监督抽查三个层次管理方式，其组织实施部门为：

（1）安全技术防范产品质量国家监督抽查由国家质量技术监督局组织实施；

（2）行业监督抽查由国家质量监督局批准后由公安部组织实施；

（3）地方监督抽查由地方质量技术监督部门组织实施或者会同地方公安机关组织实施；

安全技术防范产品质量日常监督检查由地方质量技术监督部门和公安机关在各自的职责范围内依法组织实施，并避免重复检查。公安机关安全技术防范管理部门对安全技术防范产品日常监督检查的主要内容是检查生产企业、销售企业所生产或销售的产品是否具有工业产品生产许可证或安全认证或生产登记批准证书、安全技术防范产品的生产企业变更情况。

经监督抽查，没有正确标明工业产品生产许可证、安全认证和生产登记批准书三者之一的安全技术防范产品，责令企业更改；安全技术防范产品质量不合格或质量体系存在问题，责令企业限期整改；第二次复查仍不合格的，要吊销其生产凭证；对无证生产、弄虚作假、违法乱纪的企业，由质量技术监督部门会同工商等部门统一组织无证产品查处工作，并按有关法规处罚，情节严重的追究其法律责任。

（二）工业产品生产许可证的复查换证

工业产品生产许可证的复查换证一般是在有效期满时或产品标准修订后进行，它是生产许可证管理又一新循环的开始。

工业产品生产许可证的有效期，自批准之日算起，最多不超过五年，具体期限根据产品的不同特点规定。生产许可证期满后仍继续生产该产品的企业，应在期满前的三个月内提出复查申请，经复查合格后，确定延长有效期或者换发新证。

对虽未到期但在产品标准、结构上有重大修改的产品生产企业，要重新进行审查换证。经审查合格后，确定延长有效期或者换发新证。

在审查换证工作过程中，如有下列情况，则不予换证：

（1）许可证有效期内，经省、部级监督抽查两次不合格；

（2）许可证有效期内，因产品质量问题发生重大事故；

（3）许可证有效期内，社会、用户或顾客对企业产品质量强烈不满；

（4）已不具备申请生产许可证基本条件的企业；

（5）将许可证、产品名牌转让其他企业者；

（6）生产国家决定淘汰或者停止生产的产品者；

（7）审查、检测时弄虚作假或行贿者。

注销后的许可证，由生产企业在注销后十五日内交回生产许可证主管单位。

（三）生产登记批准书的年检管理

安全技术防范产品生产登记批准书的有效期为四年，实行年检制度，具体年检办法由各省、自治区、直辖市公安厅、局安全技术防范管理部门制定；年检时间是每年1至4月份；年检的目的主要是检查企业变更及所获准生产登记产品生产销售的基本情况；年检的方式主要采用由企业填写年检登记表、公安机关审核的方式。年检通过的，在生产登记批准书副本上加盖印章、在正本上加贴标志。年检不合格或逾期未年检的产品，安全技术防范产品生产登记批准书视为无效。

对于已获生产登记批准的产品以及年检不合格或逾期未年检的产品，各省、自治区、直辖市公安厅、局安全技术防范管理部门应于每年 7 月 1 日前将该产品及其生产企业名单报公安部科技局。

未经公安机关批准登记，擅自生产或销售实行生产登记制度的安全技术防范产品的企业（或销售商）由县级以上公安机关责令其限期改正；拒不改正的，根据情节轻重予以警告或者处以一万元以下罚款；有违法所得的，处以违法所得一倍以上三倍以下、最高不超过三万元罚款。

第六节 安全防范标准体系

安全技术防范是各种高新技术的应用和集成，涉及诸多学科领域，其标准化工作是安全技术防范行业发展的基础技术工作，它既是安全技术防范管理部门进行质量监督管理的基础，也是产品生产、销售、检验和工程设计、验收的技术依据。面对我国加入 WTO 和发展知识经济的紧迫形势，安全技术防范行业要应对入世，标准化工作应属当务之急。

一、标准和标准化的基本概念

为在一定的范围内获得最佳秩序，对活动或其结果规定共同的和重复使用的规则、导则或特性的文件，称为标准。该文件经协商一致制定并经一个公认机构批准。标准应以科学、技术和经验的综合成果为基础，以促进最佳社会效益为目的。

为在一定的范围内获得最佳秩序，对实际的或潜在的问题制定共同的和重复使用的规则的活动，称为标准化。它包括制定、发布及实施标准的过程。标准化的重要意义是改进产品、过程和服务的适用性，防止贸易壁垒，促进技术合作。

“通过制定、发布和实施标准，达到统一”是标准化的实质。“获得最佳秩序和社会效益”则是标准化的目的。安全技术防范标准化是安全技术防范行业发展的重要技术基础，对我国安全技术防范的发展，促进技术进步，保证产品质量，提高管理水平，加强国际贸易与合作，提高社会和经济效益等，具有重要作用。

（一）标准的分类

标准可以按不同的目的和用途，从不同的角度进行分类。目前我国按约束力将安全技术防范标准分为强制性标准和推荐性标准两种。如强制性国家标准的代号为“GB”，推荐性国家标准的代号为“GB/T”，其中“GB”表示国家标准，“T”表示推荐。

1. 强制性标准

强制性国家标准是保障人体健康，人身、财产安全的标准和法律及行政法规规定强制执行的国家标准。强制性标准具有法律属性，是在一定范围内通过法律、行政法规等手段强制执行的标准。安全技术防范的功能是预防和制止犯罪、维护社会治安，因此在安全技术防范方面起着重要作用的标准、法律、行政法规都是强制性标准。

根据《中华人民共和国标准化法》规定，强制性标准一经发布，凡从事科研、生产、经营的单位和个人，都必须严格执行，不符合强制性标准要求的产品，禁止生产、销售和进口。

2. 推荐性标准

推荐性标准又称非强制性标准或自愿性标准，不具有强制性，任何单位均有权决定是否采用，违犯这类标准，不构成经济或法律方面的责任。但这些标准都是按国家或行业主管部门规定的标准制定程序制定，具有较高的科学性、先进性和权威性，并经国家或行业主管部门批准。因而安全技术防范管理部门应通过行政的和法律的手段，鼓励有关方面贯彻实施这些标准。推荐性标准一经接受并采用，或各方商定同意纳入经济合同中，就成为各方必须共同遵守的技术依据，具有法律上的约束性。

（二）标准的分级及其编号

《中华人民共和国标准化法》将我国标准分为国家标准、行业标准、地方标准、企业标准四级。其中国家标准由国务院标准化行政主管部门制定；行业标准由国务院有关行政主管部门制定；地方标准由省、自治区和直辖市标准化行政主管部门制定；企业标准由企业自己制定。

安全技术防范标准根据《中华人民共和国标准化法》和标准的适应领域和有效范围，也分为四级，即国家标准、行业标准、地方标准、企业标准。

1. 国家标准

安全技术防范国家标准是为了规范全国安全技术防范行业健康有序的发展而制定的在全国范围内统一的标准。安全技术防范国家标准的编号由国家标准代号、标准发布顺序号和发布的年号组成。国家标准的代号由大写的汉语拼音字母构成。强制性国家标准代号为“GB”。推荐性国家标准代号为“GB/T”。国家标准编号示例如图 7－3 所示。

例如：《防盗报警器通用技术条件》的标准编号是：GB 12663—2000。该编号表示《防盗报警器通用技术条件》标准是 2000 年发布、发布顺序号为 12663 的强制性国家标准。《文物系统博物馆安全防范工程设计规范》的标准编号是：

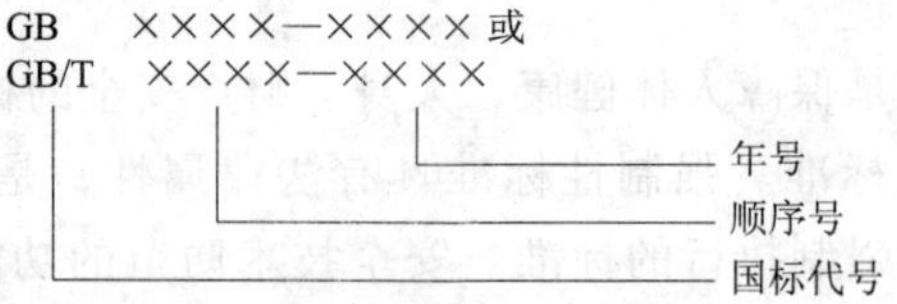

图 7－3 国家标准编号示例

GB/T 16571—1996。该编号表示《文物系统博物馆安全防范工程设计规范》标准是1996年发布、发布顺序号为16571的推荐性国家标准。

2. 行业标准

根据《中华人民共和国标准化法》的规定：由我国各主管部、委（局）批准发布，在该部门范围内统一使用的标准，称为行业标准。安全技术防范行业是公共安全行业的一部分，故安全技术防范行业标准的代号直接采用公共安全行业标准代号。安全技术防范行业标准的编号由大写的汉语拼音字母构成的行业标准代号、标准发布顺序号和年号组成。公共安全行业标准代号为“GA”（强制性标准）和“GA/T”（推荐性标准），其标准编号如图7－4所示。

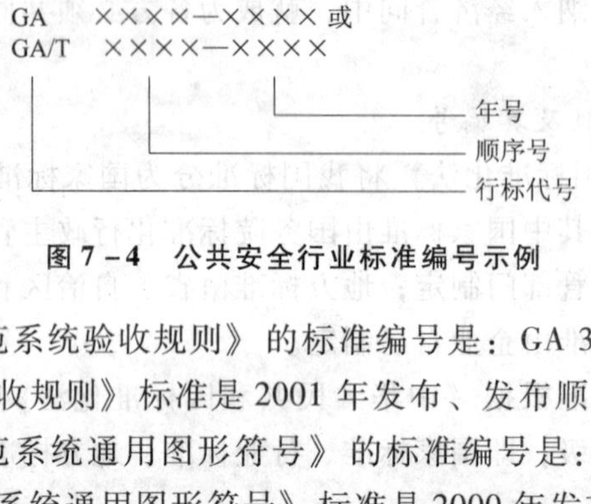

图 7－4 公共安全行业标准编号示例

例如：《安全防范系统验收规则》的标准编号是：GA 308—2001。该编号表示《安全防范系统验收规则》标准是2001年发布、发布顺序号为308的强制性行业标准。《安全防范系统通用图形符号》的标准编号是：GA/T 74—2000。该编号表示《安全防范系统通用图形符号》标准是2000年发布、发布顺序号为74的推荐性行业标准。

3. 地方标准

由各省、自治区、直辖市标准化主管部门制定、批准、发布的标准，称为地方标准。它是根据各省、自治区、直辖市的实际情况，针对安全技术防范行业的某些特殊性规范要求，在没有国家标准和行业标准的情况下，而又需要在本省、自治区、直辖市范围内统一时，制定的地方强制性标准。它一般由地方所属的各企业与单位执行。

地方强制性标准编号由地方标准代号、标准顺序号和发布年号组成。即由汉语拼音字母“DB”加上省、自治区、直辖市行政区划代码前两位数字再加斜线，组成地方强制性标准代号。地方强制性标准编号示例如图 7－5 所示。

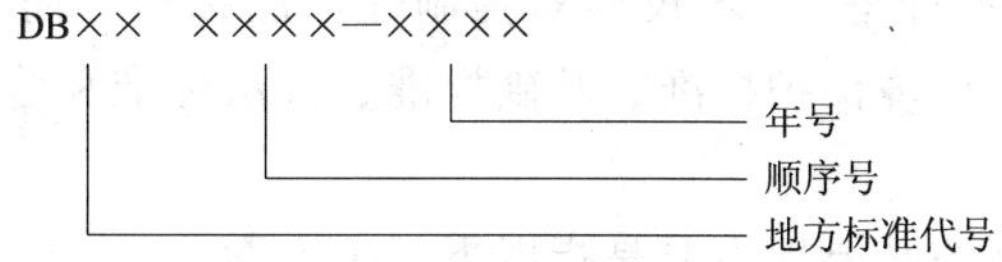

图 7－5　地方强制性标准编号示例

例如：《机动车防盗报警器报警控制标准》的标准编号是 DBll/108－1998。该编号表示《机动车防盗报警器报警控制标准》是 1998 年发布、发布顺序号为 108 的北京市地方强制性标准。

4. 企业标准

企业标准是由企业为了科研、开发、生产、管理和营销，提高企业的经济效益而批准发布，在企业范围统一的标准。企业标准是企业新产品开发、组织生产和经营活动的依据。企业标准编号由企业标准代号、标准顺序号和发布年号组成。企业标准代号由汉语拼音字母“Q”加斜线再加上企业代号组成。企业代号用汉语拼音字母表示。企业代号由企业的有关行政主管部门统一管理。企业标准编号示例如图 7－6 所示。

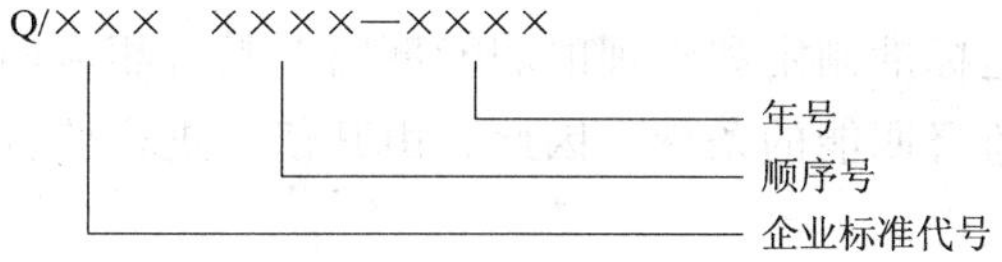

图 7－6　企业标准编号示例

（三）标准实施的监督

安全技术防范是维护社会安全的重要手段，公安主管部门加强安全技术防范行业管理，推广、实施和监督安全技术防范标准化工作，将对社会的长治久安产生重要的作用。《中华人民共和国标准化法》明确规定了对标准化工作的监督方式，并对违反标准造成的后果规定了应追究的法律责任。

1. 标准实施监督的概念、监督范围和必要性

标准实施的监督是指依据政府主管部门的法令或法规，对标准贯彻执行情况进行督促、检查和处理的活动。

标准实施监督是随着社会经济的发展，标准化法制建设的加强，科学化管理的不断深入，而逐步发展起来的。它是促进科技进步、提高管理水平、规范市场

行为，维护公平竞争和加速经济发展的客观需要。标准的实施监督范围是对强制性标准实施进行的监督检查，包括强制性的国家标准、行业标准和地方标准(在本地区内是强制性标准)。不仅要对强制性产品标准，而且要对强制性的安全标准、卫生标准、环境保护标准、基础标准、方法标准和管理标准等的实施进行监督检查。

对标准实施监督的必要性主要是指以下三个方面：

(1) 督促企业严格执行标准；

(2) 发现企业违反标准的问题，并依法给予处罚，及时纠正违法行为，维护国家和人民的利益；

(3) 检查标准是否科学、合理，反馈标准中存在的问题，及时修订标准，以促进经济技术的发展。

2. 标准实施监督的分类

依据《中华人民共和国标准化法》及《中华人民共和国标准化法实施条例》的规定，标准实施监督可分为政府监督、企业自我监督和社会监督三种类型。该三种监督都是以保证和提高产品质量和竞争力为目的，是互相补充、相辅相成的。

(1) 政府监督。政府监督是指政府（包括国家、部委、地方）的各级标准化行政主管部门和由它们授权的检验机构，根据国家的法律、法规和标准，有组织、有计划地对社会生产、销售、进口各环节的标准实施情况进行全面监督。标准化行政主管部门是标准制定和管理的职能部门，具有相应的检验手段和检验人员，具备正确行使监督职能的条件，因此，由其依法进行监督，具有科学性、客观性、公正性和权威性。

(2) 企业自我监督。企业自我监督监督是指企业为了自身的发展需要，从提高市场竞争能力和企业的经济效益的观点出发，在科研、开发、管理和生产上采用的标准监督机制。它是企业对标准实施的自我监督。

(3) 社会监督。社会监督一般指用户及消费者社会团体的监督。《中华人民共和国标准化法实施条例》规定："国家机关、社会团体、企业事业单位及全体公民均有权检举、揭发违反强制性标准的行为。"广大用户和消费者的社会团体可以对购买和使用的产品的质量是否符合标准提出投诉，参与争议调解、仲裁和起诉。社会监督是检查产品质量能否达到标准并满足用户要求的一种有效方式，弥补了企业自我监督的不足，促进企业产品质量的提高，维护消费者的利益，是政府监督的补充，具有广泛的群众性。

3. 违反标准行为的法律责任

(1) 生产、销售、进口不符合强制性标准的产品，要没收产品和违法所得，并处罚款；造成严重后果构成犯罪的，对直接责任人员要依法追究其刑事责任；

（2）已经授予认证证书的产品不符合国家标准或者行业标准而使用认证标志出厂销售的，责令停止销售，并处罚款；情节严重的，撤销其认证证书；

（3）产品未经认证或者认证不合格而擅自使用认证标志出厂销售的，责令停止销售，并处罚款；

（4）标准化工作的监督、检验、管理人员违法失职、徇私舞弊的，给予行政处分；构成犯罪的，要依法追究其刑事责任。

二、安全技术防范标准体系

（一）安全技术防范标准化体系表

标准体系（标准系统）是指一定范围内的标准按其内在联系形成的科学的有机整体。全国安全防范报警系统标准化技术委员会，自成立之日起，经过十多年的努力，制定了一系列的安全技术防范的国家标准和行业标准，为安全技术防范标准化工作打下个良好的基础。为了应对中国加入 WTO，加快我国标准化工作与国际接轨，保护我国的民族企业的发展，促进我国安全技术防范标准化工作的发展，全国安全防范报警系统标准化技术委员会（TC100）在公安部和国家标准化委员会的统一领导下，依据 GB/T 13016—1991《标准体系表编制原则和要求》，结合安全技术防范行业发展的实际情况，制定了详细的安全技术防范标准化体系表，该体系表包括 300 多个标准元素，结构层次分为四层：基础标准、专业通用标准、门类通用标准和产品、过程、服务标准。

安全技术防范标准体系表是将安全技术防范行业现行有效的标准、正在制定的标准、规划制定的标准，按标准的从属关系，分层次、分系列地组成一个反映标准总体全貌的图表。它是安全技术防范行业编制标准、修订规划和年度计划的重要依据。

安全技术防范行业标准体系表由结构图和明细表两大部分构成。明细表是结构图的具体化，结构图是明细表的综合概括，两者互为依存，互为补充，并形成一个有机的整体。

安全技术防范行业标准体系结构图是表示各个专业、门类（包括小门类）通用标准和产品标准之间的纵向、横向关系的综合图形，如图 7 - 7 所示。该框图分为四层，即：基础标准、专业通用标准、门类通用标准和产品（工程、服务）标准。

安全技术防范行业标准体系明细表是按其结构图的专业名称、层次、代号，将已制定、正在制定和将要制定的标准列入特定格式表格的汇总。对已制定的现

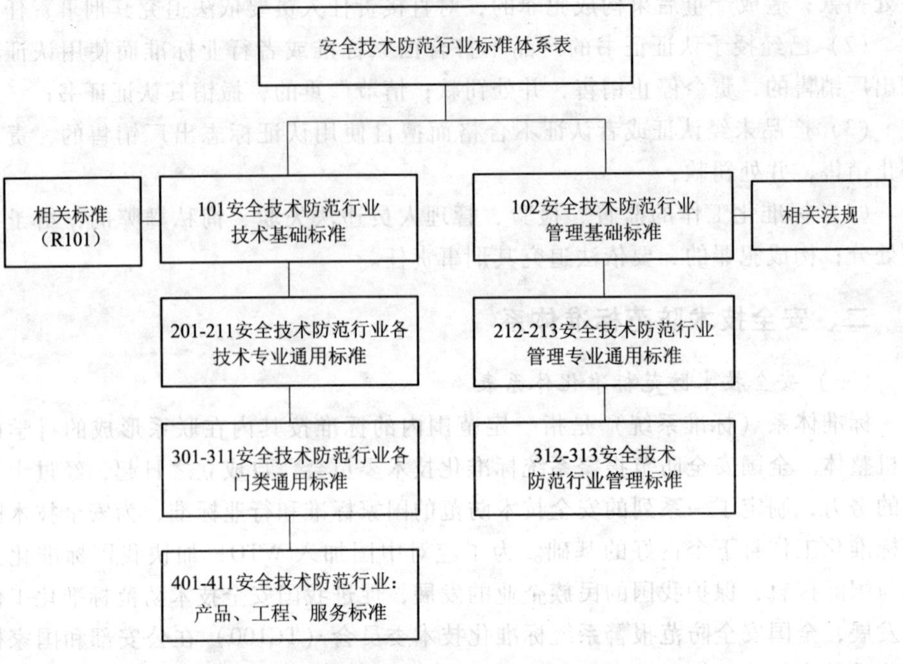

图7－7　安全技术防范行业标准体系结构框图

行标准，在表内明确标出标准名称、代号和编号；对已上报待批的项目，在表内相应栏内注以名称和代号；对已列入计划的项目，在表内注明计划项目名称代号。

(1) 基础标准：是在安全技术防范行业内作为其他标准的基础，并被普遍使用，具有广泛指导意义的标准。基础标准包括体系表、名词术语、图形符号、产品分类、检验规则、传输协议、环境试验、安全性要求、电磁兼容要求、工程设计指南和安防工程业务规程等。已经制定的安全技术防范行业技术基础标准明细表如表7－2所示。

表7－2　安全技术防范行业技术基础标准明细表

基础通用标准（共3项，其中：国标0项，行标3项）		
序号	标准编号	名　称
1	GA/T 405—2002	安全技术防范产品分类与代码
2	GA/T 550—2005	安全技术防范管理信息代码
3	GA/T 551—2005	安全技术防范管理信息基本数据结构

（2）专业通用标准：是安全技术防范行业内按产品、工程、服务或管理的技术要素的不同而划分的专业技术领域内作为其他标准的基础被普遍使用，具有指导意义的标准。专业通用标准包括入侵报警系统、电视监控系统、出入口控制系统、报警信号传输系统、移动目标报警系统、防抢劫应急报警系统、智能建筑保安系统、社区防范与社会救助报警系统、实体防护系统、防爆安检系统、安全防范系统工程和安全技术防范管理等专业标准。已经制定的安全技术防范行业专业通用标准明细表如表7－3所示。

表7－3　　安全技术防范行业专业通用标准明细表

入侵/抢劫报警系统（共31项，其中：国标21项，行标10项）		
序号	标准编号	名　称
1	GB 15407—1994	遮挡式微波入侵探测器技术要求和试验方法
2	GB/T 15408—1994	报警系统电源装置、测试方法和性能规范
3	GB/T 15211—1994	报警系统环境试验
4	GB/T 16677—1996	报警图像信号有线传输装置
5	GB 10408.1—2000	入侵探测器　第1部分：通用要求
6	GB 10408.2—2000	入侵探测器　第2部分：室内用超声波多普勒探测器
7	GB 10408.3—2000	入侵探测器　第3部分：室内用微波多普勒探测器
8	GB 10408.4—2000	入侵探测器　第4部分：主动红外入侵探测器
9	GB 10408.5—2000	入侵探测器　第5部分：室内用被动红外探测器
10	GB 10408.9—2001	入侵探测器　第9部分：室内用被动式玻璃破碎探测器
11	GB 12663—2001	防盗报警控制器通用技术条件
12	GB 15209—2006	磁开关入侵探测器
13	GB 20816—2006	车辆防盗报警系统　乘用车
14	GB/T10408.8—2008	振动入侵探测器
15	GB 10408.6—2009	微波和被动红外复合入侵探测器
16	GB/T 21564.1—2008	报警传输系统串行数据接口的信息格式和协议　第1部分：总则

续表

入侵/抢劫报警系统（共31项，其中：国标21项，行标10项）		
序号	标准编号	名　称
17	GB/T 21564. 2—2008	报警传输系统串行数据接口的信息格式和协议　第2部分：公用应用层协议
18	GB/T 21564. 3—2008	报警传输系统串行数据接口的信息格式和协议　第3部分：公用数据链路层协议
19	GB/T 21564. 4—2008	报警传输系统串行数据接口的信息格式和协议　第4部分：公用传输层协议
20	GB/T 21564. 5—2008	报警传输系统串行数据接口的信息格式和协议　第5部分：数据接口
21	GB 16796—2009	安全防范报警设备安全要求和试验方法
22	GA 2—1999	车辆防盗报警系统　小客车
23	GA 366—2001	车辆防盗报警器材安装规范
24	GA/T 368—2001	入侵报警系统技术要求
25	GA/T 440—2003	车辆反劫防盗联网报警系统中车载防盗报警设备与车载无线通信终接设备之间的接口
26	GA/T 553—2005	车辆反劫防盗联网报警系统通用技术要求
27	GA/T600. 1—2006	报警传输系统的要求　第1部分：系统的一般要求
28	GA/T600. 2—2006	报警传输系统的要求　第2部分：设备的一般要求
29	GA/T600. 3—2006	报警传输系统的要求　第3部分：利用专用报警传输通路的报警传输系统
30	GA/T600. 4—2006	报警传输系统的要求　第4部分：利用公共电话交换网络的数字通信机系统的要求
31	GA/T600. 5—2006	报警传输系统的要求　第5部分：利用公共电话交换网络的话音通信机系统的要求

视频安防监控系统（共21项，其中：国标2项，行标19项）		
序号	标准编号	名　　称
1	GB 15207—1994	视频入侵报警器
2	GB 20815—2006	视频安防监控数字录像设备
3	GA/T 45—1993	警用摄像机与镜头连接
4	GA/T 367—2001	视频安防监控系统技术要求
5	GA/T645—2006	视频安防监控系统 变速球形摄像机
6	GA/T646—2006	视频安防监控系统 矩阵切换设备通用技术要求
7	GA/T647—2006	视频安防监控系统 前端设备控制协议 V1.0
8	GA/T 669.1—2008	城市监控报警联网系统技术标准　第1部分：通用技术要求（代替 GA/T 669—2006）
9	GA/T 669.2—2008	城市监控报警联网系统 技术标准　第2部分：安全技术要求
10	GA/T 669.3—2008	城市监控报警联网系统 技术标准　第3部分：前端信息采集技术要求
11	GA/T 669.4—2008	城市监控报警联网系统 技术标准　第4部分：视音频编、解码技术要求
12	GA/T 669.5—2008	城市监控报警联网系统 技术标准　第5部分：信息传输、交换、控制技术要求
13	GA/T 669.6—2008	城市监控报警联网系统 技术标准　第6部分：视音频显示、存储、播放技术要求
14	GA/T 669.7—2008	城市监控报警联网系统 技术标准　第7部分：管理平台技术要求
15	GA/T 669.9—2008	城市监控报警联网系统 技术标准　第9部分：卡口信息识别、比对、监测系统技术要求
16	GA/T 792.1—2008	城市监控报警联网系统 管理标准　第1部分：图像信息采集、接入、使用管理要求
17	GA 793.1—2008	城市监控报警联网系统 合格评定　第1部分：系统功能性能检验规范

续表

视频安防监控系统（共21项，其中：国标2项，行标19项）		
序号	标准编号	名　称
18	GA 793.2—2008	城市监控报警联网系统 合格评定　第2部分：管理平台软件测试规范
19	GA 793.3—2008	城市监控报警联网系统 合格评定　第3部分：系统验收规范
20	GA/T 669.8—2009	城市监控报警联网系统 技术标准　第8部分：传输网络技术要求
21	GA/T 669.10—2009	城市监控报警联网系统 技术标准　第10部分：无线视音频监控系统技术要求

出入口控制系统（共8项，其中：国标0项，行标8项）		
序号	标准编号	名　称
1	GA 374—2001	电子防盗锁
2	GA/T 269—2001	黑白可视对讲系统
3	GA/T 394—2002	出入口控制系统技术要求
4	GA/T 72—2005	楼宇对讲系统及电控防盗门通用技术条件
5	GA/T 644—2006	电子巡查系统技术要求
6	GA 701—2007	指纹防盗锁通用技术条件
7	GA/T 678—2007	联网型可视对讲系统技术要求
8	GA/T 761—2008	停车场（库）安全管理系统技术要求

防爆与安全检查系统（共10项，其中：国标6项，行标4项）		
序号	标准编号	名　称
1	GB 12664—2003	便携式X射线安全检查设备通用规范
2	GB 12899—2003	手持式金属探测器通用技术规范
3	GB 15210—2003	通过式金属探测门通用技术规范

续表

防爆与安全检查系统（共10项，其中：国标6项，行标4项）		
序号	标准编号	名 称
4	GB 15208. 1—2005	微剂量 X射线安全检查设备 第1部分：通用技术要求
5	GB 15208. 2—2006	微剂量 X射线安全检查设备 第2部分：测试体
6	GB 12662—2008	爆炸物解体器
7	GA 60—1993	便携式炸药检测箱技术条件
8	GA/T 71—1994	机械钟控定时引爆装置探测器
9	GA/T 142—1996	排爆机器人通用技术条件
10	GA/T 841—2009	基于离子迁移谱技术的痕量毒品/炸药探测仪通用技术要求

(3) 门类通用标准是安全技术防范行业内的某专业技术领域内按产品、工程、服务或管理的具体情况的不同而划分的相关门类内被普遍使用的标准。如入侵报警系统所下设的入侵探测设备、报警控制/显示/通信设备、告警设备和入侵报警系统应用指南等相关门类的通用标准。已经制定的安全技术防范行业门类通用标准明细表如表7-4所示。

表7-4 安全防范门类通用标准

实体防护系统（共14项，其中：国标2项，行标12项）		
序号	标准编号	名 称
1	GB 10409—2001	防盗保险柜
2	GB 17565—2007	防盗安全门通用技术条件
3	GA/T 3—1991	便携式防盗安全箱
4	GA/T 73—1994	机械防盗锁
5	GA/T 143—1996	金库门通用技术条件
6	GA 164—2005（公安部三局）	专用运钞车防护技术要求
7	GA 165—1997	防弹复合玻璃

续表

实体防护系统（共14项，其中：国标2项，行标12项）		
序号	标准编号	名　称
8	GA 166—2006	防盗保险箱
9	GA501—2004	银行用保管箱通用技术条件
10	GA518—2004	银行营业场所透明防护屏障安装规范
11	GA 576—2005	防尾随联动互锁安全门通用技术条件
12	GA 667—2006	防爆炸复合玻璃
13	GA 746—2008	提款箱
14	GA 844—2009	防砸复合玻璃通用技术要求

（4）产品（工程、服务、管理）标准：主要包括有代表性的典型产品的通用标准，重点规定产品的安全性要求、可靠性要求、环境适应性要求、电磁兼容性要求和基本功能要求等通用技术要求，而对产品的扩展功能或附加功能则不作为行业标准的重点内容，这样做既符合与国际标准接轨的惯例，又有利于生产企业不断采用新技术，不断开发、更新产品的功能，有利于行业的技术发展。表7-5安全技术防范行业产品（工程、服务、管理）标准明细表。

表7-5　　安全防范工程与产品通用标准

安防工程与系统应用（共21项，其中：国标7项，行标14项）		
序号	标准编号	名　称
1	GB/T 16571—1996	文物系统博物馆安全防范工程设计规范
2	GB/T 16676—1996	银行营业场所安全防范工程设计规范
3	GB 50348—2004	安全防范工程技术规范
4	GB 50394—2007	入侵报警系统工程设计规范
5	GB 50395—2007	视频安防监控系统工程设计规范
6	GB 50396—2007	出入口控制系统工程设计规范
7	GB/T 21741—2008	住宅小区安全防范系统通用技术要求
8	GA 26—1992	军工产品储存库风险等级和安全防护级别的规定
9	GA 28—1992	货币印制企业风险等级和安全防护级别的规定

续表

安防工程与系统应用（共 21 项，其中：国标 7 项，行标 14 项）		
序号	标准编号	名　　称
10	GA/T 75—1994	安全防范工程程序与要求
11	GA/T 74—2000	安全防范系统通用图形符号
12	GA 308—2001	安全防范系统验收规则
13	GA 27—2002	文物系统博物馆风险等级和安全防护级别的规定
14	GA 38—2004	银行营业场所风险等级和安全防护级别的规定
15	GA/T 70—2004	安全防范工程费用预算编制办法
16	GA 586—2005	广播电影电视系统重点单位重要部位的风险等级和安全防护级别
17	GA/T 670—2006	安全防范系统雷电浪涌防护技术要求
18	GA 745—2008	银行自助设备 自助银行安全防范的规定
19	GA 837—2009	民用爆炸物品储存库治安防范要求
20	GA 838—2009	小型民用爆炸物品储存库安全规则
21	GA/T 848—2009	爆破作业单位民用爆炸物品储存库安全评价导则

安全技术防范行业标准体系明细表是按其结构图的专业名称、层次、代号，将已制定、正在制定和将要制定的标准列入特定格式表格的汇总。对已制定的现行标准，在表内明确标出标准名称、代号和编号；对已上报待批的项目，在表内相应栏内注以名称和代号；对已列入计划的项目，在表内注明计划项目名称代号。

（二）常用安全技术防范标准简介

安全技术防范行业标准体系表包括了 300 多个标准元素，目前已经颁布并执行了几十个标准，其他标准也正在筹备或制定之中。安全技术防范行业标准的制定和执行，推动了我国安全防范行业的规范化运行，促进了安全防范行业在技术上的相互协调、配合，为安全防范产业的社会化大生产和专业化协作创造了条件。为了提高我国安全防范产业的市场竞争能力，培育和发展具有国际竞争力的民族企业，这就必须培养和储备大量能熟练掌握和运用各种安全防范行业标准的从事安全防范行业的专业技术人员。

对于一个从事安全技术防范管理的工作人员必须掌握并能熟练应用的安全防

范行业标准主要有以下标准。

1.《安全防范工程技术规范》

《安全防范工程技术规范》是中华人民共和国国家强制性标准，2004 年由中华人民共和国公安部颁布并执行。该标准适用于所有安全防范工程，是安全防范工程建设的重要依据，该标准规定了安全防范工程立项、招标、委托、设计、审批、安装、调试、验收的通用程序和管理要求。

2.《视频安防监控系统工程设计规范》

《视频安防监控系统工程设计规范》是中华人民共和国国家强制性标准，2007 年由中华人民共和国公安部颁布并执行。该标准适用于以安全防范监控为目的的新建、扩建和改建工程中的视频监控系统的设计，该标准规定了建筑物内部及周边地区安全技术防范用视频监控的技术要求，是设计、验收安全技术防范用视频监控系统的基本依据。

3.《入侵报警系统工程设计规范》

《入侵报警系统工程设计规范》是中华人民共和国国家强制性标准，2007 年由中华人民共和国公安部颁布并执行。该标准适用于建筑物内、外部的入侵报警系统。该标准规定了用于保护人、财产和环境的入侵报警系统（手动式和被动式）的通用技术要求，是设计、安装、验收入侵报警系统的基本依据。

4.《出入口控制系统工程设计规范》

《出入口控制系统工程设计规范》是中华人民共和国国家强制性标准，2007 年由中华人民共和国公安部颁布并执行。该标准适用于以安全防范为目的，对规定目标信息进行登录、识别和控制的出入口控制系统或设备；规定了出入口控制系统的技术要求，是设计、验收出入口控制系统的基本依据。该标准规定了系统功能要求、系统构成模式、系统防护级别、系统功能和系统设计与设备安装要求等内容。

5.《银行营业场所安全防范工程设计规范》

《银行营业场所安全防范工程设计规范》是中华人民共和国国家推荐性标准，1996 年由中华人民共和国公安部颁布并执行。该标准适用于银行营业场所和其他金融机构营业场所的安全防范工程，是银行营业场所安全防范工程建设的重要依据；该标准规定了银行营业场所安全防范工程的设计规范，是设计、审查银行营业场所安全防范工程的技术依据。根据《北京市安全技术防范管理规定》(即北京市人民政府第 47 号令)，该标准在北京市辖区内属于强制性标准。

6.《文物系统博物馆安全防范工程设计规范》

《文物系统博物馆安全防范工程设计规范》是中华人民共和国国家推荐性标

准，1996 年由中华人民共和国公安部颁布并执行。该标准适用于文物系统博物馆及重点文物保护单位、文物商店、考古研究所和其他收集文物标本的场所（工艺美术、档案馆等可参照使用），是文物系统博物馆安全防范工程建设的重要依据；该标准规定了文物系统博物馆安全防范工程的设计要求，是设计文物系统博物馆安全防范工程的技术依据。根据《北京市安全技术防范管理规定》（即北京市人民政府第 47 号令），该标准在北京市辖区内属于强制性标准。

7.《安全防范系统验收规则》

《安全防范系统验收规则》是中华人民共和国公共安全行业强制性标准，2001 年由中华人民共和国公安部颁布并执行。该标准适用于一、二级安全防范系统（工程）的验收，三级安全防范系统（工程）的验收可适当简化，该标准对安全防范系统的质量验收，从设计、施工、效果及技术服务等方面提出了必须遵循的基本要求，是对安全防范系统（工程）进行验收的依据。

上述七个安全防范行业标准是我国安全技术防范行业应用最广泛的行业标准，是从事安全技术防范行业的专业技术人员必须掌握和遵循的基本规范，同时也是判定安全防范系统设计、施工、调试、验收和管理人员是否合格的基本条件。

本章小结

安全技术防范管理的主要任务可以概括为：应用建设、行业管理、基础建设；其主要目标是：运用科学技术，预防、制止各种刑事案件和治安事件的发生，维护社会公共安全。安全防范标准化工作是安全技术防范行业发展的基础技术工作，它既是安全技术防范管理部门进行质量监督管理的基础，也是产品生产、销售、检验和工程设计、验收的技术依据。本章主要讲述以下内容：

（一）安全技术防范管理的内容及基本原则；

（二）安全技术防范行业管理体系；

（三）北京市安全技术防范工程管理；

（四）安全防范标准化体系。

本章的重点是了解安全技术防范行业管理的方式、主要机构及内容，了解安全防范标准体系。

课后训练

一、填空题

1. 安全技术防范管理的主要任务可以概括为：________、________和________；其主要目标是：运用科学技术，预防、制止各种刑事案件和治安事件的发生，维护社会公共安全。

2. 目前我国按约束力将安全技术防范标准分为________标准和________标准两种。

二、简答题

1.《防盗报警器通用技术条件》的标准编号是：GB 12663—2000。简述此编号的意义及表示。